Rainer Moritz

WIRTSCHAFTSWUNDER**KIND**

HN
198

Rainer Moritz

WIRTSCHAFTS-WUNDERKIND

Ein famoses Leben mit Joy Fleming, Knorr-Suppen und der Schlagerskala

Silberburg-Verlag

Rainer Moritz, geboren 1958, wuchs in Heilbronn auf. Studium der Germanistik, Philosophie und Romanistik in Tübingen mit anschließender Promotion. Moritz war Programmchef der Verlage Reclam Leipzig und Hoffmann und Campe. Er hört die Schlager seiner Jugend und befasst sich mit Fußball – was er bereits tat, lange bevor es salonfähig wurde. Heute leitet er das Literaturhaus Hamburg und schreibt Literaturkritiken, Bücher und Kolumnen, etwa fürs Nordwestradio »Die Welt mit Moritz«. Im Januar 2015 hat ihm der Hamburger Senat den Ehrentitel »Professor« verliehen.

1. Auflage 2015

Die erste Ausgabe dieses Buches ist 2008 unter dem Titel
»Ich Wirtschaftswunderkind« im Piper Verlag, München,
mit der ISBN 978-3-492-04765-4 erschienen.

Umschlaggestaltung: Christoph Wöhler, Tübingen,
unter Verwendung einer Fotografie von Rainer Moritz.

Druck: Gulde-Druck, Tübingen.
Printed in Germany.

ISBN 978-3-8425-1422-5

»In der Tasche waren ein dickes Notizbuch, beinahe vollgeschrieben, meine Brille für zweitausendfünfhundert Kronen und ein Buch von Alice Munro gewesen: ›A Friend of my Youth‹. Ich lese es zum dritten Mal, ich habe alle ihre Bücher, denn sie haben ein Gewicht und eine Kraft, die nicht beschönigt, sondern sagt, dass nichts vergebens ist, was immer wir tun, solange wir nur rechtzeitig zurückschauen.«

PER PETTERSON, Im Kielwasser

»Ist das nicht ein Kleinbürgersyndrom, zu glauben, dass alles irgendwie exemplarisch ist, was man ist und wie man ist und warum man so ist?«

ROBERT MENASSE, Don Juan de la Mancha

Schönen Gruß vom Getriebe

Wir waren eine richtige Familie. Damals, als es fast nur richtige Familien gab. Mal abgesehen von der alten Frau Schilling im Haus, einer Witwe, die familienlos war. Oder von den Seewalds, die im Erdgeschoss wohnten, keine Kinder hatten und Ölbilder malten. Wir waren eine Familie, mit Vater und Mutter, die 1952 jung geheiratet hatten. Dass sie das auch taten, weil mein Bruder »unterwegs« war, ließ sich selbst mit bescheidenen Rechenkünsten ermitteln. Wenn wir meine Mutter darauf ansprachen, errötete sie, lachte verlegen und versuchte zu meinem Leidwesen rasch das Thema zu wechseln. Immerhin, so hieß es, sei Vater, gebürtiger Oberpfälzer, ein fescher Bursch gewesen. Die Krabbelkiste mit den Familienfotos – Anlass für Erinnerungsabende, die von den Teilnehmern unterschiedlich stark genossen wurden – belegte es: Man sah Vater als schneidigen, gut gebauten Feldhandballer, der auf Geselligkeiten in Neusäß, wo sich meine Eltern kennengelernt hatten, gekonnt das Tanzbein geschwungen und herumpoussiert habe. Das deutete zumindest die Verwandtschaft an. Auch darüber wurde nie ausführlich gesprochen.

■ *Vater als Handballer.*

Vater und Mutter, das waren die Eltern, daran gab es nichts zu rütteln. Dass Ehen auseinandergehen und Kinder zu Scheidungsopfern werden, kannte ich nur vom Hörensagen oder aus der Zeitung, Elizabeth Taylor zum Beispiel, doch die zählte nicht zu unserem Bekanntenkreis. Schlüsselkinder hingegen gab es, bemitleidenswerte Geschöpfe, deren Eltern beide arbeiteten, weil sonst das Geld nicht gereicht hätte. Meine Frau braucht nicht zu arbeiten, pflegte Vater zu sagen. Ein Satz, den er mit der Genugtuung des Ernährers intonierte. Meine Mutter kommentierte ihn nicht. Jahre später, als wir Kinder aus dem Haus waren, setzte sich Mutter durch und begann wieder zu arbeiten. Es dauerte eine Weile, bis Vater aus dieser Not eine Tugend machte und die Berufstätigkeit seiner Frau mit verhaltenem Stolz erwähnte. Den Führerschein machte Mutter in den Siebzigerjahren, heimlich. Bis sie beim Mittagessen das graue Dokument neben Vaters Teller legte, triumphierend.

Auf Familienfahrten fuhr dennoch Vater. Neben seiner ungeübten, zu spät und ruppig schaltenden Frau – schönen Gruß vom Getriebe! – auf dem Beifahrersitz Platz zu nehmen hätte ihm stark zugesetzt. Dieses heftige Mitbremsen, dieses verkrampfte Sich-Festhalten an der Handschlaufe, dieses »Pass auf, da vorne kommt einer!«.

Wie kann man nur so unmusikalisch sein!

Vater sang gut. Eine Familienfeierlichkeit ohne seinen Auftritt war undenkbar. Angefeuert von einem Hammer Jubelbrand oder einem Scharlachberg, ließ es sich Vater nicht nehmen, Rudi Schurickes »Capri-Fischer« zu intonieren. Unentwegt diese Italiener, die unentwegt aufs Meer hinausfuhren, die untergehende rote Sonne und eine Bella Marie, zu der der Fischer zurückkommt, morgen früh. Mir waren diese Auftritte peinlich. Zu wissen, dass Vater gleich wieder singen würde, weckte den Wunsch, von der Familie abzurücken. Überhaupt veränderte sich die Stimmung, wenn Alkohol im Spiel war. Die Erwachsenen ereiferten sich, hatten rote Backen, erzählten Witze und benahmen sich anders als sonst, so, als bräche aus ihnen heraus, was im Alltag sorgsam verborgen blieb. Schneidender Zigarettenrauch hing über den Holztischen; das Bier stand schaumlos in dickwandigen, gefurchten Gläsern, und wenn ich an solchen Abenden endlich im Bett lag, hoffte ich inständig, dass am nächsten Morgen alles wieder wäre wie vorher.

Ich sang schlecht und vermied es, mit musikalischer Früherziehung in Berührung zu kommen. Mein Bruder musste als Erstgeborener mehr über sich ergehen lassen. Selbst in einem Nicht-Bildungsbürger-Haushalt galt es als erstrebenswert, ein Musikinstrument zu beherrschen. Mit der hellbraunen Blockflöte nahm es seinen Anfang, und dabei blieb es auch, denn die eingeschränkte Begabung meines Bruders war so ohrenfällig, dass seine Unterweisung bald eingestellt wurde. Wie kann man nur so unmusikalisch sein! Ich erinnere mich nicht, ernsthaft mit einer Flöte hantiert zu haben. Überhaupt waren Flöten unattraktiv und etwas für Mädchen. Selbst Gheorghe Zamfir, der später die elegante Panflöte salonfähig machte, änderte daran nichts. Außerdem war der Ausländer, kam vom Balkan oder so, und diesen Menschen lag die Musikalität im Blut, wie den Zigeunern.

Gut, dass wir da nicht wohnen

Mit drei Kindern galten wir als klassisch bestückte Familie. Mehr Kinder zu haben, das kam bei Pfarrers vor oder in Familien, die asozial waren. Ein Wort, in dem tiefe Missbilligung mitschwang. Mit asozialen Verhältnissen wollten wir nichts zu tun haben, das klang nach verwahrlost, schmutzig, arm und vom Kriminellen nicht weit entfernt. Davon hielten wir uns abseits. Bestimmte

■ *Eine gut gekleidete Familie.*

Stadtteile wiesen einen hohen Asozialenanteil auf, unserer nicht. Gut, dass wir da nicht wohnen.

Ungewöhnlich an unserer Familie war nur, dass wir Geschwister in großen Abständen zur Welt gekommen waren. Jeweils mit gut fünfeinhalb Jahren Unterschied. Ich war das Mittelkind – ein Ausdruck wie Mittelklassewagen. Mittelkinder hatten es, wie ich später erfuhr, selten leicht: kein Anrecht auf die Thronfolge und auch nicht das verhätschelte Nesthäkchen. Als Mittelkind läuft man mit, fällt nicht auf, ist nichts Besonderes.

Alte Reichsstadt, junge Großstadt

Heilbronn kämpfte lange darum, Großstadt zu werden, zahlenmäßig. Mit Eingemeindungen gelang es schließlich, die Schallmauer von 100000 Einwohnern zu durchbrechen: »Alte Reichsstadt, junge Großstadt« hieß es danach. Wenn man in Heilbronn aufwuchs, machte man sich wenig Gedanken darüber, ob es anderswo aufregender wäre. Heilbronn lag irgendwo zwischen allem, kein richtiges Schwaben, auch nicht Baden oder Hohenlohe. »Zentrum der Region Franken«, dieser Slogan erschien mir unsinnig. Franken, wusste ich, das war Nürnberg oder Bamberg, wo man das »r« rollte. Heilbronn, gebeutelt durch die Bombenangriffe vom Dezember 1944, wurde aufgebaut, wie man es damals für zweckmäßig hielt: mit der Horten-Kaufhausfassade als Fluchtpunkt, mit einer flachen Festhalle namens Harmonie, einem Betonverhau namens Wollhaus-Center, dem Shopping-Haus, das dubiose Etablissements beherbergte, ein immerhin so reizloses Gebäude, dass man sich ungesehen in den ersten Stock schleichen konnte, um die Ankündigungsfotos von »Lass jucken, Kumpel« zu prüfen. Heilbronn galt nicht viel. Wenn man erzählte, dass man von dort komme, machte das nur Eindruck bei solchen, die es noch schlim-

■ *Heilbronner Reize: Tankstelle an der Weinsberger Straße.*

mer erwischt hatten, Bielefeldern, Wolfsburgern. Gestört hat mich das nicht: Wir lebten eben in Heilbronn; das kannte ich, da gehörte ich hin. Auf Urlaubsfahrten winkten wir Autos mit HN-Kennzeichen zu, kaum dass wir hinterm Drackensteiner Hang waren. Je ferner man der Heimat kam, desto dringlicher mein Bedürfnis, sich zu ihr zu bekennen. Einen Unterschied merkte man erst, wenn man nach München kam, in Stuttgart weniger. Oft fuhren wir nicht in größere Städte. Warum auch.

Wählt Dr. Nägele

Früh übte ich mich im Wahlkampf und versuchte die Heilbronner Oberbürgermeisterwahlen zu beeinflussen. 1967 schrieb ich »Wählt Dr. Nägele« mit weißer Kreide auf die Gehwege in der Schillerstraße. Warum? Weil sein Gegenkandidat Hoffmann aus dem benachbarten Neckarsulm kam? Meinem Vater gefiel dieses Engagement, zumal Dr. Nägele kein SPD-Mann war. Freie Wähler, das versprach Unabhängigkeit. OB-Wahlen seien noch Persönlichkeitswahlen, sagte Vater, nicht so wie bei Bundestagswahlen, wo es anderes zu bedenken gebe. Genützt hat es nichts; gewählt wurde Dr. Nägele nicht.

Ich habe auch hinten Augen

Ein Fernsehgerät wurde angeschafft, der Unterhaltung wegen und weil es als Symbol ersten Wohlstands galt, wenn man sich diesen Luxus leistete. Natürlich durfte ich nicht sehen, was ich sehen wollte. Manchmal gelang es mir, mich aus dem Bett zur Wohnzimmertür zu schleichen und durch den Spalt – die Türe war »bei«, ein Ausdruck, der außerhalb unserer Familie nicht zu existieren schien – Ausschnitte von Krimiserien zu erhaschen. Ich atmete übervorsichtig, fror an den Füßen, verrenkte den Kopf und versuchte, jedes verdächtige Geräusche zu vermeiden. Hoffentlich brauchte Vater kein frisches Bier aus der Küche, Riegele-Bräu. Mutter hielt mit einem Glas Riesling länger durch. Roger Moore als Simon Templar musste ich unbedingt sehen. Wie attraktiv eine Sendung durch den Hinweis »Der nachfolgende Film ist für Jugendliche unter 18 Jahren nicht geeignet« wurde! Meistens funktionierte das Türspaltfernsehen nur ein paar Minuten, bis Mutter merkte, was sich hinter ihrem Rücken abspielte. Ich habe auch hinten Augen.

Fernsehserien, die die Eltern interessant fanden, waren grauenvoll. Wie Wastl Fanderls »Baierisches Bilder- und Notenbüchl«, wo alpenländische Weisen auf der Zither gezupft wurden. Stubenmusi. Oder »Der Fenstergucker«, mit Stadtporträts, historischen Erzählungen, vorgetragen von einer Stimme, die gar nichts von der Leidenschaft der geliebten Sportreporter hatte. Klose, Maibohm, Wolfbauer ... ja, wenn die beim »Fenstergucker« im Einsatz gewesen wären. Aber so ... dafür hatte keiner den Fernsehapparat erfunden.

Ob die auch privat etwas miteinander haben?

Es gab Sportarten, die fast so schrecklich anzuschauen waren wie der »Fenstergucker«. Dressurreiten, Rudern oder Eiskunstlaufen, das sich Mutter gern ansah. Weil sich die Läufer so künstlerisch bewegten und weil nicht gehauen und gegrätscht wurde. Das Paar laufe so harmonisch, als ob man zwei Stiefmütterchen aneinanderreibe, sagte ein Reporter, der Rauschenbach hieß. Ich wartete darauf, dass sich die Kufen plötzlich verkanteten und die Läufer kräftig aufs Eis knallten. Wie schnell die dann wieder auf die Beine kamen. Aber das nützte denen nichts: Innerhalb weniger Sekunden ging die Hoffnung auf Gold dahin, ein Sturz, und aus der Traum. Ein bisschen grausam, aber unterhaltsamer anzusehen als all diese fehlerlos faden Todesspiralen und weggeworfenen Rittberger.

■ *Russische Eislaufkunst.*

Paarlaufen galt als ästhetisch. Fünf Minuten Anmut und Harmonie. Und am Ende trotz völliger Erschöpfung ein eingefrorenes Lächeln in die Kamera. Immer so tun, als sei alles großartig gewesen. Meistens gewannen die Russen mit den schwierig auszusprechenden Namen: Ludmila Belousowa und Oleg Protopopow. Und das gegen unser Traumpaar Kilius/Bäumler! Im Gegensatz zu dem ältlich wirkenden russischen Paar besangen die Schallplatten, über einen Honeymoon in St.Tropez. Ob die auch privat etwas miteinander haben?, fragte Vater in die Runde. Mutter hatte so was läuten hören. Die Kilius-Kollegin Margot

Glockshuber lief allein und sang nichts – aber was für ein Name: Glockshuber. Fast so wie Margit Sponheimer.

Ich mochte das amerikanische Geschwisterpaar am liebsten, das sich wohl oder übel immer mit Platz 3 begnügte, Cynthia und Ronald Kauffmann. Mit seiner eigenen Schwester Sport zu treiben, ihr ständig zuzulächeln und freundlich zu tun erschien mir bewundernswert. Das gab es sogar in Deutschland, in Ravensburg, woher die Eistänzer Erich und Angelika Buck kamen. Manche Geschwister sangen zusammen, Caterina Valente und Silvio Francesco, obwohl man das ihren Namen nicht anmerkte. Quando, quando ... Itsy Beetsy Teenie Weenie Honolulu Strand-Bikini. Oder Renate und Werner Leismann aus dem Sauerland – was für ein merkwürdiger Name! –, die gern mit einem Schlafsack und einer Gitarre durch die Natur zogen. Bei Gesangsduos schnitten die Männer dürftig ab, das schien die Regel zu sein, egal ob Geschwister oder Eheleute. Cindy & Bert, Inga & Wolf, Nina & Mike, Ike & Tina Turner – die Männer waren Beiwerk mit dünner Stimme und schlechter Frisur. Bei Cynthia und Ronald Kauffmann, die an den Russen und den Deutschen partout nicht vorbeikamen, war das anders. Ronald sang ja nicht.

Heute kommt die liebe Brigitte dran

Am Anfang war Tante Gisela, die Kindergartentante. Ihre Frisur saß wie aufgeschäumt; tröstend nahm sie mich in die Arme, denn zu trösten gab es im Kindergarten genug. Ich roch ihr Kölnisch Wasser, schmiegte mich an sie, sie strich mir übers Haar. Wie gut das tat. Der Fußweg dorthin, vorbei an der Metzgerei, in deren Hinterhof ein Schäferhund schläfrig vor seiner Hütte lag. Minutenlang verharrte ich auf der anderen Straßenseite, bibbernd, fürchtend, dass das gefährliche Tier die Straße kreuzen und mich anfallen würde. Und dann die fremden, anstrengenden Kinder, die ohne Tante Gisela nicht zu ertragen gewesen wären.

Sich ihr freundlich anzunähern zog keine Begünstigung nach sich. In der Adventszeit, als schön eingeschlagene Päckchen an einer Schnur quer durch den Raum hingen, für jedes Kind eines: Wer kam als Erster dran, wer musste bis zum Zweiundzwanzigsten warten? Ruhig atmen, bis Tante Gisela den Namen des Glücklichen ausrief. Ganz fest wollen, dass man selbst endlich drankäme. Sich nichts anmerken lassen. Gleichgültig an die Decke schauen, seine Schuhspitzen prüfen, Tante Gisela auf keinen Fall ansehen, nicht unruhig auf dem Sitz herumrutschen. Es wäre zu gemein, wenn schon wieder einer von den anderen an der Reihe wäre. Tante Gisela verteilte ihre Gunst gerecht. Dass sie die Stillen und Schüchternen bevorzugte, merkte ich. Heute kommt die liebe Brigitte dran. Das war ja in Ordnung, von mir aus. Aber jetzt müsste ich endlich aufgerufen werden. Dann nach Hause rennen, der Schäferhund war mittags nicht zu sehen, vorbei an der Schule, am Lichdi und Konsum, am Schuhmacherladen, Sturm klingeln, die Treppe hoch und sofort von dieser Sternstunde erzählen. Ein Weihnachtspäckchen, überreicht von Tante Gisela!

Dein Teller wird aufgegessen!

Der Freitag war fleischlos, was mit Religion zu tun hatte. Der Freitag war fleischlos, ohne lange Erklärungen, billiger war es auch. Fischstäbchen, ja. Spiegelei mit Rahmspinat. Leberspätzlesuppe – das galt nicht als Fleisch – mit süßem Auflauf und Kompott hinterher. Später, als die Küche feiner wurde, überbackenes Fischfilet mit Käsesoße. Reibekuchen mit – das galt nicht als Fleisch – einem kleinen Stück fettem Speck in der Mitte, um das ich so lange herumschnitt, bis es allein auf dem Teller zurückblieb. Das Beste zum Schluss.

Wenn es nicht Freitag war, gab es Kutteln – einmal zumindest. Kutteln, diese ekelhaften Vormagenstreifen, eingetaucht in braune Tunke, wie Regenwürmer sich windend, von ledriger Konsistenz, auf der Zunge verharrend, den Rachen verstopfend, die Speiseröhre sich mühsam hinunterhangelnd. Für die Franzosen und Italiener sind Kutteln eine Delikatesse! Vaters Appell blieb ungehört. Die essen auch Frösche. Ich saß trotzig vor meinem Teller, rührte darin herum, wollte keinen der scheußlichen Bissen zum Mund führen. Du isst deinen Teller auf. Der Scherz, dass man schon an dem genug habe, was auf dem Teller liege, half nicht. Der Nachmittagsunterricht nahte, die kalt gewordenen Kutteln quollen auf in der erstarrten, morastigen Soße, wurden ums Verrecken nicht weniger. Mutter ignorierte mich. Dein Teller wird aufgegessen. Ich weinte. Nichts half. Kutteln hat es danach zu Hause nie wieder gegeben. Wenn Vater meinte, es ohne diese schwäbische Spezialität nicht aushalten zu können, musste er auf Weinfesten oder in Wirtschaften zuschlagen.

Alle in einer Reihe aufstellen!

Am ersten Schultag blieb ich im Bett: Röteln. Kein stolzer Gang mit der Schultüte. Dahin darfst du noch oft genug. In das Pavillongebäude mit dem kleinen Hof, Ecke Siebennussbaumstraße, wo man im Herbst Walnüsse

Allein auf dem Balkon.

schlug. Einen Stock hochwerfen in die Äste, hoffend, dass ein paar grün vernarbte Kugeln herunterfielen. Oberlehrer Räpple wartete auf uns, im weißen Mantel, trockene Kreide in der Hand, die staubte, durchdringend roch und markerschütternd quietschte, wenn man sie schräg an der Tafel aufsetzte. Alle in einer Reihe aufstellen! Räpple stand erhaben da, prüfte die Sauberkeit der Schüler. Ängstlich wartete ich, bis er zu mir kam. Würde er merken, dass ich an den Fingernägeln kaute? Er sah mich fragend an: Beißt du an deinen Nägeln herum? Nein, nein, ich schüttelte schnell den Kopf, wollte nicht ertappt werden. Die sind nur gerade kurz geschnitten worden, ganz kurz, gestern Abend. Lehrer Räpple zog weiter, zu Reinald, Norbert, Thomas, Edeltraud, Annette, Ulrike, Dorothea. Ich verschränkte die Hände auf dem Rücken, sah starr auf die Glasfront des Pavillons und blies Luft durch die Nase.

Danke, Meister!

Plötzlich Angst haben, nicht mehr wissen, wie einem zu helfen ist, wer einem helfen wird. Mutter und Vater mochten Opern und Operetten, vor allem im Fernsehen. Was einem das gab, begriff ich nicht: albern gestikulierende Schauspieler, die auf einen Schlag zu singen anfingen in einer Lautstärke und Tonlage, dass man kein Wort verstand. Oft italienisch, das war ehrlicher, das versuchte ich erst gar nicht zu verstehen. Die Sängerinnen waren sehr kräftig, um nicht zu sagen fett. Resonanzkörper nannte

Vater das, und ohne den ließen sich keine Arien singen. Einmal sah ich genauer hin, bei einer Oper, die »Hänsel und Gretel« hieß, wie das Märchen, das ich gut kannte. Die Oper machte mir Angst, der düstere Wald, die böse Hexe, die den Kindern keine Chance ließ. In den Ofen wollte sie die beiden stecken, in die glühende Hitze, bis sie elend verbrennen würden. Was geschähe mit Hänsel und Gretel, wenn sie tot wären, nicht mehr auf der Erde? Wo kämen sie hin? Tot sein, das war sicher vorübergehend; unter dem Himmel, von dem Mutter redete, wusste ich mir nichts vorzustellen. Sich selbst nicht mehr zu haben – wie ging das? Ich war ich, und wenn es mich nicht mehr gäbe, wo wäre ich dann? Eine Vorstellung, die mich in eine bodenlose Schlucht fallen ließ, eine Vorstellung, die mir den Brustkorb zudrückte und die ich nicht zu bannen vermochte. Ich zwang mich, diesen Gedanken wegzuschieben, der meist nachts im Bett kam, vor dem Einschlafen. Schnell sich etwas anderes überlegen. An den Tod ließ sich nicht dauerhaft denken. Der Tod gefährdete das Schöne, selbst an Nikolaus, der mitunter persönlich einen Besuch abstattete und die Wunschzettel in Empfang nahm. Wenn ihr nicht brav seid, steckt euch der Nikolaus in seinen großen braunen Sack und nimmt euch mit. Wohin brächte mich der Nikolaus, fort von den Eltern und den Geschwistern? Wo würde ich leben und wie? In den Sack gesteckt und in den Ofen der Hexe geschoben zu werden war ein und dasselbe. Sich zu wehren hätte keinen Sinn, aber dass Vater und Mutter es zuließen, dass der fremde Nikolaus mich mitnähme, konnte ich mir nicht vorstellen. Andererseits verkörperte der vielleicht eine höhere Macht, gegen die selbst die Eltern nichts ausrichteten. Wenn die Angst abends im Bett wiederkam, schloss ich sofort die Augen, ganz fest, wollte die Gedanken verscheuchen. Aufhören damit, aufhören, sonst würde es mich zerreißen. An das Gegenteil denken, an Jeannie den Flaschengeist, diese wasserstoffblonde Frau. Die war über 2000 Jahre alt, lebte ewig und sorgte zudem dafür, dass ihrem Major nichts Böses geschah. Ehe man sich versah, tauchte Jeannie leicht bekleidet aus einer Plüschflasche auf. Mit einer solchen Frau an der Seite fühlte man sich sicher. An Jeannie denken, jetzt im Bett, sich ihren Zopf vorstellen, ihr helles Lachen, ihr Augenblinzeln und wie sie Major Nelson in den Wahnsinn trieb. Danke, Meister! Wenn ich lange genug an Jeannie dachte, verblasste die Angst vor dem Tod.

Da kann euch der Winter nichts anhaben!

Erkältungskrankheiten muss man vorbeugen. Mit Vitaminen, versteckt in Äpfeln, Orangen, die Apfelsinen hießen, im Rhabarbersaft, den Mutter in einem großen Apparat, dem Entsafter, selbst herstellte. Im Winter, wenn die Grippewelle heranrollte, hatte Mutter – das ist wissenschaftlich erwiesen! – Lebertrankügelchen zur Hand, nach dem Frühstück. Nur gleich hinunterschlucken mit einem Schwall Nesquick. Da kann euch der Winter nichts anhaben! Ja nicht darauf herumkauen, sonst platzten die Dinger auf, und eine widerlich schmeckende Flüssigkeit ergoss sich in den Mund. Habt ihr eure Kugeln geschluckt? Ja, Mutti, klar. Besser als der ölige Saft, den Mutter auf einen Löffel träufelte und einem in den Mund zwängte. Augen zu, grimassieren und schnell schlucken. Lebertran als Pastille war ein Fortschritt.

Der hat Stimme

Im Wohnzimmer die nussbraune Musiktruhe, die Lautsprecher versteckt hinter schmuddliggelben Lamellen. Ab und zu kramte ich in der Plattensammlung. Operetten- und Opernausschnitte. Die knisternde Weihnachtsplatte mit einem Hund, der vor einem Grammophon saß. In einem Skai-Kunstlederalbum mit durchsichtigen Folien die 45-er-Schallplatten, Willy Schneider, Medium Terzett. Und die Langspielplatte »Polydor-Schlagerauslese«, die ich häufig anhörte. Vorsichtig den Hebel umlegen, bis der Arm des Plattenspielers langsam hinüberschwenkte und die Nadel sanft aufsetzte. Es rauschte und knackte, dann sang ein Amerikaner namens Charlie Hickman von einem Weg, der mal zu Ende geht, Connie Francis von einem Mann, dem alles nur »Liebelei« war ... lass mich gehn, lass mich gehn, denn es hat keinen Sinn, weil der Platz neben dir nicht mehr frei ist ... und Freddy, einer von Vaters Lieblingsinterpreten – »Der hat Stimme, der muss das Mikrofon nicht verschlucken!« –, vom Meer und vom Abschiednehmen, von Häfen, vom Flaggenhof hoch im Wind. Mir gefielen die traurigen Lieder am besten, ohne rhythmisches Klatschen und aufgesetzte Fröhlichkeit. Musik hören ganz für sich allein, ungestört von den anderen, das genoss ich intensiver, wenn einem mulmig ums Herz wurde. »Lass mich gehn«, bat Connie Francis den Mann, der sie nicht so aufrichtig behandelt hatte, wie sie es wollte. Wie bedauerlich, zu lieben und hinterher zugeben zu müssen, dass es besser wäre, sich zu trennen.

Das Größte überhaupt war der automatische Plattenwechsler. Ein Metallstab, auf dem man zehn Schallplatten stapelte, und kaum war eine abgespielt, fiel die nächste herunter, einfach so, und weiter ging es. Damit stellte ich mein eigenes Musikprogramm zusammen, wie im Radio. Mit professioneller Ansage: Als Nächstes, meine lieben Schlagerfreunde, hören Sie aus Frankreich Sacha Distel mit »Adios amigo«! Mit einem Kochlöffel oder der Staubsaugerdüse als Mikrofon.

Die hat uns an den Ami verraten

Auf Western war Verlass. Andere Filme sah Vater ohnehin nicht gern. Vielleicht mal alte Heimat- oder Musikschnulzen mit den großen Künstlern – »Solche gibt es heute gar nicht mehr!« – seiner Jugend. Mit Hans Moser, Paul Hörbiger, O. W. Fischer, Ruth Leuwerik, Rudolf Prack, Zarah Leander. Nichts mit Marlene Dietrich: Die hat uns an den Ami verraten. Bei Western gab es keinen Streit. Für einen guten Western brauchte es keinen Frankenfeld oder Otto Höpfner. Und es durfte deftig zugehen, mit wüsten Schlägereien, Schusswechseln und leichten Mädchen, die für die Handlung meist unerheblich waren. Was für Kerle, die da auf Pferden heranstürmten, sich nur mit einer ganzen Flasche Whisky zufriedengaben – gefärbtes Wasser, erklärte Vater – und nach dem zehnten Faustschlag ins Gesicht kaum verletzt aufstanden, während ich mir das Kinn rieb. Duelle, in Sekundenschnelle ging da ein Leben dahin, wand sich ein winselnder Körper auf der staubigen Straße. Gut, dass es bei uns in der Kerner- oder Eberstädter Straße anders zuging und man das nur in der Faschingszeit nachmachte. Mit Cowboyhut und Käpselespistole, als Sheriff oder Marshal.

Burt Lancaster, Richard Widmark, John Wayne, die gab es nur in Amerika, im Wilden Westen. Männer, die das Recht durchsetzten, auch gegen die Indianer, die verschlagen und feige waren.

Erst mit Winnetou änderte sich die Lage, dann durfte sich ein guter Indianer sogar mit den guten Revolverhelden messen. Mit Gary Cooper freilich nahm es selbst der beste Apachenhäuptling nicht auf. Gary Cooper, wie er in »Zwölf Uhr mittags« von allen verlassen gegen die fiesen Miller-Brüder kämpfte. Alle schmeichelten ihm, alle taten dankbar, und dann, als es darauf ankam, drückten sie sich, hatten sie Dringendes zu erledigen. Der Minutenzeiger, der gnadenlos vorrückte, die einprägsame Melodie im Hintergrund. An diesem Film sah ich mich nicht satt. Immer an der gleichen Stelle kamen mir die Tränen: Wenn Gary Cooper beziehungsweise Will Kane die Kirche betritt und mitbekommt, wie Sympathie umschlägt in Feigheit, wie er merkt, dass er mutterseelenallein sein wird. Am Ende die Genugtuung, nachdem er die Miller-Bande erlegt und selbst seine Frau (Vater, was ist denn das, eine Quäkerin?) die Waffe in die Hand genommen hat: Cooper reißt sich den Stern von der Weste und wirft ihn in den Straßenschmutz, den engstirnigen Angsthasen trotzig in die Augen sehend. Was für eine Geste! Ja, so wie Gary Cooper wollte ich werden. Auch bei den Frauen, erst diese heißblütige Saloonbesitzerin, die so dunkle Haare wie Schneewittchen hatte, und später die hellhäutig-sanfte Grace Kelly mit dem hingebungsvollen Blick, hatte man als gerechter Marshal Erfolg.

Die sind fast noch wie neu

Ihr immer mit euren Western. Mutter zuckte mit den Achseln, wäre nie auf die Idee gekommen, sich gegen diese »ständige Knallerei« zur Wehr zu setzen. Während Vater und Söhne fieberten, ob der Treck unschuldiger Farmer dem feigen Hinterhalt der Rothäute entkommen würde, saß Mutter im Sessel, nur ab einem bestimmten Geräuschpegel resigniert zum Fernsehschirm aufblickend, und ging hausfraulichen Abendbeschäftigungen nach. Woher ihr immer diese Löcher in die Socken bekommt! Sie schüttelte den Kopf, mehr eingespielte Mimik als echte Empörung. Mit sicheren Handgriffen stopfte sie die Löcher. Ihr müsst nicht glauben, dass ich ständig neue Strümpfe für euch kaufe. Schön sahen die geflickten nicht aus. Beim Sportunterricht die Straßenschuhe ausziehen und schnell in die Sportschuhe schlüpfen. Sandalen und gestopfte Socken geht nicht. Und dazu die Flicken auf den Hosen, ständig scheuerst du sie an den Knien durch. Und immer die abgelegten Sachen meines

Bruders, die ich auftragen sollte. Die sind fast noch wie neu, viel zu gut für die Altkleidersammlung.

Jetzt kommen die Saläter!

Am Sonntag in die Natur. Ihr wollt doch nicht den ganzen Tag in der Stube hocken, kommt nicht in Frage. Ich wäre gern zu Hause geblieben, vor dem Radio oder Plattenspieler. Stattdessen: Bei schönem Wetter fuhr man am Sonntagmorgen hinaus, immer in die gleiche Richtung: Mainhardter Wald, Löwensteiner Berge, wandern in Lederhose und Trachtenjanker, der auf der Haut kratzte. War das langweilig. Was für eine herrliche Luft!, rief Mutter aus, sich selbst anfeuernd. Vielleicht finden wir Pilze. Früher in Vaters Jugend in der Oberpfalz, da wuchsen Steinpilze und Rotkappen, wie das Herz sie begehrte. Im Mainhardter Wald brauchte man Glück, jetzt, da immer mehr Leute am Wochenende ins Grüne fuhren, die nicht mehr ganz so herrliche Luft verpesteten, ins Dickicht vorpreschten und blindlings alle Pilze sammelten, die ihnen in die Quere kamen. Nur der Pilzberater, der in der Stadtbücherei Sonntagsdienst schob, hielt die Verrückten davon ab, einen Fliegen- und Knollenblätterpilzpfannkuchen zuzubereiten. Vater lehnte das rundherum ab: Er sammelte nur Steinpilze, Rotkappen, Birkenpilze (selten!) und Pfifferlinge. Später, als er sein System verwässerte, durften Maronen mit ins Spankörbchen.

Und die Walderdbeeren! Nicht zu vergleichen mit den normalen Erdbeeren, die es im Laden zu kaufen gab, wässrig schmeckten, gar kein Aroma hatten. Klein, dunkelrot und duftend wuchsen sie am Wegrand, schwer zu entdecken und immer seltener werdend. Manchmal hieß es, man müsse sie meiden, wegen der Füchse und der Tollwut. Blaubeeren waren leichter zu finden, wenngleich nicht mehr so zahlreich wie in Vaters Kindertagen, als seine Brüder und er die Beeren kannenweise sammelten und auf dem Markt verkauften. Immerhin, am Steinknickle oder Jux, den von uns tapfer erklommenen Anhöhen, gab es genügend Blaubeeren. Oder Schwarzbeeren. Oder Heidelbeeren. Mutter, die im Ruhrgebiet geboren und aufgewachsen war, sagte Bickbeeren. Abends gab es nach der »köstlichen« Pilzsuppe Bickbeeren in Milch.

Nach absolvierter Wanderung parkten wir auf dem Marktplatz in Löwenstein; schräg gegenüber in der Bäckerei an der Durchfahrtsstraße holte Mutter Eiskugeln für jeden. Ist da viel günstiger als in der Stadt, bei Presutti. Malaga, meine Lieblingseissorte, gab es nicht, aber wenigstens Schokolade, Erdbeere oder Vanille. Mit einem knusprigen Kekshörnchen, wenn man mindestens zwei Kugeln nahm. Bei einer – 20 Pfennige – musste man sich mit einem watteartigen Oblatenhörnchen begnügen, das nach aufgeblähtem Papier schmeckte.

Wenn es schon morgens – bei dem schönen Wetter! – losging, war das Murren laut. Den ganzen Tag wandern! Kehren wir mittags wenigstens ein? Gibt es da Pommes? Und Cola? Meistens klappte das nicht, vor allem wenn wir in Grab bei Großerlach Rast machten, im Rössle, wo es gemischten Braten gab, mit handgeschabten Spätzle und viel Soß. Pommes waren denen unbekannt. Stattdessen lernte ich ungewöhnliche Pluralformen kennen. »Jetzt kommen die Saläter!« Der Ruf der kräftigen Bedienung schallte durch die sonntags eng besetzte Stube. Echte Schwaben schubsten den Kartoffelsalat in die Bratensoße und mischten alles gut durch. Manchmal gab es drei- oder viergeteilte Teller, wo Braten und Spätzle und G'müs ihre eigenen Fächer hatten. Statt Cola bestellte Vater Apfelsaftschorle. Interessant wurde es am Schluss, wenn es ums Trinkgeld ging. Warum bekommt die Bedienung extra Geld? Und wie viel? Vaters Blick war hoch aufmerksam; als kaufmännischer Angestellter überschlug er im Kopf die angemessene Trinkgeldsumme. Zuvor vergaß er nie, die Rechnungsposten mit dem zu vergleichen, was die Bedienung in ihrer weißen Schürze mit dem Kugelschreiber auf ihren Block addiert hatte. Wehe, wenn sie sich vertat. Manche, erklärte Vater, machten das mit Absicht. Wir kontrollierten alles. Immerhin aß man im Rössle preiswert. Der Löwe ein paar hundert Meter weiter war zu vornehm, aber die hatten sicher Pommes auf der Karte.

Sie sind ja eine kleinkarierte Person!

»Kleinkariert« war ein Schimpfwort, das die Eltern nie verwendeten. Wenn, dann mokierte man sich über Proleten, Landpomeranzen aus Mosbach oder Asoziale. Damit wollte man nichts zu tun haben, die hatten kein Benehmen, wohnten in üblen Gegenden. Kleinkariert, so nannte uns Frau Altmann, die zwei Etagen über uns wohnte.

Sie sind ja eine kleinkarierte Person!, rief sie Mutter im Treppenhaus hinterher. Und das von dieser Zugezogenen aus Norddeutschland, die sich aufbretzelte, wenn sie das Haus verließ, eine Perücke aufsetzte und sich mit womöglich teurem Parfüm einnebelte. Im Treppenhaus, wenn sie zur Waschküche ging, sah sie nichts gleich. Erkennt man sofort, dass das eine Perücke ist. So wie man es Männern anmerkte, wenn sie ein Toupet trugen. Vater mit seinem vollen schwarzen Haar sah das mit einem Blick.

Ich sorge dafür, dass Sie ausziehen müssen, schrie Vater ins Telefon, als er abends bei Altmanns anrief. Lass das doch, beschwichtigte Mutter, so schlimm ist das nicht. Von wegen, rief mein Vater, meine Frau lass ich nicht beleidigen, von der da, die nach Kiel zurückziehen soll, wenn es ihr hier nicht passt. Ich saß unbeweglich im Sofaeck, wollte, dass der Tumult ein Ende fände. Vaters Bellen in den Telefonhörer, Mutters angstvoller Blick. Und die Vorstellung, wie zwei Stockwerke darüber Herr Altmann seinen Telefonapparat traktierte, bestürmt von seiner perückenlosen Frau. Lass dir nichts gefallen von diesen Leuten!

Jetzt tanzen wir nach deren Pfeife

Amerika, das war der große Bruder, einerseits. Andererseits: Sie haben uns im Krieg besiegt, und jetzt tanzen wir nach deren Pfeife. Immerhin besser als nach der des Russen. Mutters Schwester hatte einen amerikanischen Lehrer geheiratet, in Heidelberg gewohnt und war nach Colorado gezogen. Sie schrieb fünf-, sechsmal im Jahr lange Briefe – telefonieren war zu teuer, kam nur an Weihnachten in Frage –, in einem Deutsch, das verworrener wurde und sich mit englischen Brocken mischte. Zum Geburtstag schickte mir »Auntie« eine Dollarnote im Briefumschlag, immerhin, das waren vier Mark. Dann erschossen sie den Politiker Robert Kennedy; von John F. Kennedys Ermordung, Jahre zuvor, hatte ich gehört. Dieser Robert Kennedy wollte seinen toten Bruder rächen, gewissermaßen, und Präsident werden. Bis die Bilder im Fernsehen zeigten, wie er blutend dalag. Was für eine Tragödie!, riefen alle. Zwei Brüder, beide so gut aussehend, beide erschossen! Dieses Amerika war ein gefährliches Land, mit Rassenunruhen, Straßenschießereien. Wir können froh sein, dass wir es in Heilbronn ruhig haben. Wann ereigneten sich hier schon Verbrechen. Ja, gut, der Arzt, der angeklagt wurde, seine Frau um die Ecke gebracht zu haben. Obwohl man deren Leiche nie fand. Jeden Morgen blätterte ich schnell zum Lokalteil der »Heilbronner Stimme«, um die Details aus dem Gerichtsprozess nachzulesen. Der beschuldigte Arzt tat ganz unschuldig. Er wisse nicht, wo seine Frau geblieben sei, habe keinerlei Erklärung für deren spurloses Verschwinden.

Aber so etwas geschah in Heilbronn nur alle Jubeljahre, leider. Abends musste man freilich aufpassen, vor allem als Frau. Man traut sich abends gar nicht mehr auf die Straße! So weit ist es gekommen, fast wie in Amerika. Kennedy gefiel mir; er kämpfte für die Armen, hieß es, für die Rechte der Schwarzen. Obwohl die nicht gut röchen, sagte Auntie, wenn man im Bus neben ihnen säße.

■ *Die Hoffnungsträger.*

Neger waren nicht dabei, als die Amerikaner kurz darauf zum Mond flogen und es den Russen zeigten. Ich sah aus dem Küchenfenster in den Abendhimmel, Vollmond. Du gehst so stille. Und da oben, ungeheuer viele Kilometer entfernt, stapften Amerikaner in dicken Anzügen umher, rammten ihre Flagge in einen fernen Mondkrater. Man könne, sagten die Kommentatoren, noch nicht abschätzen, ob diesem Beispiel bald viele Menschen folgen würden, ob es zu Urlaubsreisen auf den Mond kommen werde. Irgendwann sicher. Die technische Entwicklung und der Fortschritt seien nicht aufzuhalten. Und die hohen Kosten ließen sich mühelos rechtfertigen durch die

Forschungsergebnisse, die sich aufgrund der Messungen der Astronauten ergäben. Die ließen sich nutzen für neue Medikamente oder Revolutionen auf dem Bratpfannensektor. Die Eroberung des Weltraums könne nicht aufgehalten werden. Der Mensch sei zu allem fähig. Schon tolle Kerle, diese Amis, sagte Vater, da wird sich der Russe schwarz ärgern, Juri Gagarin und der Weltraumhund änderten daran nichts. Warum heißen eigentlich die Amerikaner beim Bäcker Amerikaner? Na, weil die das nach dem Krieg mitgebracht haben. Da waren die Deutschen auf alles scharf, was von da kam, Strümpfe, Zigaretten. Ich mochte am liebsten die mit Schokoguss, vom Böhringer oder wenn Mutter sie selbst backte. Das beherrschte sie wie keine andere. Meine Frau ist eine hervorragende Köchin, sagte Vater oft vor Leuten. Besser als in jeder Wirtschaft isst man bei ihr.

Das Spielfeld ist mein Königreich

Für Fußball interessierten sich alle, abgesehen von Mutter und meiner Schwester, die zu klein war. Vater schwärmte von den Spielern vor dem Krieg, von den Nürnbergern und Fürthern, von Stuhlfauth im Tor, Streitle, Goldbrunner, Lechner, Janes. Von Stadionbesuchen am Dutzenteich, im Ronhof, beim BC Augsburg. Stolz saßen wir vor dem Fernsehgerät mit der leicht gewölbten Mattscheibe, als die ersten Spiele übertragen wurden. Ich durfte zuschauen, auf dem Teppichboden liegend und hoffend, dass es die Münchner Löwen im Endspiel gegen West Ham United, die starken Engländer, packten. Vater fand es ungerecht, dass das Spiel in London ausgetragen wurde, im Wembley-Stadion: Heimvorteil! Aber die Münchner mit ihrem strengen Trainer Merkel hatten ja den Radenkovic im Tor. Den verrückten Hund, der sein Gehäuse verließ, Ausflüge machte, bis die Zuschauer ängstlich aufschrien. Geh zurück in deinen Kasten, du Spinner! Der Radi machte sich daraus nichts. Im Halbfinale, im Entscheidungsspiel, hatte er die Italiener aus Turin zur Verzweiflung gebracht. So einer wollte ich werden, ein »goalkeeper«, wie die Engländer sagten. Ganz in Schwarz stand Radenkovic auf der Linie, hechtete, griff sich die Flanken herunter, auch gegen West Ham, bis in der zweiten Halbzeit nichts mehr zu machen war: null zu zwei. Vater ärgerte sich; mir steckte

■ *Meine Löwen-Meistertruppe!*

ein Kloß im Hals. Wie ungerecht, dass die Löwen das Spiel verloren.

Als Torwart war man ein Einsamer, einmal danebengegriffen, und schon konnte alles versaut sein. Wenn Küppers oder Rebele einen Abspielfehler machten, war das nicht so schlimm. Manche machten dauernd Abspielfehler. Aber wehe, wenn der Zerberus, wie ein Rundfunkreporter Radenkovic nannte, den Ball abklatschen ließ, den Aufsetzer unterschätzte und einen Hosenträger kassierte. Fliegenfänger!, riefen sie ihm zu – egal, welche Bomben und Granaten er Minuten zuvor abgewehrt hatte. Radenkovic war Jugoslawe, aus dem Osten. Eigentlich ein Gastarbeiter, aber das Wort verwendete man beim Fußball selten. Auch in Heilbronn gab es Gastarbeiter. In Deutschland verdienen die gutes Geld, schicken es nach Hause und bauen sich da stattliche Häuser. Mutter sagte, dass sie nicht so leben wolle.

Als Radenkovic zu singen und Bücher zu schreiben begann, wollte ich alles von ihm haben. »Das Spielfeld ist mein Königreich« wünschte ich mir von Tante Vroni, Vaters Schwester. Da las ich nach, wie man es zu einem Spitzentorwart brachte. Radenkovic erklärte mir alles. Er sagte, dass es keine unhaltbaren Schüsse gebe, nur falsch postierte Torhüter. Wenn man schlau sei und erahne, wohin der Stürmer schießen würde, dann ließen sich alle Schüsse, selbst die gemeinsten und härtesten, parieren. Allerdings brachten es die wenigsten zu solcher Meisterschaft, standen oft falsch. Andernfalls wären alle Spiele null zu null ausgegangen, was das blödeste Ergebnis war, das man sich vorstellen konnte. Es gibt keine unhaltbaren Tore – darüber lohnte es sich nachzudenken.

Das wird dir eine Lehre sein, du Saubub!

Als die Schule umzog von der Siebennussbaumstraße in das neue Gebäude an der Karlstraße, war es mit der Gemütlichkeit vorbei. Gerhart-Hauptmann-Schule hieß der eckige Betonbau, und wir bekamen ausführlich erklärt, wer dieser Gerhart Hauptmann gewesen war, dessen Vornamen viele falsch schrieben. Agnetendorf, da war er gestorben. Komisch, dass eine Schule in Württemberg nach einem schlesischen Dichter benannt wurde. Immerhin waren seine Theaterstücke für die unteren Klassen zu schwierig. Ich ging gern in die Schule. Man musste sich aber ranhalten, sonst schaffte man es nicht aufs Gymnasium. Für jede Eins im Zeugnis gab es eine Mark. Am übelsten war Heimatkundelehrer Wanner, ein alter Mann mit graugelben Raucherzähnen, der Kopfnüsse und Tatzen verteilte. Oder Rektor Wehrmann, in dessen Stunden es mucksmäuschenstill war. Zu ihm wurde man nur in schwerwiegenden Fällen einbestellt, aber wir hatten gleich das Pech, Mathe-Unterricht bei ihm zu haben. Er schleppte ein Holzbein hinter sich her – aus dem Krieg, wie es hieß – und geriet schnell in Zorn. Seine Adern am Hals traten hervor, sein Gesicht verfärbte sich puterrot, und er begann zu schreien. Das Wort Disziplin stieß er ständig aus, und wenn er die Fassung verlor, griff er nach dem Handfeger, der neben dem Waschbecken hing. Wo kommen wir denn da hin! Das wird dir eine Lehre sein, du Saubub! Der Sünder hatte sich über den Tisch zu legen, und Rektor Wehrmann schlug ihm mit dem hölzernen Stiel des kleinen Besens aufs Hinterteil. Tränen flossen. Die Nicht-Sünder saßen beklommen in ihren Bänken, blickten nicht auf. Stillhalten, nicht auffallen. Wer weiß, wen Wehrmanns Wut als Nächsten ereilen würde. Warum mussten wir auch den Rex abbekommen, als Nachfolger von Referendarin Nuber –

Das ist bei Referendaren so üblich

– die ich aufregend fand. Sie war viel jünger und noch schöner als Tante Carmen, die als Opernsängerin in Darmstadt auftrat und ab und zu auf Besuch kam. Frau Nuber wurde zu meiner Lieblingslehrerin; ich gab mir bei den Hausaufgaben große Mühe, streckte eifrig in ihrem Unterricht, obwohl man aufpassen musste, dadurch nicht als Streber zu gelten. Streber war so schlimm wie Petze. Aber ich wollte ja, dass Frau Nuber auf mich aufmerksam wurde. Sie trug das Haar strähniger und wilder, wie die aus der Fernsehreklame. Ich sorgte mich, dass Wanner oder Wehrmann gemein zu ihr sein könnten, aus Neid, und weil sie merkten, dass die junge Lehrerin beliebter war als sie. Eines Tages hieß es, dass Frau Nuber die Schule verlassen werde. Das ist bei Referendaren so üblich; ich glaubte denen kein Wort, wollte losweinen. Zu ihrem letzten Tag in der Klasse schrieb ich ein Gedicht auf sie, das sich reimte. Ich war aufgeregt, trug es auswendig vor. Kurz darauf war sie für immer weg. Stattdessen kam Wehrmann mit dem Holzbein, mit der abweisenden Hornbrille, mit der Disziplin und mit dem anschwellenden Zorn.

Da bist du gut aufgehoben

Städtisch organisierte Sommerfreizeit. Da kannst du mit anderen spielen, die machen ein tolles Programm. Ich wollte nicht mit anderen spielen. Wie konnte ich dem entkommen? Fußball auf dem Schulhof oder im Pfühlpark schon, aber nicht den ganzen Tag im Wald herumspringen, sich einsauen bei diesen Kinderferien auf dem Gaffenberg.

Morgens karrte man uns mit dem Bus dorthin, hordenweise. Gleich in den Wald, Staudämme für die Bäche bauen, Holz einsammeln, den Gruppenleitern gehorchen, einen Mittagsschlaf im Gemeinschaftszelt machen. Das Essen war scheußlich, kein Vergleich mit Mutters Kochkünsten. Zwei Wochen lang. Da bist du gut aufgehoben. Ich wollte da nicht hin, mein Bitten und Betteln nützte nichts. Taten mussten folgen: Am Nachmittag machte ich in die Hose, in die Lederhose, die davon hart wurde. Die gute Hose! Warum bist du denn nicht aufs Klo gegangen? In deinem Alter! Oder irgendwo in den Wald, Bäume hat es doch genug. Ich stand schweigend da und durfte künftig zu Hause bleiben. Gaffenberg, das war erledigt. Stöcke sammeln, Kieselsteine aufschichten und Bäche umleiten – wer wollte das schon? Eine Woche später flossen die sowieso wieder, wie sie wollten.

Wir schalten in unser Wiener Studio zu Teddy Podgorsky

Gewaltverbrechen ereigneten sich selten bei uns, weil wir Eduard Zimmermann hatten. Dessen Sendung »Aktenzeichen XY ungelöst« behandelte wahre Fälle, nicht so wie im Western oder im »Kommissar«. Eduard Zimmermann war ein beleibter Mann, der nie fröhlich aussah, vermutlich wegen der Schwere der Delikte, für deren Aufklärung er um meine Mithilfe bat. Am aufregendsten war es, wenn echte Verbrechen in Filmen gezeigt wurden, wenn auch nicht mit den wirklichen Opfern und Tätern. Nachgestellt, sagte man dazu. Man wusste, dass gleich etwas passieren würde, dass diese dumme Hausfrau zu vertrauensselig war, ihre Geldbörse leichtsinnig verstaute oder irgendeinem fiesen Trickbetrüger auf den Leim ging. Die Stimme, die die Filme erklärte, tönte unheilvoll. Das würde nicht gut ausgehen, da hieß es aufgepasst, damit es einem selbst nicht genauso erging. Was es für leichtgläubige Menschen gab, die sich selbst in Gefahr brachten! Wie diese Tramper – »Anhaltereisende« sagte Zimmermann –, die zu wildfremden Autofahrern einstiegen und sich wunderten, wenn sie belästigt wurden. »Ahnungslos bestätigt Hedwig Lüders einem Mann namens Horst B. die Rückzahlung eines kleines Darlehens. Sekunden später überfällt sie der Mann und raubt ihre gesamte Barschaft«, so stand es in »Das unsichtbare Netz«, Zimmermanns Buch zur Fernsehserie. Hedwig Lüders hätte bei uns ums Eck wohnen können. Ab und zu lud Eduard Zimmermann, dieser entschlossene Unheilbekämpfer,

Die ahnungslose Frau Lüders.

Polizeikommissare, richtige!, ins Studio ein, und die erklärten den Fall umständlich, darum bemüht, sich selbst und ihre Erfolglosigkeit nicht bloßzustellen. Damit sich die Täter im Ausland nicht in Sicherheit wogen, gab es »Schaltungen« nach Österreich und in die Schweiz, hinüber zu Werner Vetterli und Teddy Podgorsky. Beruhigend zu wissen, dass diese Gangster nicht so einfach über die Alpen abtauchen konnten. Zu Hause achteten wir auch ohne Eduard Zimmermann auf Sicherheit. Wohnungs- und Haustür wurden jeden Abend sorgfältig abgesperrt. Von den Parteien im Haus verließ nach 20 Uhr ohnehin keiner mehr das Haus. Die ebenerdige Terrasse war allerdings ein Problem, ein Sicherheitsrisiko. Wohnen wir eigentlich im Keller, Mutter? Nein, im Souterrain. Wie schreibt man das?

So lecker Kartöffelchen

Was es zu essen gab, überlegte sich Mutter sorgfältig. Zu kostspielig durfte es nicht sein. Mittags um Viertel nach zwölf stand das Essen auf dem Tisch, wenn Vater vom Büro nach Hause kam. Viel Zeit blieb da nicht, alles musste wie am Schnürchen laufen. Nudeln kamen gut an, in jeder Form. Mutters Liebe zur Salzkartoffel wurde nicht erwidert. So lecker Kartöffelchen! Die mochten wir nicht, höchstens zu Spargel, den es einmal im Jahr gab. Das Abendbrot war kalt, von Ausnahmen abgesehen. Der dicke Ring Fleischwurst zum Beispiel, vom Metzger Specht, mit Senf, Gurke und Brot. Um jedes Stück wur-

■ *Adventskaffee mit Schwarzwälder Kirschtorte.*

de gekämpft. Aufschnitt galt als riskant, weil Vater der Frischwurst schnell überdrüssig wurde. Wie viel Pfund von dem Bierschinken hast du eigentlich eingekauft? Toast Hawaii dagegen war gut, mit der Scheiblette obendrauf, dem Formschinken unten, der Dosenananas in der Mitte. Da verdrückte ich gut drei, vier Stück. Manche Gerichte gab es nur bei uns, dachte ich. Lungenhaschee zum Beispiel. Wer wollte das essen, dieses durchpürierte Atemorgan in einer Soße, die den Kutteln Konkurrenz machte? Oder Herz. Oder Nieren. Gänseklein gab es nur an Weihnachten. Man kann die Innereien ja nicht einfach wegwerfen. Verschwendung wäre das. Bei Ochsenzunge in Madeira schauten alle betreten. Madeirasoße, das essen Feinschmecker. Doch die fein aufgeschnittene Zunge, dieses rosige Fleisch, das nicht verbarg, dass es eine Zunge war oder gewesen war. So wie sie sich auf der Platte ausbreitete, ließ sich ihre Herkunft nicht verleugnen, auch nicht in der sahnigen Madeirasoße. Zunge auf der eigenen Zunge spüren, da würgte es einen im Hals. Schnell aufs Klo gehen ging nicht. Langsam kauen, an etwas anderes denken. Es den Hals hinunterbringen, Stück für Stück. Dank der Madeiratunke rutschte es besser.

Das macht in der Firma gleich einen anderen Eindruck

Endlich ein Auto. Kein Auto vor dem Haus, das sah nichts gleich. Zuerst war es nur ein geliehener Käfer, einer mit amerikanischem Kennzeichen. Denn Auntie Sonja, die mit dem Heidelberger Soldaten verheiratet war, in zweiter Ehe, lieh uns ihren Käfer, für Fahrten in den Schwarzwald. Diese wohlgenährten westdeutschen Gesichter im Amiauto. Dann endlich Vaters erster eigener Käfer. Das konnte sich nicht jeder leisten, vor allem wenn man drei Kinder hatte. Was die kosten. Doch ein Auto musste sein, für den Urlaub oder fürs Wochenende, das machte in der Firma gleich einen anderen Eindruck. Im Grunde kamen nur deutsche Fabrikate in Frage. Ein Arbeitskollege fuhr Fiat – undenkbar, so eine italienische Rostschüssel, mit der man ständig Ärger hatte. Vater schwor auf Volkswagen und Audi. Da wusste man, was man hatte. Mutter würde ja auch nicht jedes x-beliebige Waschmittel kaufen. Der Wagen war immer top in Schuss, hatte immer top in Schuss zu sein. Wir mussten auf der Rückbank mit den Schuhen Acht geben. Bei längeren Fahrten nicht herumlärmen. Das lenkte den Fahrer, also Vater, ab. Ich bewunderte ihn, wie sicher er fuhr, selbst auf den langen Strecken in die Oberpfalz. Crailsheim, Cröffelbacher Steige, Feuchtwangen, Ansbach, Amberg, fast alles auf Landstraßen mit kräftigen Steigungen und Kurven. Esst nicht zu viel vorher, nicht dass ihr euch übergebt. Du meinst kotzen, oder? Das sagt man nicht, spuckt auf jeden Fall nicht in den Wagen, sagt rechtzeitig Bescheid, wenn euch schlecht wird. Dann fährt Vater rechts ran. Über fünf Stunden war man nach Schwandorf unterwegs, und immer aufpassen, dass einem nicht übel wurde. Wenn doch, sank die Stimmung sofort. Das ist unmöglich mit euch, nächstes Mal frühstücken wir nicht vorher.

Irgendwann genügte der Käfer nicht mehr, ein größerer Wagen musste her, vielleicht ein gebrauchter, scheckbuchgepflegt? Ein VW 1600, als Stufenheck-Limousine, wie Vater sagte. Als TL mit Sportheck kam er nicht in Frage, diese »Traurige Lösung«. Der Audi 80 kam später.

Aber ihr wisst doch, wie es ausgegangen ist

Mich selbst beschäftigen, das konnte ich gut. Wenn man sich für Fußball, Eishockey, Leichtathletik oder Handball interessierte, genügte es nicht, bei den realen Spieltagen oder Meisterschaften mitzufiebern. Das musste alles nachgelesen und studiert werden. Oder nachgespielt, mit einem großen karierten Block, einem Kuli und einem Würfel. Dortmund gegen Hamburg, erst zweimal würfeln für Dortmund, und die Differenz, wenn sie positiv war, markierte die Dortmunder Treffer in der ersten

Halbzeit. Dann das Gleiche für Hamburg, dann für die zweite Halbzeit. Das ergab manchmal unrealistische Ergebnisse, 7 : 4 oder so, gewiss, aber selbst in der echten Bundesliga fielen hin und wieder reichlich Tore, als die Sechziger zum Beispiel, meine Meisterelf, 9 : 1 gegen Neunkirchen gewannen. Die stiegen später ab, und vom Ellenfeld-Stadion hörte man im Radio nichts mehr. Beim Eishockey, Füssen gegen Tölz oder Rießersee, machte das weniger aus. Da fielen viel mehr Tore. Im Fernsehen war es mühsam, den Puck ausfindig zu machen. Dazu diese Regeln, die ganz anders waren als im Fußball. Ich wusste nie genau, ob es nun ein Foul war oder ein »fairer Bodycheck«, was immer das sein mochte. Im Fußball wurde man dafür vom Platz gestellt.

Bis man eine ganze Saison durchgewürfelt hatte, das dauerte. Und sorgfältig die Tabelle ausrechnen, sich beim Addieren der Tore und Punkte nicht vertun. Zum Glück wurde der Torquotient abgeschafft, sodass es bei Punktgleichheit genügte, die Differenz der geschossenen und kassierten Tore zu ermitteln, um zu wissen, wer auf dem besseren Tabellenplatz stand. Mutter war es zufrieden, wenn sie mich würfeln und kritzeln sah. Deine Hausaufgaben hast du gemacht? Vater war stolz auf mich und zeigte meine Tabellenseiten Bekannten, die zu Besuch kamen. Die schauten merkwürdig, als sie begriffen, dass das alles ausgedacht und ausgewürfelt war. Damit beschäftigt sich der Junge stundenlang. Ach ja.

Wenn samstags die Bundesliga spielte, war ich im Ausrechnen der Tabelle besonders schnell. Danach die Sportschau, um die Rundfunktore zu sehen. Aber ihr wisst doch, wie es ausgegangen ist. Mutters ahnungslose Bemerkung überhörten wir. So ein Spieltag musste von allen Seiten betrachtet, vor- und nachgeschmeckt werden. Was eine Torfolge, ein Auswärtssieg, eine Trainerentlassung zu bedeuten hatte, das ließ sich nicht im Handumdrehn sagen. Sonntagabends ab acht wurde am Karlstor-Kiosk der »Sportbericht« angeliefert, mit den Ergebnissen aller Ligen, auch der im Amateurbereich, und den Spielberichten, die noch mal ein ganz anderes Licht auf das warfen, was man im Radio gehört und im Fernsehen gesehen hatte. Ich holte für Vater den »Sportbericht«, auch wenn es winters dunkel war und ich die Bahnunterführung mied, wo es nach Urin roch und die Wände mit Sauereien – eine Schande ist das – beschmiert waren. Am Kiosk stand ich unter erwachsenen Männern, die auf den VW-Bus mit der Zeitungslieferung warteten, hörte ihr fachmännisches Urteil und war stolz, daneben zu stehen. Eine Süßigkeit durfte ich mir aussuchen, dann langsam zurück, die Überschriften überfliegend. Zu Hause war Vater als Erster dran.

Die größte Mausefalle mitten in Paris

Unter der Woche gab es Grau- oder Mischbrot zum Frühstück. Das nasse, dunkle Vollkornbrot, Pumpernickel, war Mutters Spezialität. Samstags hingegen, da blieb Zeit, da schickte man mich Brötchen kaufen, allein. Die Schillerstraße hinunter, an der Eberstädter Straße vorbei und – Vorsicht! – über die Goethestraße zur Bäckerei Käser.

Ich reihte mich in die Schlange ein, darauf bedacht, mein Geld nicht zu verlieren. Laugenwecken und Brezeln sollte ich mitbringen. Frau Käser, eine große, stattliche Frau, steckte die Backwaren in eine knisternde Tüte, schlug sie oben ein – es sei denn, die Brezeln waren noch heiß. Eines Samstags fing ich an, im Laden zu singen, als hätte ich Vaters Erbe anzutreten. Ohne Hemmungen schmetterte ich »Pigalle, Pigalle ... das ist die größte Mausefalle mitten in Paris«. Was es mit diesem Pigalle auf sich hatte, verstand ich nicht. Die anderen Kunden lachten. Da kommt der kleine Moritz und singt Schlager. Frau Käser schenkte mir eine Brezel, ganz umsonst. Ich trug sie beglückt nach Hause.

Dieses Jahr geht es in die Berge

Urlaub, das musste man sich erst mal leisten können. Wohin es ging, wurde nicht diskutiert. Dieses Jahr geht es in die Berge, und dieses Jahr war jedes Jahr. Nach Österreich, das war nicht so weit und mit dem Auto gut zu erreichen. Andere reisten ans Meer, an die Nordsee oder sogar nach Italien. Wir in die Berge, wandern, nach Tannheim in Tirol oder nach Leogang, wohnten in sauberen Pensionen. Wenigstens hatten die ausländisches Geld, Schillinge und Groschen, man musste umrechnen, durch sieben teilen, sonst betrogen die einen. Immer gab es in Österreich Berggipfel, die wir bestiegen, den Aggenstein mit fast 2000 Metern, das Neunerköpfle. Wenn es zurück ins Tal ging, war ich vorneweg, suchte nach Abkürzungen über die Wiesen, ließ die anderen zurück, bis ich allein war zwischen den Kühen mit ihren schweren Glocken. Ja nicht in die weichen, sämigbraunen Kuhfladen treten. Die harten, getrockneten, das war nicht schlimm, die kickte man mit den Wanderstiefeln den Hang hinunter. Unten setzte ich mich auf eine Bank oder einen Baumstamm, trank das eiskalte Bergbachwasser, das so gut roch, wartete, bis die anderen – ihr lahmen Enten! – den Abstieg geschafft hatten. Abends ging man essen, das lohnte sich. Wenn man Glück hatte, gab es nicht nur Speckknödel, sondern auch Pommes frites. Und Spezi. Gehen wir wieder in den Krallerhof? Die hatten Ćevapčići, die es zu Hause nie gab. Vier gut gewürzte Fleischröllchen, als Kinderteller, mit Ketchup und rohen Zwiebelringen, von denen man einen merkwürdigen Atem bekam. Auf dem Balkan essen alle Knoblauch, sagte Mutter, die höchstens die Auflaufform mit einer Zehe ausrieb. Da riecht jeder, dass man Knoblauch gegessen hat. Im Urlaub ging das eher. Ab und zu, nach langen Bergtouren, durften wir Nachtisch, eine Mehlspeise, bestellen, Kaiserschmarrn oder Palatschinken. Die Österreicher verwendeten viele fremde Ausdrücke, und wenn die einheimischen Bauern mit uns sprachen, verstand ich nicht alles. Aber sie waren nett zu den Touristen. Wir bringen denen schließlich unser schwer verdientes Geld, da erwarte ich Freundlichkeit. Sonst fahren wir nächstes Mal ins Allgäu. Erdäpfel, Karfiol, Marille. Die gab es als Knödel oder Schnaps, zur Verdauung. Eine bauchige Bailoni-Marillenschnapsflasche wurde mit nach Hause genommen. Und Stroh-Rum, 80 Prozent. Den nehme ich nur zum Backen, betonte Mutter, kein Vergleich mit dem Pott-Rum, den es im Konsum gab.

Wann sind wir da? Dauert's noch lang? Manchmal sah man die moosgrünen Dachschindeln der Almhütte in der Ferne und glaubte, nach ein paar Schritten am Ziel zu sein. Doch die Kurven zogen sich, immer noch eine, bis die Hütte zum Greifen nah war. Hoffentlich können wir draußen sitzen. Das war das Schönste, sich nassgeschwitzt auf die Holzbank werfen, endlich geschafft, nach der Tafel mit der Speisekarte Ausschau halten. Mittags essen wir eine Kleinigkeit auf der Hütte, eine Leberknödel- oder Frittatensuppe zum Beispiel, ihr wollt doch abends ins Gasthaus. Oder wir hatten Landjäger dabei und Äpfel und eine Packung Butterkekse, sodass wir in der Hütte nur etwas tranken. Vater eine Halbe, Mutter einen gespritzten Apfelsaft, die Kinder einen Almdudler, der eigenartig in der Nase kitzelte mit seinem Kräuteraroma, gelblich in der durchsichtigen Glasflasche schimmerte und den es nur in Österreich gab. Danach ging es zum Gipfelkreuz, wo wir uns in das Buch einschrieben. Familie Kurt Moritz aus Heilbronn hat diesen Berg erklommen. Vater schwitzte stark, das ist gesund, und zog sein Hemd aus, kaum dass wir oben angekommen waren. Mit nacktem Oberkörper stellte er sich breitbeinig in den Wind – gut sah er aus und machte etwas her. Du holst dir eine Erkältung, doch Vater lachte und strahlte, deutete auf die schneebedeckten Berggipfel in der Ferne, kannte sie alle beim Namen und versuchte eine Gämse zu erspähen, mit seinem schwarzen, schweren Fernglas, dessen Kunststoffüberzug ein Riffelmuster hatte, das ich gern mit den Fingern berührte. Manchmal durfte ich es in die Hand nehmen. Es war nicht leicht, das Glas so einzustellen, dass man etwas erkannte. Auch wenn ich nur wirre Steinblöcke ausmachte, tat ich so, als beobachtete ich eine Wandergruppe auf der anderen Bergseite. Haarscharf hatte ich die im Visier. Die anderen merkten den Schwindel nicht.

Wir wohnten nie in Hotels. Mutter kümmerte sich Monate im Voraus um die Unterkunft, ließ sich Informationen kommen und telefonierte mit den Pensionsbetreibern. Glück gehörte dazu, denn die Leute konnten einem am Telefon ja viel erzählen, einen Prospekt hatten die wenigsten, allenfalls eine Ansichtskarte. Deshalb waren bei der Ankunft alle nervös. Was mochten das für Leute sein, die Waltls und Ruprechts. Und wie groß wohl die Zimmer waren. Wo dürfen wir schlafen? Gab es einen Balkon, mit Holzsprossen hin zum kiesbestreuten Vorplatz? Das Klo befand sich meistens auf dem Gang, sehr unangenehm. Immerzu musste man aufpassen, ob die anderen Gäste, wildfremde Leute!, nicht gerade eine Sitzung abhielten. Erst wenn alles ruhig schien, lief ich zur Toilette, schob eilig den Riegel vor und setzte mich auf die hölzerne Brille, die manchmal noch warm war vom Hintern dieser wildfremden Leute. Froh musste man sein, wenn es ein Waschbecken auf dem Zimmer gab. Baden können wir zu Hause. Und benehmt euch, seid nicht so laut, vergesst nicht, guten Morgen, Herr Ruprecht, zu sagen. Beim Frühstück unten in der Bauernstube mit den rotweißen Tischtüchern konnte man viel falsch machen. Aber auch viel beobachten an den Nachbartischen, wo die ande-

■ *Die Tierwelt und wir.*

ren Feriengäste eingeklemmt saßen, die von überall her nach Tannheim ins schöne Tiroler Land gereist waren. Aus dem Ruhrgebiet, Mutters Heimat, oder aus Hessen. Auch andere Kinder wurden beim Frühstück – Machen Sie die Marmeladen alle selbst? – ausgeschimpft: Ulrike, du gehst gleich auf dein Zimmer, wenn du nicht anständig isst.

Immerhin ließ sich mit Herrn Ruprecht, dem Wirt, gut über Fußball reden. So eine Weltmeisterschaft schweißte die Urlauber zusammen und schuf Kontakte zu Menschen, die Mutter und Vater, wenn sie oben auf dem Zimmer waren, plötzlich ganz unsympathisch fanden. Deutschland spielte gut, und selbst Herrn Ruprecht als

Österreicher schienen Helmut Schön und dessen Mannen zu gefallen. Vielleicht, vermutete Vater, tat er nur so, um seine deutschen Gäste nicht zu verärgern. Beim Endspiel blieb in der Wohnstube kein Stuhl frei. Sich ein ganzes Spiel und zudem mit Verlängerung anzusehen war mir zu langweilig. Zwischendurch ging ich in den Garten, um mit einem blondlockigen Mädchen aus Dortmund zu spielen. Die gefiel mir, und so wechselte ich zwischen dem Wembley-Stadion und der Ruprecht'schen Wiese hin und her. Hörte den Aufschrei des Reporters, die wütenden Rufe aus der Stube: Nie war das ein Tor! Auf der Linie, mit vollem Umfang muss er sie überschreiten, dieser Russe da hat Schuld, der gibt tatsächlich Tor! Wie kann man einen Russen in einem Endspiel mit Deutschland als Linienrichter auflaufen lassen? Und der Schweizer Schiri ist ein Feigling, von wegen neutral. Die Stimmung kochte hoch, Bier und Obstler hatte es gegeben, dieser Linienrichter verdarb einem alles, jetzt war das Endspiel verloren gegen diese überheblichen Engländer. Ich ging zurück in den Garten und schaukelte mit dem blonden Mädchen aus Dortmund, während aus dem Haus weiter sich empörende Männerstimmen zu hören waren. Engländer wohnten bei Ruprechts zum Glück keine.

Ein paar Tupfer, das genügt

Nach dem Rasieren nahm Vater Old Spice, das er sich auf die Wangen tätschelte, und stieß dabei wohlige Laute aus. Er roch dann herb, nach wilden Kräutern. Old Spice schrieb sich anders, als man es aussprach, amerikanisch eben. Die weiße Keramikflasche hatte keinen Schraubverschluss und keine Kappe, sondern einen grauen Stöpsel. Das sah edel aus, da konnten Hattric, für das Uwe Seeler Reklame machte, oder Pitralon nicht mithalten. Vater rasierte sich nur nass. Nicht zu vergleichen mit diesen elektrischen Rasierapparaten! Da blieben einzelne Haare stehen, in der Halspartie, und nie hatte man das Gefühl, gründlich rasiert zu sein. Das ging nur mit Rasierschaum, Pinsel und Messer. Ab und zu schnitt sich Vater, danach klebte ein winziges Stück Klopapier an seinem Hals, das sich langsam rot färbte. Mutters Parfüm stand im Schlafzimmer, sie nahm ganz wenig, ging sparsam damit um. Wenn sie zu Weihnachten eine Flasche geschenkt bekam, hielt die sich mühelos bis zum nächsten Heiligabend. Ein paar Tupfer, das genügt.

Nicht alle Einarmigen waren Mörder

Es musste doch möglich sein, den Einarmigen endlich zu erwischen. Diesen gemeinen Typen, der Dr. Kimbles Frau ermordet hatte und vom Erdboden verschwunden war. Wieso sah die Polizei nicht ein, dass Richard Kimble, ein Mediziner mit Abschluss wie unser Hausarzt Dr. Hofer, unschuldig war. Auf dem Weg ins Gefängnis entkam er, als der Zug entgleiste. Die Handschellen blinkten in der Nacht; Kimble stürzte aus dem Zug, warf sich den Bahndamm hinunter und flüchtete. Jahrelang, quer durch das riesige Amerika, auf der Hut vor Inspektor Gerard, einem fiesen Ermittler, der nichts anderes zu tun hatte, als dem zu Unrecht verurteilten Kimble hinterherzujagen. Der legte sich ständig andere Namen zu – Identitäten hieß das –, nahm schlecht bezahlte, unauffällige Jobs an und hoffte darauf, in Texas oder Kalifornien Hinweise auf den Mörder seiner Frau zu bekommen. Heimlich rief er manchmal bei seiner Familie und früheren Freunden an; sie zu sehen bedeutete höchste Gefahr, denn schon an der nächsten Ecke konnten Gerard und seine Helfer lauern. Richard Kimble sah traurig aus, was im Schwarz-Weiß-Fernsehen gut zur Geltung kam. Er hatte schwarzes Haar wie Vater, vielleicht nahm auch er Fit, diese weiße Creme in der blauen Tube, die man sich in die Haare schmierte, damit sie besser saßen und elegant glänzten. Viele Sänger und Schauspieler trugen das Haar fettig schimmernd. Besser, man fasste das nicht an. Aber ob Kimble Zeit hatte, sich um so etwas zu kümmern? Den quälten wahrlich andere Sorgen. Am Ende einer Folge wurde es eng für ihn, weil sich irgendeiner, auf einer Farm oder im Krankenhaus, an den berühmten Fall Kimble erinnerte und die Polizei alarmierte. Dass er unschuldig war, wussten die nicht. Zum Glück waren die Polizisten nicht die schlauesten, und bis der fiese Gerard auftauchte, gelang es Kimble, sich in die Büsche zu schlagen, schnell in einen Überlandbus zu klettern und sich im Fond zu verstecken. Dann war die Sendung aus, und ich musste sofort ins Bett. Zuvor aber kam die dunkle, männliche Stimme, die mit leichtem Zorn verkündete, dass der arme, einsame Kimble sich wieder aufmachen müsse, seine Suche nach dem einarmigen Verbrecher fortsetzen werde. Man sah die Rücklichter des

■ *Dr. Kimble, wieder unterwegs.*

Busses und wartete ungeduldig bis nächste Woche, Zeit, die nicht vergehen wollte. Verlassener als Dr. Kimble war niemand auf der Welt. Nirgendwo durfte er bleiben und niemandem die Wahrheit sagen. Den Frauen schien dieser Kimble zu gefallen; sie spürten, dass er ein Geheimnis in sich trug und dass er von einer nervösen Unruhe getrieben war. Frauen mochten das und wollten Kimble neues Lebensglück schenken. Zu mehr als verstohlenen Küssen kam es aber nie. Schließlich konnte man eine Frau, wie nett sie auch war, nicht auf die Flucht mitnehmen. Die wäre unterwegs hinderlich gewesen und hätte es Gerard leicht gemacht, Kimble festzunehmen. Anständig wie der war, hätte er sich Sorgen um die Frau gemacht und wäre seinen Verfolgern nicht rechtzeitig entkommen. Und gleichzeitig nach verdächtigen Einarmigen ausschauen –

das war zu viel für einen einsamen Mann. In Heilbronn gab es auch Einarmige, einen Arbeitskollegen von Vater zum Beispiel, der sonntags die Eintrittskarten bei Union Böckingen abriss und mir eine Bratwurst spendierte, oder Einbeinige wie Rektor Wehrmann. Das lag am Krieg, damals wurden vielen in Russland Arme und Beine abgeschossen. Oder sie mussten ihnen abgenommen werden. Vater erzählte, dass es beim VfB Stuttgart sogar einen hervorragenden einarmigen Mittelfeldspieler gegeben habe, der seinen Arm nach einem Autounfall verloren hatte und dennoch Nationalspieler geworden war. Nicht alle Einarmigen waren Mörder.

Sicher wie die Bank von England

Nichts ging über Fußball. Das war eine Sportart, die man schnell begriff, und auf dem Pausenhof wurde sowieso ohne Abseits gespielt. Ein Ball fand sich überall, selbst mit Mutters Wollknäueln ließ es sich in der Wohnung zur Not kicken, obwohl meine Schwester sich sträubte mitzuspielen. Was war das für ein tolles Gefühl, wenn ein Ball hereingeflogen kam, man ihn volley aus der Luft erwischte und er Sekunden später im Netz zappelte. Oder wenn man im Tor stand, wie Radenkovic oder Doktor Kunter, die Richtung des Balles erahnte und sich mutig in die Ecke warf, egal, wie schlammig es da aussah.

Zum Geburtstag wünschte ich mir richtige Torwarthandschuhe aus dünnem Leder mit aufgesetzten Noppen, damit ich nasse Bälle sicher fangen konnte. Einen

Ball abzuklatschen, dem Gegner vor die Füße, das war tödlich, da fühlte man sich als Torhüter wie der letzte Idiot. Mit den Handschuhen konnte ich mich sehen lassen, das sah aus wie bei den Profis, fast wie bei Gordon Banks aus Stoke, sicher wie die Bank von England!, der gleich nach Radenkovic kam auf meiner Liste »Die besten Torhüter aller Zeiten«. Vater behauptete zwar, früher habe es noch großartigere gegeben, Stuhlfauth aus Nürnberg, Jakob aus Regensburg, den Spanier Zamora oder den Österreicher Hiden. Auf Fotografien wirkten die wie Großväter, mit ihren kurzen Hosen, die eher lange Hosen waren, und ihren Schirmmützen. Selbst dem Russen Jaschin traute ich nicht über den Weg; den sah man so gut wie nie in der »Sportschau«, und wer wusste schon, ob dem zu Hause in Moskau und Sibirien alle Paraden gut gelangen? Dann eher ein Uru wie Mazurkiewicz oder ein Italiener wie Dino Zoff. Anders als der trug ich meistens eine lange Hose im Tor, mit Knieschützern. Die brauchte man, um den Mut aufzubringen, sich auf den Betonboden im Schulhof zu werfen. Wenn schon Torwart, dann richtig, mit Robinsonaden, die es einem erlaubten, sich elegant abzurollen und den Ball, wie sagten die im Fernsehen, unter sich zu begraben. Langsam aufstehen, den Ball fest mit den Handschuhen umschließen, einen kernigen Gesichtsausdruck zeigen und aufs Spielfeld blicken, als sei es die Weite des Finsterroter Sees. Ich war Radenkovic in diesen Momenten. Obwohl der mir in letzter Zeit Sorgen machte. Zum einen spielten die Löwen, mein Verein, nicht mehr so glanzvoll wie früher und erwehrten sich in München mit Mühe eines neuen Gegners, des durch und durch unsympathischen FC Bayern. Zum anderen wurden die Sechzger-Helden zusehends älter, wie sollte es weitergehen, wenn sie zu alt wären für die Bundesliga?

Auf meinen Fußballsammelbildern war nachzulesen, wann die Spieler geboren waren. Luttrop war Jahrgang 1938, Grosser und Küppers auch, Kohlars ein Jahr jünger, Brunnenmeier drei. Ich rechnete aus, wie viele Jahre ich auf diese Spieler bauen durfte, wann sie zu langsam sein würden für die erste Liga. Was kam danach? Ging es weiter mit neuen Spielern, mit Spielern, zu denen ich gar keine Beziehung hatte? Würde meine Liebe zu 1860 München aufhören, wenn plötzlich lauter Fremde im blauweißen Trikot aufliefen? Ich wollte, dass alles so bliebe, dass Radenkovic seinen Kasten nie verließ und ich ihm auf ewig nacheiferte, mit meinen genoppten Handschuhen und der Trainingshose, die trotz Knieschützern durchscheuerte und von Mutter gestopft wurde, für den nächsten Einsatz.

Mit Karacho voraus!

Wenn Tante Carmen uns besuchte, war ich aufgeregt. Sie sang an der Oper, in Darmstadt, und das war nicht zu überhören, als sie Weihnachten mit uns feierte und im Gottesdienst bei »O du fröhliche« alle übertönte. Meine Tante war das, die so laut und schön sang! Ich saß neben ihr und merkte, wie sich die Köpfe der anderen Kirchgänger suchend umdrehten, um diese eindrucksvoll schmetternde Gesangskünstlerin ausfindig zu machen.

Tante trug das Haar auf verwirrende Weise hochgesteckt, kein Vergleich mit Mutters Dauerwelle. Stäbchen und Klammern hielten den Turmbau zusammen, und wenn sie kam, kuschelte ich mich auf dem Sofa an sie. Eine so aufregende Tante hatten nicht viele, die meisten Tanten waren alt und fett, auch wenn man »fett« nicht sagen durfte. Von kräftiger Statur, untersetzt, korpulent – diese Wörter waren erlaubt, aber jemanden fett zu nennen ging nicht, selbst bei Staturen wie Tante Hildegard aus dem Ruhrgebiet, die schwer atmete, sobald sie Treppen stieg, und sich mühsam in den grauen Opel Rekord zwängte. Ihr Mann, Onkel Hilmar, war weder dünn noch dick und begeisterte sich für den VfB Speldorf, der bessere Tage erlebt habe. Mit Tante Hildegard, deren Busenplateau kaum zu übersehen war, hatte Tante Carmen nichts gemeinsam. Vor allem ließ sie sich nicht fahren von irgendeinem Mann, sondern kam mit dem eigenen Auto, einem rasanten roten Opel Kadett. Darf ich mitfahren, Tante? Ich stieg hinten ein, und schon ging es über den Untergruppenbacher Zubringer auf die Autobahn. Mit Karacho voraus!, rief Tante Carmen aus vollem Hals. Ich kniete auf der Rückbank, um zwischen den Vordersitzen – Kunstleder! – durchzulugen und den Tacho nicht aus den Augen zu verlieren. Tante Carmen gab Vollgas, anders als im VW wurde die Geschwindigkeit nicht mit einer Nadel angezeigt, sondern durch einen waagrechten Flüssigkeitsstrich. Tante Carmen beschleunigte weiter und weiter, bis der Tachostrich das rechte Ende der Skala erreichte. Ja, noch mehr, Tante, zeig es dem Mercedes! Den Porsche überholen wir auch. Es ging schneller und schneller. Ich bewunderte meine Tante; das fühlte sich anders an als Vaters zurückhaltende Fahrweise. Früh schaltete der in den nächsthöheren Gang, ließ den Motor nie aufheulen, trat das Gaspedal nicht durch. Wahrscheinlich wäre ihm neben Tante Carmen schlecht geworden. Das Letzte aus einem Kadett herausholen, auf so eine Tante konnte ich stolz sein. Zu Hause erzählten wir nichts vom ausgereizten Tacho und lächelten uns verschwörerisch zu. Nie sollte das aufhören, dieses Fahren auf der Autobahn.

Der Berg ruft!

Nicht, dass wir plötzlich nach Italien oder Spanien gefahren wären. Oder wenigstens an die Nordsee. Soll ich, sagte Vater, den Tag über am Strand herumliegen und aufs Wasser starren? Wir fahren in die Berge, nach Österreich, aber immer Tannheim ist nicht das Richtige. Dann also Leogang, Ortsteil Hütten, nicht weit hinter Salzburg. Das gemütliche Zimmer bei Familie Waltl, mit Balkon, den wir zum Trocknen der Steinpilze nutzten. So viele Steinpilze, wie es hier gibt, unglaublich, wie früher daheim. Vater begeisterte sich für die reiche Ernte. Alle halfen mit, auch die Waltl-Kinder. Mit Eiern in der Pfanne, eine Delikatesse. Die getrockneten nahm Mutter mit, für den Schweinebraten zu Hause, das gab der Soße den letzten Pfiff.

Für die großen Bergtouren war ich zu klein. Als die Eltern mit meinem Bruder und Herrn Waltl zum Birnhorn aufbrachen – Der Berg ruft! –, beschloss man, mich in der Wohnstube bei Frau Waltl zu lassen. Was mir nicht unrecht war, doch nachmittags zogen grauschwarze Wolkenwände auf, hinter dem Waltl-Haus. Wann kommen die Eltern denn zurück, wollte ich wissen. Sicher bald, erwiderte Frau Waltl. Alle fünf Minuten sah ich auf die Straße, hörte, wie ein Gewitter aufzog, wie die Blitze durchs Tal zuckten und es in Strömen zu regnen begann. Sind die Eltern noch auf dem Berg, wollte ich wissen. Im Gewitter, das hatte ich gelernt, sollte man sich nicht im Freien aufhalten. Manche Bäume – aber welche nur? – boten Schutz, andere waren zu meiden. Ob sich Mutter und Vater gerade unterstellten, vor den Blitzen Schutz suchten? Ob das Wasser den Grat herunterprasselte, den Abstieg zu einer gefährlichen Sache machte, der nur Luis Trenker gewachsen wäre? Ob sie sich an Felsvorsprünge klammerten, verzweifelten? Mir stockte der Atem, im Hals saß ein dicker Pfropfen, der beim Schlucken schmerzte. Was, wenn es ein Unglück gäbe, wenn sie nicht zurückkämen, nie mehr?

Frau Waltl wirkte kaum beunruhigt. Sie musste es wissen, sie lebte ja hier, eine Einheimische, keine von den ahnungslosen Feriengästen aus Bad Zwischenahn, die mit Sandalen auf Zweitausender kletterten. Zum Glück zählten die Eltern nicht zu diesen Leichtsinnigen, wegen denen die Bergwacht im Sommer mehrmals ausrückte. Aber was nützten die besten Bergschuhe von Sioux, wenn die Gebirgsbäche über die Ufer traten und Mutter in den Abgrund rissen, geschwächt, wie sie vermutlich vom Birnhorn-Aufstieg war, auf über 2600 Meter immerhin. Allmählich wurde es draußen dunkel, der Regen wollte nicht aufhören. Ich rieb meine Nase an dem kleinen Küchenfenster, sah im düsteren Zwielicht Autos vorbeifahren, ganz langsam, mit schnellen Wischerbewegungen. Ich hatte Angst. Wollte nicht mehr spielen oder malen. Wollte mich den Eltern in die Arme werfen. Ach, endlich hörten wir draußen einen Wagen vorfahren, Herrn Waltls Skoda, unverkennbar. Ich sprang auf, ihnen entgegen, die Stiege hinunter, sah in nasse, müde Gesichter, die, kaum dass sie in der Stube waren, von ihrem Abenteuer erzählten, wie sie sich untergestellt hatten, vor dem Unwetter, wie das Auto von Sturzbächen fast eingeschlossen wurde. Ich hörte selig zu, strahlte die Eltern an und meinen mutigen Bruder.

Was schenkt man einem Mädchen?

Bei Mädchen war Vorsicht angesagt. Wenn man als Junge etwas gelten wollte, durfte man nicht zu häufig mit ihnen gesehen werden. Als Mädlesschlecker wollte niemand verschrien sein. In der Schule saßen wir streng getrennt, doch ich blinzelte hinüber zu Annette, Ulrike, Sibylle und Edeltraud. Jungs spielten mit Jungs und Mädchen mit Mädchen, obwohl Gummitwist gar nicht schlecht war. Sie ließen mich mitmachen, und ich konzentrierte mich darauf, nicht aufs falsche Gummiband zu hüpfen oder mich zwischen den Schnüren zu verheddern. Nachmittags machte ich Umwege, vorbei am Haus von Annette, dem Friseurgeschäft gegenüber. Ich ging langsam, aber auffallen durfte ich nicht! Wer auf dem Bürgersteig vor sich hin schlenderte, war verdächtig, zumindest in Heilbronn, unter der Woche. Auf der anderen Straßenseite gehen, so tun, als dächte man an etwas Wichtiges, und dabei einen Blick auf die Autoauffahrt werfen, vielleicht sogar in den Innenhof. Ich nahm mir vor, Annette einen Brief zu schreiben und heimlich in ihren Briefkasten zu werfen. Obwohl das riskant war. Was ich ihr schreiben wollte, wusste ich nicht, sich mit ihr treffen, wie sollte das gehen? Mit den Eltern oder dem großen Bruder sprach ich darüber nicht. Was Mutter für ein Gesicht gemacht hatte, als ich zu Dorothea Peschkes Geburtstag eingeladen wurde. Zu einem Mädchengeburtstag – gehen da noch andere Jungs hin? Was schenkte man denn einem Mädchen? Ben Harders »Elf rote Teufel« eignete sich wohl kaum. Die Feier war langweilig, selbst das Schokoladekampfessen mit Handschuhen, Mütze, Messer und Gabel verlief friedlich. Immerhin war die Sahnetorte drei Stockwerke hoch und schmeckte besser als trockener Marmorkuchen oder Biskuitrolle mit Erdbeermarmelade. Die wünschte sich Vater zum Wochenendkaffeetisch. Mir war Mürbeteig lieber.

Wer das Abitur schafft, bringt es zu was

Es wurde ernst. In der vierten Grundschulklasse hieß es, sich gehörig anzustrengen und einen Notendurchschnitt zu erreichen, der den Wechsel aufs Gymnasium erlaubte. In der Volksschule bleiben nur die Faulen und Dummen, die im späteren Leben nie vorankommen. Wer das Abitur schafft, bringt es zu was, zu einem angesehenen Beruf mit gutem Einkommen. Obwohl Vater nicht begeistert von jenen Arbeitskollegen berichtete, die »Akademiker« waren, manche sogar mit einem Doktor vornedran. Die hätten von der Praxis in einer großen Baufirma keine Ahnung und wüssten trotzdem alles besser. Vater und Mutter hatten kein Abitur. Das lag am Hitler und am Krieg. Ich war aufgeregt vor den Klassenarbeiten, die über die Aufnahme ins Gymnasium entschieden. Wenn ich versagen und auf der Volks- oder auf der Realschule bleiben würde! Aber mein Bruder hatte es auch geschafft und ging aufs Justinus Kerner, in die Mittelstufe. Da wollte ich nicht hin, denn die Schule war in einen Neubau nach Sontheim umgezogen. Aufs Robert-Mayer-Gymnasium sollte ich gehen, das lag hinter der Mönchseehalle und dem Kaiser-Wilhelm-Platz, dem KW, und war mit dem Fahrrad gut zu erreichen. Nur Jungs – oder Knaben, wie es offiziell hieß – waren da zugelassen, was ich schade fand, eine sehr strenge Schule mit einer Durchfallquote von 25 Prozent. Sogar die »Heilbronner Stimme« hatte darüber berichtet und den Direktor, einen fetten, nein, korpulenten Mann, befragt, der nie lachte und aussah, als widerfahre ihm ständig Unerhörtes. An Disziplin, Anstand und Lernbereitschaft mangele es den Schülern heutzutage, und da sei es kein Wunder, wenn die Zahl der Durchfaller, der Ehrenrundendreher, so hoch liege. Das Reifezeugnis bekomme man nicht geschenkt, das Robert-Mayer-Gymnasium sei keine Schule für rebellische, arbeitsscheue Jugendliche, die nicht bereit seien, Leistung zu zeigen. Ich beschloss, mein schulisches Vorankommen ins Nachtgebet einzubeziehen, das schadete nicht. Lieber Gott, mach mich fromm, dass ich in den Himmel komm. Und lass mich morgen bitte eine gute Klassenarbeit schreiben, damit ich aufs Gymnasium komm. Amen.

Dann setzt es was

Wenn wir uns tagsüber ungezogen aufführten, war es Mutters letzte Rettung, auf Vater zu verweisen. Wartet nur, wenn Vater aus dem Büro kommt. Dann setzt es was. Manchmal setzte es wirklich etwas, in schlimmen Fällen sogar mit dem Teppichklopfer, diesem schrecklichen Gerät, das normalerweise nur beim Frühjahrsputz für unten im Hof hängende Teppiche eingesetzt wurde. Wenn Vater zornig wurde, weil ich Geschirr zerschlagen oder freche Antworten gegeben hatte, griff er zum hellbraunen Teppichklopfer, der im Küchenschrank an einem Haken ging.

Alles ging ruck, zuck. Vater legte mich übers Knie und erteilte mir eine »Lektion«, auf den Hosenboden, was fetzte und wehtat. Ich heulte los, schrie, was aber nichts nützte. Wenn der Zorn erst einmal loderte, gab es kein Mitleid. Die Schläge zischten, der Hintern brannte. Sobald es vorbei war, rannte ich in mein Zimmer, wollte nie mehr etwas mit den Eltern zu tun haben, wollte abhauen, vielleicht zu Tante Carmen oder auf die Ponderosa. Hauptsache, weg von daheim und von diesem Teppichklopfer. Nie mehr mit Vater sprechen, und mit Mutter, dieser Verräterin, auch nicht.

Dabei stand neuerdings in den Zeitungen, hatte mein Bruder erzählt, dass man seine Kinder auf keinen Fall schlagen solle. Antiautoritäre Erziehung hieß das und kam aus England. Selbst ein Satz wie »So ein Klaps hat noch niemandem geschadet«, mit dem sich die Erwachsenen herausredeten, galt nicht. Woher wussten die, wie man sich ohne Klapse entwickelt hätte? Vielleicht hätte man einen Nobelpreis erhalten oder den Schlager-Grand-Prix gewonnen. Ich wollte nicht mit dem Teppichklopfer verdroschen werden. Das war das Letzte.

Der Duft der großen weiten Welt

Dass ich eine Zahnspange bekomme, habe mit dem Daumenlutschen zu tun. Dadurch sei meine obere Zahnreihe nach vorne geschoben worden, und das müsse mit einer Spange korrigiert werden, einem milchig trüben Plastikteil, das sich an den Gaumen saugte und mit einer dünnen Metallschiene an den Zähnen befestigt war. Ein ekliges Teil, das bescheuert aussah. Zum Glück musste ich es nur nachts tragen, tagsüber in der Schule wäre das nicht auszuhalten gewesen. Regelmäßig hatte ich Termine bei Zahnarzt Neumann, einem Lebemann, der jedes Mal aussah, als sei er gerade aus dem Urlaub zurückgekommen. Seine Finger rochen nach Nikotin, daran änderten weder Wasser noch Seife etwas. Neumann raucht Reval ohne Filter, sagte Mutter, das sind Briketts und keine Zigaretten. Vater rauchte auch, Ernte 23, eine gelborangene Schachtel. Warum nicht Peter Stuyvesant mit dem Duft der großen weiten Welt. Oder HB, die mit dem lustigen Werbefilm und dem Männchen, das sich ständig aufregte, bis es »in die Luft« ging. Erst mit einer HB-Zigarette in der Hand beruhigte es sich, und mit einem Mal ging nichts mehr schief. Mit einer Zigarette, lässig zwischen den Fingerspitzen, das sah einfach gut aus. Vater schwor auf seine Marke, andere Sorten schmecken mir nicht. Eine Gaststätte mit einem Zigarettenautomaten ohne Ernte 23, die war bei Vater unten durch. Und Fassbier musste ausgeschenkt werden, frisch gezapft; Flaschenbier gab es zu Hause, deswegen brauchte man nicht ins Lokal zu gehen.

Ich war heilfroh, wenn die Sitzung zu Ende war und ich den gelblichen Reval-Fingern von Zahnarzt Neumann entkommen war. Hinaus auf die Götzenturmstraße, vorbei am Elektro Weber und am Hallenbad und dann in die Imbissbude. Für den Zahnarztbesuch gab es von Mutter eine Belohnung, eine Portion Pommes. Zwei Frauen mit weißen Schürzen standen in der Bude; Fettschwaden hingen über ihren Köpfen. Bratwurst, Schaschlik, Pommes – mehr gab es nicht. Männer im Blaumann zwängten sich hinter die kleinen Stehtische, aber auch welche mit Aktentasche und Hut, die nach Büroschluss schnell eine Rote mit Weckle und Senf aßen. Ich fühlte mich gut zwischen diesen Männern, für die ein Abstecher beim Imbiss selbstverständlich war. So würde ich es später auch machen: Wann immer ich Lust hätte, am Imbissstand vorbeischauen und sich im Stehen stärken, ohne jemanden um Erlaubnis zu fragen. Geld dafür hätte ich genug. Eine große Portion Pommes, bitte, und eine Cola. Die Frauen bedienten mich freundlich, wie einen Erwachsenen; dass ich Geld dabeihatte, spürten sie sicher. Ich stellte mich zu den anderen, streute extra viel Salz über meine Pommes, achtete darauf, mir nicht die Zunge zu verbrennen, und sah die Leiden eines Zahnarztbesuches mit nachsichtigeren Augen. Zu Hause gab es fast nie Pommes frites, Vater wollte Spätzle, breite Nudeln oder Kartoffelknödel, nicht diese Kartoffelstäbchen aus Frankreich, die für Fleisch mit Soße ungeeignet waren. Ein Rahmschnitzel mit Pommes frites zum Beispiel war unmöglich. Kaum lagen die auf dem Teller, weichten sie durch, vermatschten mit den Dosenchampignons und waren alles andere als kross. Aber unknusprige Pommes frites waren gar keine Pommes frites, da könnte man gleich Kartoffelbrei nehmen. Bei Kroketten, die es neuerdings sonntags häufiger gab, sah die Sache nicht besser aus. Für Soßengerichte völlig unpassend eben, und ein Sonntagsessen ohne Soße war wie ein Samstagnachmittag ohne Bundesliga. Erst später kamen wir zu einer Friteuse, obwohl der Fettgeruch, wie Mutter klagte, stundenlang in der Küche und in den Kleidern hing. Selbst gemachte Pommes, ein Festtag.

Unmöglich, das gehört verboten!

Wer sich für Sport interessierte, hatte immer etwas zu tun. Selbst wenn es nicht um Fußball ging. Freilich gab es Sportarten, die sterbenslangweilig waren, fast wie politische Magazine im Fernsehen. Dressurreiten, nicht zum Aushalten, wenngleich die Deutschen bei Olympischen Spielen da viele Medaillen gewannen. Die Pferde, auf Hochglanz getrimmt, trippelten zur Musik durch ein Viereck, und wenn sie nichtböse stolperten, wusste man gar nicht, wer gewonnen hatte. Josef Neckermann hieß einer von denen, der sei steinreich, weil ihm diese vielen Kaufhäuser gehörten. Mutter hatte nach dem Krieg bei Quelle, wo man Sachen per Postkarte bestellte, gearbeitet, in Fürth, die hießen Schickedanz und ritten nicht. Klimke, Linsenhoff, Neckermann gewannen immer, aber Dressurreiten anzusehen machte keine Freude. Da war Springreiten besser, wenn die Pferde mit ihren Hufen an den Stangen hängen blieben oder im Wassergraben aufkamen, dass es nur so spritzte. Manchmal »verweigerten« die Pferde, wenn sie keine Lust hatten, blieben einfach nervös vor dem Hindernis stehen. Das gab drei Strafpunkte, und das arme Pferd ging den ungeliebten Oxer nochmals an, eine Erziehungsmaßnahme wie in der Schule. Turmspringen, Rudern, Schwimmen – das alles war nichts. Alle Sportarten, bei denen keine Tore fielen, hatten es schwer bei mir. Handball mit dem wuchtigen Hansi Schmidt vom VfL Gummersbach bot etwas, und sogar Tischtennis gewann ich etwas ab, mit diesem Eberhard Schöler, der während des Spiels keine Miene verzog, Mister Pokerface. Das machte seine Gegenspieler verrückt, ein Trick, den ich mir abschauen wollte. Sich nie etwas anmerken lassen, seine Absichten nicht offen zur Schau tragen, prompt wurde man Vizeweltmeister im Tischtennis, als Deutscher. Leichtathletik ging zur Not, wenn es keinen Fußball gab. Dieses Ringen um Zentimeter, dieses Spurten auf der Zielgeraden, wenn dem, der lange geführt hatte, plötzlich die Beine versagten und er einbrach, um alle Hoffnungen gebracht.

Mit Vater konnte man gut Sportsendungen anschauen, auch nachts, wenn wir aufstanden, wegen Boxkämpfen von Cassius Clay, der ein Moslem geworden war und sich trotzdem mit dem bulligen Frazier und George Foreman schlug, aufs Heftigste. Wie dieser Clay tänzelte, wie arrogant. Vater sympathisierte mit denen, die einen kräftigen Punch hatten, was nichts nützte, denn meistens zogen die gegen Clay den Kürzeren.

Schwache Leistungen in der Leichtahletik kommentierte Vater mit dem Verweis auf Glanztaten aus der Vergangenheit, aus seiner Jugend. Auf Rudolf Harbig, den Rekordmann über 400 Meter. Oder auf Jesse Owens, den Neger, der 1936 bei den Olympischen Spielen Hitler zur Weißglut getrieben habe. Ausgerechnet ein Schwarzer, der bei den Laufwettbewerben und im Weitsprung triumphierte, mitten in Berlin zur Nazizeit.

Leichtathletische Disziplinen ließen sich nicht so leicht nachwürfeln wie Fußballspiele. Beim Hochsprung griff ich zu einer Eigenkonstruktion, mit der sich die internationalen Wettkämpfe nachspielen ließen. Mit Legosteinen errichtete ich eine Anlage, ein Bleistift diente als Latte, und ein großer grüner Radiergummi verkörperte den Springer. Ich ließ den Radierer aus zwanzig, dreißig Zentimetern Höhe so vor der Legoanlage aufspringen, dass er hochfederte und die Latte überquerte – oder mit Karacho riss. Es kam darauf an, den Radiergummi im richtigen Winkel aufhüpfen zu lassen; andernfalls sprang er seitlich davon oder zerstörte den Legoaufbau im Nu.

Mit Radiergummihochsprung verbrachte ich Stunden und führte über die Ergebnisse Statistik. Drei Versuche für jeden, wie im richtigen Wettkampf. Die Deutschen waren nicht schlecht im Hochsprung, aber für Spitzenplätze in der Welt reichte es nicht, außer bei der Radiergummiweltmeisterschaft, wo der Ausgang offen war. Ingomar Sieghart, Hermann Magerl, Gunther Spielvogel, Wolfgang Schillkowski oder Thomas Zacharias, ein Langhaariger, dessen Vater ein berühmter Geiger war – sie versuchten ihr Glück mit dem grünen Radierer. Einmal kamen sie leibhaftig nach Heilbronn, auf den Sportplatz der Turngemeinde am Pfühlsee. Vater und ich beobachteten sie aus der Nähe, ja, die Unterländer brachten sogar einen eigenen Spitzenspringer hervor, Lothar Doster, der es fast auf 2,20 Meter brachte.

1968 veränderte sich das, bei diesen merkwürdigen Olympischen Spielen in Mexiko. Die Höhenluft war nicht allen geheuer, und wenn ich nachts aufstehen durfte, um die Wettkämpfe mit Vater anzusehen, begriffen wir gar nicht, welche Rekorde in dieser dünnen Luft aufgestellt wurden. Nicht nur dieser Weitspringer Bob Beamon mit seinen 8,90 Meter – das glaubte sowieso kein Mensch –, nein, auch die deutschen Hürdenläufer, Hennige mit seiner Sonnenbrille und der blonde Schubert, liefen Zeiten, als hätte man sie zuvor in einen Kaktus gesetzt.

Und erst der Hochsprungwettbewerb! Da kam ein lächelnder Amerikaner und sprang verkehrt über die Latte. Er drehte sich beim Anlauf, kurz vor dem Absprung, und wand sich mit dem Rücken über die Latte. Unmöglich, das gehört verboten, beschwerte sich Vater.

Dieser Fosbury holte Gold mit 2,24 Meter und ließ die anderen, die eine Bauchrolle oder einen Straddle machten, glatt hinter sich. Wie kommt einer auf die Idee, rückwärts über die Latte zu springen? Das imponierte mir. Man musste sich etwas ausdenken, was sich vorher keiner überlegt hatte, darauf kam es an. Auf meinen Radiergummihochsprungwettbewerb hatte die Floptechnik keine Auswirkungen. Dem grünen Radierer sah man nicht an, ob er den Bleistift vorwärts oder rückwärts überquerte.

Auf Oma war Verlass

Zwei-, dreimal im Jahr fuhren wir nach Schwandorf, in Vaters Heimat. Gut fünf Stunden mit dem Auto, eine Weltreise, selbst wenn man sich die Zeit damit vertrieb, vorherzusagen, ob einem mehr BMW, Ford oder Mercedes entgegenkommen würden. Zu laut durften wir nicht sein, das machte den Fahrer nervös. Wenn wir Amberg erreicht hatten, war es nicht mehr weit, gut zwanzig Kilometer, dann über einen Achterbahnhügel hinein nach Schwandorf – eine gefährliche letzte Klippe, die den Magen revoltieren ließ. Jetzt übergibt sich das Kind, fünf Minuten vor dem Ziel! Mutter versuchte mit einem Handtuch das Schlimmste zu verhindern, die Schonbezüge, meine Güte, und wie säuerlich das roch. Schon vor der Ankunft regte sich Vater auf.

In Schwandorf lebten seine beiden Brüder mit Familie, seine Schwester und seine Mutter. Ein Verwandtschaftsaufkommen, wie wir es nicht alle Tage hatten. Als Erstes fuhren wir zu Oma, einer kleinen Frau mit zusammengesteckten grauen Haaren, die sich freute, uns zu sehen. Sie trug eine dunkelblaue Kittelschürze, umarmte uns und sorgte sich sofort um unser leibliches Wohl. Auf Oma war Verlass: Sie hatte immer eiskalten Kondrauer im Haus, und auf dem Tisch standen in Windeseile Wienerle und Händlmaier-Senf, der aus Regensburg kam. Früher, als Oma ihre Buben großzog, hatte sie viel mehr Arbeit. Stolz erzählte Vater jedes Mal, wie sie als ausgehungerte Jugendliche jeder gut zwölf Knödel verdrückt hätten, meistens ohne Fleisch. Keine Pfanni-Schusser aus der Packung, nein, kugelgroße Dinger aus rohen, geriebenen Kartoffeln, die in einen braunen Stoffsack kamen und mit aller Kraft ausgepresst wurden, bis der hellgelbe Kartoffelsaft heraustropfte. Eine Heidenarbeit, da hätte man schon vorher zwölf Knödel gebraucht, um das zu schaffen. Früher hatte Oma bescheiden gewohnt, mit Außenklo im Innenhof. Erst später zog sie in die Kettelerstraße in eine neue Wohnung, versorgt von Vaters Schwester. Mutter stöhnte auf der Hinfahrt über die riesigen Ehebetten, in denen sie schlafen musste. Mit schweren Kissen, noch schwereren Daunendecken, in denen man versank. Keine Auge werde ich zutun, wir sind das gar nicht mehr gewöhnt.

In Schwandorf sprachen sie anders als in Heilbronn, ein oberpfälzisches Bairisch, das ich mit Mühe verstand, vor allem wenn wir mit Onkel Alfred auf den Markt gingen. Ihn kannten alle, er arbeitete bei der Stadt, grüßte die Leute mit »Habe die Ehre!« und gab uns ein Eis aus.

Alfred malte, hatte Talent wie einst Vater, hieß es. Verheiratet war er mit Tante Burgl, die, kaum dass wir ankamen, in Erregung verfiel und ständig Vorbereitungen zu treffen schien, wofür auch immer. Ihr Blick fiel zuerst auf unser Auto – ob wir schon wieder ein neues gekauft hätten? Dass es mein Vater mit seiner Ausbildung beruflich zu etwas gebracht und ein gutes Einkommen aufzuweisen hatte, fand sie erstaunlich, ja, empörend. Darüber wurde in Schwandorf nicht laut gesprochen, auch nicht über Politik, sonst hätte man sofort gestritten, denn Vaters Geschwister hatten mit der CSU und Franz Josef Strauß nichts am Hut. Onkel Anton, Vaters älterer Bruder, trat als Arbeiter für die Gewerkschaften und die Sozis ein. Vater meine wohl, er müsse zu den Großkopfeten halten, weil er leitender Angestellter sei.

Tante Burgl ließ sich gut ärgern; mit ihr zogen wir sommers ins Schwandorfer Freibad, das unter dem Regiment von Bademeister Lechleitner stand. Der war mit allen auf Du und wollte von allen gegrüßt sein. Zu spaßen war mit dem nicht, und wenn wir uns Kaugummizigaretten in den Mund steckten, um Tante Burgl auf die Palme zu bringen, gingen wir Lechleitner lieber aus dem Weg. Wer weiß, wie der sich aufspielen würde. In der Naab schwamm niemand mehr, so wie es Vater in seiner Jugend getan hatte. Viel zu viel Dreck führte der Fluss mit sich, chemisches Zeug, eine stinkige Brühe. Überhaupt war selbst in Schwandorf sehr viel anders geworden, verglichen mit früher, als es Steinpilze zuhauf gegeben hatte, Rosswürste auf dem Marktplatz und man an Weihnachten in die Mitternachtsmette ging. Auf dem Land freilich konnte man noch günstig einkehren, zum Forellenessen in Schmidmühlen beispielsweise. Das lag im Niemandsland um Schwandorf herum, dicht an der tschechischen Grenze, wer wollte da schon hin.

Im Stadion des FC Schwandorf mit seiner verschachtelten Holztribüne hatte sich wenig getan; es hieß wie früher Hindenburg-Kampfbahn.

Für fünf Mark verlange ich einen ordentlichen Haarschnitt

Unmöglich, diese langen Haare. Wie das aussah, wenn ein Mann solche Zotteln trug, wie ein Mädchen. Im Fernsehen zeigten sie Bilder von demonstrierenden Studenten, die gegen den Staat waren, gegen Bundeskanzler Kiesinger, der bei den Nazis mitgemacht hatte, und gegen Franz Josef Strauß, Vaters Lieblingspolitiker. Worum es ging, verstand ich nicht. Ho-Chi-Minh- und Che-Guevara-Rufe wurden skandiert, das hatte mit dem Vietnamkrieg zu tun, der sich hinzog und die Amerikaner, unsere alten Freunde, unbeliebt machte. Die Studenten waren gegen Präsident Johnson. Die wollen alle den Sozialismus oder den Kommunismus. Drüben in der Ostzone, unter Ulbricht, sah man doch, wohin das führte. Auch Schlagersänger und Fußballer trugen jetzt lange Haare, ließen sich Koteletten wachsen. Wie der Breitner schon aussieht, der Salonkommunist. Mich ängstigten die Demonstrationen, auch wenn in Heilbronn davon wenig zu spüren war. Gegen den Kapitalismus, gegen den Imperialismus, gegen die Ausbeutung, gegen das System – lauter fremde Wörter, die ich nicht verstand und die nichts mit unserem Leben zu tun hatten.

Lange Haare kamen nicht in Frage. Alle vier Wochen ging es zum Friseur, zu Schlächter in der Goethestraße. Ein winziger Laden mit zwei Waschbecken. Der alte und der junge Schlächter bedienten die Kunden in ihren blauen Kitteln. Einmal Fassonschnitt und schön kurz, bitte. Es hatte keinen Zweck, sich gegen Vater aufzulehnen; andernfalls schickte er einen zurück zu Schlächter, zum Nachschneiden. Für fünf Mark verlange ich einen ordentlichen Haarschnitt. Nach dem Friseur wusch ich mir gleich die Haare, das änderte an der Bürstenfrisur zwar nichts, doch man fühlte sich nicht wie frisch geschoren. Irgendwie hatte die Art und Weise, wie man seine Haare trug, mit Politik zu tun, mit den Bundestagswahlen. Bei den Frauen weniger, Mutters ondulierte Frisur sah immer gleich aus, wurde allenfalls niedriger im Lauf der Jahre. Politiker hatten grundsätzlich keine Bärte und keine langen Haare. Obwohl gegen die, wie Mutter sagte, nichts einzuwenden sei, nur gepflegt müssten sie sein. Auch Willy Brandt, für den sich mein Bruder begeisterte, war anständig frisiert, das gab Vater zu. Ansonsten schlug die Stimmung schnell höher, wenn die Rede auf Brandt und die SPD kam. Hört doch auf mit eurem Politisieren. Mutters Beschwichtigung fruchtete nichts. Wo der Brandt im Krieg gewesen sei, wollte Vater wissen. Ich hielt mich heraus, fürchtete mich aber vor dem, was jetzt kommen würde, das mit dem Sozialismus. Ob wir dann etwas abgeben müssten. So viel hatten wir gar nicht. Immerhin stimmten auch in Heilbronn viele für Willy Brandt, vielleicht sogar Mutter, die nicht verraten wollte, für wen sie war. Die Langhaarigen, die Hippies und die sich in Berlin mit der Polizei schlagenden Studenten, vor nichts hatten die Respekt. Vielleicht wählte Mutter F.D.P., obwohl die jetzt mit den SPDlern liebäugelten. Mit Ho Chi Minh und diesen Revoluzzern wollte sie nichts zu tun haben. Die nahmen nicht einmal auf die größten Festtage Rücksicht. Weihnachten zum Beispiel achteten die nicht und störten in Heilbronn den Gottesdienst am Heiligabend, mitten in der Kilianskirche, wo alle in sich gingen und ich die Bescherung herbeisehnte. Wenn nur der Pfarrer nicht so viel reden würde, eine lange »Ansprache« zögerte die Heimkehr unerträglich hinaus. Plötzlich öffneten sich die Flügeltüren mit Getöse, ein paar Langmähnige drangen in die Kirche ein, postierten sich unter dem Altar, hielten Transparente gegen den Vietnam-Krieg hoch und riefen Parolen, die ich nicht verstand. Und das mitten in Heilbronn, an Weihnachten, die Andacht war dahin, es dauerte Minuten, bis der Küster und seine Gehilfen das Gesindel überwältigten. Nirgends schien man vor solchen Umtrieben sicher. Hausfriedensbruch war das, da musste eingegriffen werden, sonst würde zerstört, was wir nach dem Krieg mühsam aufgebaut hätten, von Nichtstuern und Gammlern. Einer von diesen Kirchenschändern ging mit meinem Bruder an ein und dieselbe Schule! Fritzinger hieß der, vermutlich fehlte es da schon im Elternhaus, mit seinen wilden Haaren, dem Parka und dem Bart, verboten sah das aus.

Liebes Christkind!

Wünschen konnte man sich viel zu Weihnachten, aber was würde das Christkind bringen? Am Abend vor Nikolaus legten wir den Wunschzettel auf einen großen Teller ins Wohnzimmer, möglichst zentral, damit der Nikolaus, der die Botengänge fürs Christkind übernahm, meine Nachricht keinesfalls übersah. So ein Brief musste wohlüberlegt sein: Liebes Christkind! Auch in diesem Jahre würde ich mich sehr freuen, wenn ... Am nächsten Morgen war der Briefumschlag verschwunden, stattdessen lagen Nüsse da, zwei Orangen, Dominosteine und eine rechteckige Packung zusammengepresster Feigen. Mit den Fingerspitzen löste ich sie voneinander, das fühlte sich klebrig an, doch die Feigen – die kommen aus Afrika! – schmeckten süß, besser als Datteln. Dann das Warten auf Weihnachten, zweieinhalb Wochen Unsicherheit, zweieinhalb Wochen Abwägen, für welche Geschenke sich das Christkind entscheiden würde. Überhaupt musste man vorsichtig sein, auf keinen Fall zu viele Wünsche auflisten, das wirkte unmäßig und rief den Groll der Verantwortlichen hervor. Jeder Anschein von Unbescheidenheit musste vermieden werden, war ein schwerer taktischer Fehler, ja deutete womöglich auf einen schlechten Charakter. Also genau überlegen, um das richtige Maß zu treffen. Nie selbstsüchtig wirken, auch wenn man am liebsten zwanzig Geschenke aufgeschrieben hätte. Es empfahl sich, fünf Wünsche vorzubringen, davon wurden in der Regel drei erfüllt, wenn man Glück hatte. Dazu gab es ohnehin Dinge, die man sich nicht gewünscht hatte, Anziehsachen, die nützlich waren und keinen Jubel hervorriefen wie richtige Geschenke: die Carrera-Rennbahn, das Subbuteo-Spiel oder die Stoppuhr, mit der sich bei Fernsehübertragungen alles überprüfen ließ. Manchmal ahnte ich, dass das Christkind für meine Ideen nicht empfänglich sein würde. Zu gern hätte ich eine Eisenkugel besessen, eine, wie sie diese kräftigen Männer in der Leichtathletik beim Kugelstoßen verwendeten. Sich die Hände mit Kalkstaub einreiben, sogar die Halspartie, die Kugel ansetzen, sich blitzschnell drehen und das Eisending mit einem Aufschrei hinauswuchten. Einen neuen Weltrekord aufstellen wie der Amerikaner Randy Matson zum Beispiel oder wenigstens eine deutsche Bestleistung wie Heinfried Birlenbach, der oft Meister wurde. Das Christkind hatte offenbar anderes mit mir vor; nie fand ich auf dem Gabentisch eine liebevoll verpackte Eisenkugel. Stattdessen einen selbst gestrickten Norweger.

Wir wollen ja nicht auf dem Präsentierteller sitzen

Umzug. In eine größere Wohnung, in ruhigerer Lage, obwohl das Bahngleis in der Hundsbergstraße nur hundertfünfzig Meter entfernt vorbeiführte. Wie sollte man Ruhe finden, wenn die Züge nachts durchs Schlafzimmer ratterten, zumal Vater bei offenem Fenster schlief, sonst ersticke er. Trotzdem war das eine bessere Gegend. Kein Haus oder Bungalow, keine Villa wie im Rampachertal oder in der Katzensteige. Das können wir uns nicht leisten, mit Kindern. Aber jetzt wohnten nur drei Parteien im Haus, mit Terrasse ins Grüne hinaus. Die bot Platz für eine Sonnenliege und Stühle, und bald würden die Sträucher und Bäume es den Nachbarn von schräg gegenüber nicht mehr erlauben, auf unsere Terrasse zu schauen. Wir wollen ja nicht auf dem Präsentierteller sitzen. Ballspielen durfte man dort nicht, auf gar keinen Fall. Die Wohnung hatte ein großes Gästezimmer im obersten Stockwerk, das mein Bruder in Beschlag nahm. Vater besaß jetzt eine Garage, zwar nicht direkt vor dem Haus, aber gleich ums Eck. Das ist fürs Auto ja viel besser, vor allem im Winter, wenn die anderen mühsam mit dem Eiskratzer und dem Handfeger die Scheiben freimachten. Vor den Garagen durfte man Fußball spielen, allerdings nicht in der Mittagszeit und nicht zu laut, denn wenn man wie Otto Luttrop oder Bernd Nickel den Lederball gegen das Tor hämmerte, schepperte und hallte das nach. Mit Sicherheit ging wenig später ein Fenster in den Nachbarhäusern auf, und jemand beschwerte sich lautstark.

Für die neue Wohnung legten sich die Eltern eine Bauernstube zu, Maßanfertigung, ganz urtümlich, mit Zinntellern, Holzschränken und Bierkrügen, ganz bayerisch, und eine Durchreiche zur Küche. Das war ein Fortschritt. Mutter konnte bequem die Fleisch- und Nudelschüsseln ins Esszimmer schieben, sich den Weg durch den Flur sparen. Eine Erleichterung. Die Stube ließ sich mit einer Schiebetüre abtrennen vom Wohnzimmer, wo der Fernsehapparat stand. Wenn dein Bruder zur Bundeswehr kommt, dann ziehst du nach oben, in den dritten Stock. Abgeschieden von allen, mit einer Klingel zu erreichen. Falls jemand für mich anrief oder das Abendessen fertig war. Der Wohnungswechsel musste in der Schule gleich gemeldet werden. Wir wohnen jetzt Hundsbergstraße, zwischen Karlstor und Pfühlpark. Gleich gegenüber residierte die Mutter von Vaters Chef, in einem alten, großen Haus, kaum einsehbar. Kontakt zu diesen Leuten hatten wir nicht.

Die steigen schon wieder auf

Im April 1970, genauer: am 30. April 1970, wenige Tage nach meinem zwölften Geburtstag. Die Münchner Löwen kämpften gegen den Abstieg. Wer hätte das gedacht. Wie ungerecht, wie unglaublich. Gerade noch Pokalsieger und Meister und dann der Absturz in die Regionalliga. Heute aber, am vorletzten Spieltag, musste die Rettung kommen, durch einen Sieg bei den Duisburgern im Wedau-Stadion. Ich saß im Wohnzimmer vor dem Rundfunkgerät. 1 : 0 führten die Löwen durch Klaus Fischer, diesen Strafraumbrecher. Die Minuten schlichen dahin, ein Sieg, und es gäbe wieder Hoffnung auf den Klassenerhalt. Die letzte Viertelstunde, die Konferenzschaltung im Radio rückte näher, die verschiedenen Stimmen, Hageleit, Million, Klose, Maibohm und Brumme, die das Geschehen schilderten, bis sie jäh unterbrochen wurden von Torschreien aus anderen Stadien. Keine Sekunde lang fühlte ich mich auf dem Sofa sicher, ich musste aufstehen, um den Tisch tigern, in der Angst, dass aus Duisburg der umjubelte Ruf käme, die Meldung vom Ausgleich durch Heidemann oder Budde, die Besiegelung des Abstiegs. Die Löwen treten den Gang in die Regionalliga an. Ich hielt es nicht mehr aus in der Wohnung, obwohl es schon dunkel war, ein Abendspiel, ich ging vor die Tür, einmal um den Häuserblock, zweimal um den Häuserblock, an den Garagen entlang, durch die Mörikestraße am Volksgarten zurück, bis eine Viertelstunde vorbei und das Spiel in Duisburg sicher zu Ende war. Zitternd trat ich ein und sah Vaters Blick sofort an, dass die Flucht der falsche Weg gewesen war. Zwei Tore hatten die Löwen in den letzten zehn Minuten kassiert, aus der Auswärtsführung war eine vernichtende 1:2-Niederlage geworden, der unvermeidliche Abstieg, während die verhassten Bayern Vizemeister werden würden. Hätte ich vor dem Radio bleiben, hätte ich meinen Spielern Beistand leisten sollen? Auf einmal Regionalliga Süd mit Mannschaften wie Villingen, Rüsselsheim und Ingolstadt – und, immerhin, dem VfR Heilbronn. Ein Trost, der im Moment nichts half. Meine Mannschaft durfte nicht absteigen, die besten Spieler würden weggehen, ihre Karriere beenden, Fischer, Radenkovic ... Das ist doch nicht so schlimm, ist ja nur ein Spiel, die steigen schon wieder auf – wortlos ging ich an meiner Mutter vorbei, die davon nichts verstand, in mein Zimmer. Ich wollte losweinen, und ich weinte los. Alles war aus jetzt.

Wurst war einfacher als Käse. Wurst konnte man fast immer essen, auch ohne Brot. Lyoner, Leberkäse, Jagdwurst, Bierschinken, Paprikawurst, die Vater nicht mochte, weil eine Wurst seiner Meinung nach keine Gemüsezugabe benötige und Paprika ohnehin schwer bekömmlich sei. Nicht zu vergessen: Fleischwurst, Saitenwürstle, Knackwürste, Regensburger, die es selten gab, genau wie die Nürnberger Stadtwurst, an die, Vater zufolge, keine andere Wurst der Welt heranreiche. Eklig waren alle Wurst- und Fleischwaren mit Gelee. Presssack zum Beispiel oder Schwartenmagen mit den widerlichen Knorpelstückchen drin. Sommers bei großer Hitze machte Mutter Tellersülze mit einer Bratenscheibe, Ei und einer fein aufgeschnittenen Essiggurke. Was nichts nützte, denn die säuerliche Aspiknote verhunzte den ganzen Schweinebratengeschmack. Und dass dieser Glibber aus Knochenmehl oder so fabriziert wurde, machte ihn nicht sympathischer. Auch Blutwurst war gewöhnungsbedürftig, allenfalls im Sauerkraut denkbar, wenn man die dunkelrote Masse mit der Gabel aus dem Darm quetschte, mit dem Kraut und Kartoffelbrei vermatschte, bis eine undefinierbare, braunrötliche Masse entstand, die quatschte und gut schmeckte. Nun iss aber anständig. Metzelsuppe verweigerte ich. In der blechernen Milchkanne schleppte Mutter eine Brühe heran, in der vieles schwamm, Fettaugen obendrauf. Vater warf Brotstücke hinein und löffelte diese Wurstbrühe freudig in sich hinein. Ein schwäbischer Dichter habe sogar ein Metzelsuppenlied geschrieben, sagte Mutter.

Auch beim Käse galt es zu unterscheiden. Emmentaler war scharf, gegen Tilsiter und Butterkäse gab es nichts einzuwenden. Am besten schmeckte der Gouda aus Holland, wo es den in Unmengen gab. Camembert

Ohne Worte!

und Edelpilzkäse mochten die Erwachsenen, obgleich nicht zu verstehen war, wie man Schimmel, der ansonsten kein Ansehen genoss, mit einem Mal aß. Oben im Treppenhaus, als die Nässe durch die Hauswand trat und sich grünliche Schimmelbeläge zeigten, rief das Ekel hervor, und der Hausverwalter musste nach dem Rechten sehen und sich Lösungen zum Schimmelbefall ausdenken. Auf dem Käseteller aber taten alle plötzlich so, als sei es selbstverständlich, diese schimmeldurchzogenen Käsebrocken in den Mund zu nehmen.

Noch besser als Gouda war Schmelzkäse, den es in verschiedenen Formen gab, als Scheibletten oder Scheiblis zum Beispiel. Das waren Rechtecke, die geordnet aussahen, beim Auspacken keine Probleme bereiteten, schön salzig schmeckten und ideal für Toasts geeignet waren. Scheibletten ließen sich wunderbar zusammenfalten, mit dem Messer kunstvoll zerschneiden oder aufeinandertürmen. Unter Fachleuten besaßen sie kein hohes Ansehen, wer wollte zusammengeschmolzene Käseabfälle essen, mit chemischen Salzen versetzt. Mir war das egal. Schmelzkäse ging immer, auch als Velveta-Quader. Obwohl es unwahrscheinlich schwierig war, diesen Käseblock an der richtigen Stelle zu öffnen. Wie sollte man die goldglänzende Folie geschickt lösen, wie den Käse danach wieder so verschließen, dass er nicht austrocknete und dunkle, krustige Ecken ausbildete? Manchmal kam einem die Firma entgegen und brachte ein rotes Bändchen auf dem Käsestück an. Daran sollte man ziehen, und schon käme der Schmelzkäse harmonisch und ohne Herumgetue zum Vorschein. In der Praxis klappte das nie.

Immer mit dem Messer oder den Fingern daran herumnesteln, bis man losschimpfte. Hier blieb für die Industrie einiges zu tun. Grundsätzlich ließ sich gegen Schmelzkäse nichts sagen. Wie bei Fleischküchle, Leberwurst und Teewurst – warum hieß die so? –, wusste man nicht so genau, woraus er bestand. Gulasch aßen wir nie in der Wirtschaft. Wer weiß, was die da alles hineinschneiden, Fettreste und Sehnen. Schmelzkäse gab es auch in kleinen Dreiecksformen, die noch mühsamer zu öffnen waren, was aber nicht schlimm war, weil man ihren Inhalt meistens in einem Schwung aufaß. Mit Kräutern gab es die und mit Schinkengeschmack, da hatte man beides, Wurst und Käse. Und gar nicht teuer.

Schrecklich, diese Not, sagte Mutter und spendete

Plötzlich war Kiesinger nicht mehr Kanzler. Ganze drei Jahre hatte er regiert, das war nichts im Vergleich mit Adenauer. Die Linken kamen jetzt dran, mit Willy Brandt, der näselnd und langsam sprach, als wälzte er die Gedanken von einer Mundhälfte zur anderen. Mehr Demokratie wagen. Scharf konnte er dennoch werden, einzelne Wörter betonte er kräftig. Ein Umsturz sei das für Deutschland, man müsse, sagte Vater, nur froh sein, dass die F.D.P. mit in der Regierung war, obwohl er diese kleine Partei, gerade mal fünf Prozent!, ablehnte. Eine Waagscheißerlpartei sei das, und die dürften jetzt Minister stellen, sogar den Außenminister. Mein Bruder freute sich über den Wahlsieg. Diese sozialliberale Koalition, das hatte mit den Studenten in Berlin zu tun und richtete sich gegen die Reichen, gegen das Unrecht überall. Das klang gut, wenn zum Wohlstand der Weltfrieden hinzukam. Mit dem Osten wollte man sich aussöhnen, obwohl das Kommunisten waren, die darauf warteten, dass sich der Westen schwach zeigte. Ich fand es kompliziert, sich in der Politik zurechtzufinden. Allein schon in Deutschland, die Welt insgesamt war da noch viel unübersichtlicher. Von Biafra redeten die im Fernsehen oft. Bilder von eingefallenen Kinderkörpern, aufgeblähten Bäuchen, immer wieder. Hunderttausende verhungerten in Afrika. Schrecklich, diese Not, sagte Mutter und spendete, nicht nur an Weihnachten. Obwohl, diese Gelder, da wusste man am Ende nicht, wohin die gingen, ob die wirklich bei den Armen ankämen, da in Biafra, und nicht bei den Funktionären und Politikern. Wir haben es hier so gut, und die Negerkinder dort sind froh über jedes Stück trocken Brot. Deswegen sollte man auch seinen Teller aufessen, alles andere wäre Vergeudung. Hier müssten die Herren Politiker mal eingreifen. Immerhin war einer von den Sozis aus Schwäbisch Hall Minister geworden, als Heilbronner Abgeordneter. Das war etwas, da vergaß man kurzzeitig, dass der in der falschen Partei war. Franz Josef Strauß war erst einmal weg vom Fenster, und das, obwohl er, sagte Vater, frei sprechen könne wie kein Zweiter, ein großartiger Redner.

Geschafft. Ich durfte aufs Gymnasium, ans RMG. Dort, hieß es, dürfe man nichts auf die leichte Schulter nehmen. Fremdsprachen lernte man dort, und man müsse sich gehörig anstrengen, um die Versetzung zu schaffen. Kein Vergleich mit der Volksschule. Lauter neue Mitschüler, das große Gebäude am Kaiser-Wilhelm-Platz, den die Unterstufe in den Pausen nicht betreten durfte. Dort standen die Großen und rauchten heimlich. Mit meinem Klassenlehrer war ich sehr zufrieden, ein älterer Mann, über dreißig, mit einem Schnurr- und Kinnbart, einer Bartform, die manche »Henriquatre« nannten. Er trug eine Brille mit dünnem Goldrand, warf im Scherz mit Kreidestücken nach Schülern und machte Witze, die gut ankamen, wenn man selber nicht gemeint war.

Lehrer, das war überhaupt so eine Sache. Was es da an Typen gab. Bei den meisten wusste man gleich, wie ernst man sie nehmen musste. Obwohl man als Fünftklässler natürlich Respekt vor allen hatte. Abwarten und zusehen, nach welchen Regeln so ein Gymnasium ablief. Den gefürchteten Direktor sah man selten, ein unerreichbarer Mann. Die Lehrer hatten einen Versammlungsraum, wo sie sich in den Pausen trafen. Wie ging es in einem Lehrerzimmer wohl zu? Geheimnisvoll sicher. Stritten die da und fanden einander blöd? Gegenüber den Schülern gaben sie das nie zu. Manchmal blitzte es in den Augen eines Lehrers, wenn die Schüler schlecht über einen Kollegen sprachen oder sich beschwerten. Hartmann ließ sich nichts anmerken, aber wer ihn länger kannte, wusste Bescheid, seine ironischen Mundwinkel sprachen Bände. Einmal berichtete die »Heilbronner Stimme« über ihn, weil er, der Lehrer!, vor Gericht stand, wegen eines Nachbarschaftsstreits. Er habe sich über eine Frau, die nebenan wohnte, geärgert, am Zaun seien heftige Worte gewechselt worden. Hartmann solle die Nachbarin geschubst haben, die ihn sofort anzeigte. Das war eine große Sache, die man Hartmann gegenüber leider mit keinem Wort erwähnen durfte. Ein Lehrer, der eine Frau vor die Brust stößt, was für ein Pausenthema! Wie Hartmanns Kollege Wiechert, der längere, lockige Haare und einen Bart trug und aus dem Rheinland kam. Sein Hemd ließ er weit aufgeknöpft, sodass man die Brusthaare sah. Schwul sei er, hieß es, worunter ich mir wenig vorstellen konnte. Vater sagte manchmal, dass dieser oder jener Schauspieler, Thomas Fritsch zum Beispiel, vom anderen Ufer sei, andersrum. Als Erklärung half mir das nicht. Welches Ufer. Wiechert gab Englisch, fachfremd Mathematik. Das war immer noch besser als Glauenberger, ein ältlicher Griesgram, der nicht in der Oberstufe unterrichten durfte und seine Sätze ständig wiederholte, als habe ihm das Pädagogendasein auf den Verstand geschlagen. Ob der schon immer so gewesen war? Auf jeden Fall hatten Lehrer ständig Ferien, kauften nachmittags ein oder gingen schwimmen. Ein Beruf, der Vorteile hatte. Ob ich Lehrer werden sollte ... oder Koch?

Ein wahrer Jungbrunnen!

Einmal im Jahr war Pferdemarkt. Die Karl- und Moltkestraße entlang, bis zum Rathgeber-Parkplatz. Pferde gab es auch, aber die spielten keine große Rolle. Kettenkarussell, Losbuden, Büchsenwerfen, Wurststände – die Rote zu einer Mark –, Zuckerwatte, Äpfel in roter Zuckerglasur, Schokobananen, gebrannte Mandeln, Popcorn, türkischer Honig, der so in den Zähnen klebte, dass man sich schwor, nie wieder türkischen Honig zu essen, und natürlich die Boxautos. Da hineinzusitzen, das musste man sich trauen, vor allem wenn die Größeren fuhren, für die das Boxautoareal der Treff war. Lässig lehnten sie am Geländer und gefielen sich darin, spöttisch zuzusehen, wie die Autos kollidierten. Wenn sie selber ans Steuer gingen, versuchten sie andere absichtlich zu rammen, obwohl das verboten war. Höllisch musste man sich vorsehen. Andernfalls knallte man mit den Knien gegen die Armatur. Irgendwann würde eines der blinkenden Autos umkippen, mit Sicherheit.

Auf dem Pferdemarkt hielt ich mich den ganzen Tag auf, schulfrei war sowieso. Ich zog morgens los, mit extra Pferdemarktgeld, und kam erst am späten Nachmittag wieder, mit ein paar Losgewinnen. Hauptsache, kein Plüschbär, sagte Mutter. Wohin sollen wir mit dem. Meistens gewann ich Dosenöffner oder Gummitiere, vielleicht mal eine Trillerpfeife. Wenn ich genug von den Vergnügungsbuden hatte, suchte ich die Verkaufsstände, an denen fliegende Händler Waren anboten, die man nicht alle Tage sah. Wie schnell die redeten, wie sie riefen und flehten, wie sie die Vorbeigehenden anlockten, wie sie Witze rissen, mit dem Publikum scherzten und den anfangs skeptischen Hausfrauen das Gefühl gaben, auf diese Küchenhilfen oder Arzneimittel dringend angewiesen zu sein.

Stundenlang hörte ich diesen Männern – Frauen waren selten darunter – zu. Wie sie Gurkenhobel ansetzten, Gemüse zur Hand nahmen und klein schnitten, es auffächerten oder grob zerhackten. Niemand aß das hinterher, auch eine Verschwendung, die in Biafra wären froh darüber gewesen. Andere Händler präsentierten Reinigungsmittel, die selbst die schlimmsten Flecken im Nu entfernten. Oder beschichtete Pfannen, in denen nichts, aber auch gar nichts anbrannte. Was immer es an Gerätschaften gab, alles diente dazu, der Hausfrau das Leben leichter zu machen. Was musste die sich früher abmühen, als sie die Zwiebel mit dem Messer schnitt, keinen Drehhobel besaß, der in Sekundenschnelle Karotten- oder Zwiebelwürfelchen produzierte. Mit denen, sagte der Verkäufer, ließen sich Aufschnittplatten – wenn der Chef Ihres Mannes kommt und Sie ihm etwas Besonderes auftischen wollen – wundervoll garnieren, wie im Restaurant. Die nächste Gehaltserhöhung für Ihren Gemahl ist nur eine Frage der Zeit! Gespannt wartete ich den Moment ab, wenn der Verkäufer von seiner wirbelnden Vorführung zum Verkaufsabschluss überleitete. Die Preise seien unbeschreiblich günstig und nur hier auf dem Pferdemarkt gültig. Man solle sich gleich eindecken, denn bis zum nächsten Pferdemarkt sei es lang hin. Der Küchenfachmann griff nach dem Gemüseschneider, legte ein kleines Messer dazu und bot das Ganze – nicht für vierzig, nicht für dreißig, nein, weil Sie es sind und nur Sie, für ganze zwanzig Mark an. Ach was, heute bin ich verrückt, heute hau ich die Sachen raus, als sei es mein letzter Tag. Weil Sie so geduldig zugehört haben, meine Damen und Herren, kostet Sie dieser unübertroffene Gemüsehobel, dieses Gerät, das Sie nie mehr missen wollen, heute und nur heute nicht mehr als fünfzehn Mark. Aber nur, wenn Sie gleich zugreifen!

Nur die widerstandsfähigsten Frauen hielten sich zurück. Rasch wechselten die Packungen den Besitzer, die Geldscheine flogen hin und her. Wer mit Worten schnell und überzeugend war, der verkaufte doppelt so viel wie die Zögerlichen und Langweiler. Überreden war das halbe Leben, die Dinge schöner machen, als sie sind, und den Leuten das Gefühl geben, ein Wohlstand ohne Gemüsehobel sei undenkbar. Manche taten sich mit ihrem Angebot schwerer. Fußcreme zum Beispiel lief schlechter. Knoblauchpillen schon besser, obwohl der Verkäufer lange ausholen musste, warum es wichtig sei, ein ganzes Leben und vor allem im Alter viel Knoblauch zu essen. Nicht nur bei südländischen Gerichten, die es selbst bei uns gelegentlich gab. Pizza machte Mutter selber, mit viel Belag, nicht so dünn wie im Lokal. In einer Fernsehserie hatte das Familienoberhaupt, ein Nörgelheini aus dem Ruhrgebiet, behauptet, Pizza schmecke wie vollgepisste Wolldecke und sei für deutsche Mägen gänzlich ungeeignet. Die Knoblauchdragees, die auf dem Pferdemarkt feilgeboten wurden, hätten keine unangenehmen

Begleiterscheinungen. Man rieche nichts, und das sei im Ehe- und Liebesleben von Vorteil, rief der Verkäufer und erntete glucksendes Lachen. Gegen Arterienverkalkung gebe es nichts Besseres als Knoblauch, ein wahrer Jungbrunnen! Die älteren Frauen, die aus Massenbachhausen, Affaltrach oder Zaberfeld zum Pferdemarkt gekommen waren, schienen nachdenklich zu werden. Vielleicht sollte man das mit diesem Knoblauch einmal probieren. In der Türkei, wo man Knoblauch zum Frühstück aß, wurden die Menschen viel älter als in Massenbachhausen, Affaltrach oder Zaberfeld.

Ob die Knoblauchpräparate, die Hobel, Schrubber und Pfannen sich zu Hause bewährten, stand auf einem anderen Blatt. Bis zum nächsten Februar hatten die Enttäuschten alles vergessen. Immer konnte man auch Blumen kaufen, Tulpenbündel oder Geranien. Die gab es im Sonderangebot, schnell versenkt in großen Plastiktüten und zum runden Preis angeboten. Wer konnte sich da zurückhalten, wenn die anderen alle zuschlugen. Zumindest vom Bananen-Bubi nahm man etwas mit, kiloweise Früchte aus Lima oder Caracas, alles fast geschenkt. Oder Aale, die ein norddeutsch sprechender Mann, wie im Ohnsorg-Theater, auf fettiges Papier schlug, noch einen drauflegte und noch einen, für ganze zehn Mark. Was man mit diesen Aalen anfing, war mir unklar. Briet man die oder machte sie blau wie Forelle? Solche Aale brachte ich Mutter nie nach Hause, eher eine Tüte Magenbrot, für das sie schwärmte.

Samstagabends blieben wir länger auf. Wenn wir uns in der Badewanne sauber wuschen und uns ordentlich benahmen. Samstagabends wurde ferngesehen, keine Western oder Serien, sondern Shows wie »Einer wird gewinnen«, EWG genannt, was wiederum irgendetwas Politisches bedeutete. Die Sendung war manchmal langweilig, doch am Samstagabend war ich froh, überhaupt fernsehen zu dürfen und nicht früh ins Bett geschickt zu werden. Da nahm man manches in Kauf. Hans-Joachim Kulenkampff hieß der Mann, der durch die Sendung führte und sehr viel redete. Er trug dunklen Anzug mit Krawatte und lächelte genüsslich, so als ob es ihm richtig gefiele, dem Publikum Geschichten zu erzählen. Wer ihn länger kannte, sagte Kuli zu ihm. Heute Abend kommt der Kuli, rief Mutter und freute sich. Wenn Kuli mit seiner Begrüßung zu Ende war, traten Kandidaten aus verschiedenen Ländern auf und beantworteten Fragen. Vater und Mutter versuchten schneller zu sein als die manchmal begriffsstutzigen Gäste aus Holland und der Schweiz. Zu Frauen war Kuli sehr freundlich und machte ihnen Komplimente, der Charmeur und Schwerenöter. Die, die nichts wussten, schieden aus, und im Lauf des Abends wurden die Fragen kniffliger. Wenn es Unentschieden stand, wie im Fußball, griff Kuli zu einem Riesenwürfel, der Schicksal spielte. Das war spannend. Zwischendurch gab es Einspielfilme, die mir nicht gefielen. Kulenkampff verkleidete sich dabei und spielte eine historische Rolle, die ich nicht verstand. Das ging vorüber. »Einer wird

■ *Der Samstagabendmann.*

gewinnen« hatte den Vorteil, dass die Sendung immer länger ging als vorgesehen. Jetzt überzieht er wieder, rief Vater aus. Der kann sich das erlauben, wie laut die Redakteure insgeheim schimpfen. Einen anderen hätte man längst abgesägt. Eine halbe Stunde ging das oft; da fasste ich bei den Knabbersachen nach, vor dem Ende schickte Mutter einen nie ins Bett.

Zu guter Letzt gewann wirklich einer, und Kulenkampff ging nach Hause. Weil es draußen kalt war, brachte ihm sein Butler Mantel und Schal. Der sah altmodisch aus, wie die Darsteller in Theo-Lingen-Filmen, und riskierte einen Scherz, der auf Kulis Kosten ging. Martin, heute Abend habe ich meinen Schirm vergessen. Das wird meinem Mantel nicht bekommen. Ach, Herr Kulenkampff, das macht nichts, viel ist an Ihrem Mantel ohnehin nicht zu ruinieren. Das Publikum im Saal lachte hellauf und klatschte, wir schmunzelten mit. Jetzt aber ab ins Bett.

Das macht morgens keine Mühe

Alle drei Wochen, mindestens, zog es mich in den Deutschhof, in die Stadtbücherei, ängstlich darauf bedacht, die Ausleihfristen, die in ein hellgraues Heft gestempelt wurden, nicht zu überschreiten. Oben in der Kinder- und Jugendbibliothek durfte man sich lange aufhalten, in Bildbänden blättern und nach neuen Internatsromanen Ausschau halten. Nach Büchern wie denen von Anthony Buckeridge, der eine Serie um einen englischen Jungen namens Fredy geschrieben hatte. »Immer dieser Fredy« oder »Fredys Hütte am Teich« hießen die Bände. In einem Internat ging es anders zu als am Robert-Mayer-Gymnasium. Obwohl Mathelehrer Wilkins Ähnlichkeiten hatte mit Glauenberger, der seine Sätze wiederholte, als merke er es gar nicht. Nicht das Klingelzeichen beendet den Unterricht, sondern der Lehrer, war einer dieser Glauenberger-Refrains.

Die Frauen, die in der Stadtbücherei arbeiteten, sahen sich alle ähnlich, farblose Kleider, praktische Kurzhaarfrisuren. Das macht morgens keine Mühe, hatte eine zu ihrer Kollegin gesagt. Manche setzten strenge Mienen auf, wenn man seine Bücher zu spät zurückbrachte, Seiten umgeknickt oder sich etwas angestrichen hatte. Und sie gingen argwöhnisch durch die Regalreihen, befürchteten, dass man die Bücher, städtisches Eigentum!, nicht sorgsam behandelte. Ich hielt die Augen auf, wenn ich mir einen Lexikonband herausgriff und mich an einen der hinteren Tische zurückzog. Keiner sollte merken, wie ich nachschlug, was ich zu Hause, im kleinen Brockhaus, nicht fand. Wie das mit dem anderen Geschlecht war. Wo und wie man seinen Schwanz einzuführen hatte. Sehr aussagekräftig waren die Nachschlagewerke in der Stadtbücherei nicht, seriöse Lexika eben.

Gold für Karl Schranz

Mit Skifahren hatten wir nichts am Hut. In Winterurlaub fuhren wir nicht, alles lag zu weit weg, und sich eine teure Ausrüstung kaufen, um dann zweimal im Jahr sonntags auf dem Stocksberg herumzurutschen, lohnte sich nicht. Schlitten fahren, das ging so, wenn es denn endlich schneite, hinter Pfühlpark und Reitstall, den Hang hinauf und bäuchlings auf den Schlitten legen. Ungefährlich war das nicht, manche fuhren wie gesengte Säue, bis sie im Schnee landeten und sich den Kopf anschlugen. Je länger die Fahrt dauerte und je wilder sie war, desto besser. Anschließend den Schlitten den Berg hinaufziehen, das war mühsam. Am besten, man machte es wie Till Eulenspiegel und freute sich, wenn es aufwärts ging, wegen der Abfahrtsaussichten.

Wenn schon Skifahren, dann im Fernsehen, Wengen, Kitzbühel, Garmisch, Kandahar, Lauberhorn. Torlauf, Riesentorlauf und die Abfahrt, die am aufregendsten war. Wie da manche hinunterschossen, urplötzlich das Gleichgewicht verloren und durch die Luft segelten, gegen einen Zaun oder Baum prallten. Schwerverletzte, ja Tote gab es bei der Abfahrt, was die Spannung erhöhte. Nichts ging über den Österreicher Karl Schranz, der sich nichts gefallen ließ, bei den Winterspielen in Frankreich zum Beispiel. Ein Streckenposten lief durch seine Spur, er bremste ab, durfte den Lauf wiederholen, mit Bestzeit, und dennoch disqualifizierten sie ihn, was, wie Vater sagte, eine Sauerei sei. Nur damit Killy, der Franzose, seine dritte Goldmedaille abholen konnte, obwohl die dem Karl Schranz gehörte. Eine Ungerechtigkeit sondergleichen. Eine Schiebung sei das, wo wir doch nach Österreich in die Ferien fuhren. Ich bastelte mir einen Aufkleber »Gold für Karl Schranz«, befestigte ihn am Hemd und ging damit in die Schule. Lehrer Hartmann staunte nicht schlecht, aber immerhin galt das nicht als parteipolitische Meinungsäußerung, die auf dem Schulgelände streng verboten war. Sich für Karl Schranz einzusetzen, solange der nicht für die Kommunisten kandidierte, dagegen ließ sich wenig einwenden. Die alten Männer vom olympischen Komitee beeindruckte mein Engagement nicht. Schranz aus St. Anton blieb ohne Gold. Vier Jahre später, in Japan, gab es wieder Ärger mit ihm. Er sei kein Amateursportler, behauptete man und verbot ihm, an den Spielen teilzunehmen. Was erneut eine Unverschämtheit war, wusste doch jeder, dass es reine Amateure gar nicht gab. Die bekommen alle Geld zugesteckt, sagte Vater, das sind alles Profis. Nur den Schranz ließen sie wieder über die Klinge springen. Es war zum Davonlaufen.

Das ist kein Umgang für dich

Mein Bruder hatte Platten von den Beatles. Mädchen kreischten wie verrückt, sobald diese englische Band, die Pilzköpfe, zu sehen war. Yellow Submarine, Obladi oblada ... das war gar nicht schlecht, wie auch die Single von David Garrick. Dear Mrs Applebee sang der, ein Lied, in dem es, wie mein Bruder wichtigtuerisch erklärte, darum gehe, dass eine Mutter, diese Frau Applebee, nicht wolle, dass der Sänger mit ihrer Tochter Marie etwas anfange. Mütter hatten häufig etwas an den Freunden oder Freundinnen ihrer Kinder auszusetzen. Das ist kein Umgang für dich. Kannst du nicht mal mit anderen spielen? Dem sein Vater ist bloß Taxifahrer. Ob Frau Applebee am Ende des Liedes ihre Meinung änderte, blieb offen. Immerhin klang es ehrlich, was der junge David da von sich gab. Ich selbst mochte es lieber, wenn auf Deutsch gesungen wurde. Obwohl kaum einer in meiner Klasse das so sah. Das seien alles Schnulzen und Schmachtfetzen, und man müsse sich schämen, wenn man sich solche Platten kaufe oder die ZDF-Hitparade ansehe. Die kam einmal im Monat und gefiel mir, obwohl der Ansager schrecklich schnell und laut sprach, so, als hätte er danach Dringendes zu erledigen. Er trug eine verbotene Frisur, mit der er in der Bundesliga hätte auflaufen können, und eine modische Brille. Mit der Zeit kannte man sich in der Hitparade aus, manche Sänger kamen alle Monate wieder, Katja Ebstein, Peggy March, eine ganz Junge, die Marianne Rosenberg hieß und einen der Beatles angeschrieben hatte, Jürgen Marcus oder Renate Kern, die die Tricks verriet, die Mädchen so draufhatten: Du musst mit den Wimpern klimpern, wenn ein Boy dir gut gefällt. Annette oder Edeltraud aus der Volksschule hatten so was nie gemacht, und auf meinem Gymnasium gab es ja nur Jungs. Die Hitparaden-Schlager, bei denen alle mitklatschten und lustig taten, von Tony Marshall oder Chris Roberts, fand ich blöd. Das taugte für Festzelte oder Almhütten. Der Fröhlichmacher der Nation, so nannte sich Marshall mit der Pudelfrisur. Ich wollte ruhige Schlager hören, die traurig waren, wenigstens ein bisschen. Wenn es um Liebe ging, war meistens Traurigkeit im Spiel. Das machte die Sache bedeutsamer und größer, irgendwie, auch in Fernsehfilmen. Wenn man schlucken, aufpassen musste, nicht loszuheulen, weil sich das Liebespaar trennte, er in den Krieg zog oder sie es, wie bei den Applebees, verboten bekam, den Verehrer zu heiraten. In wehmütigen Schlagern klang das gut, bei Christian Anders zum Beispiel, der oft in der Hitparade auftrat und trotzig dreinschaute. Er, da war ich mir sicher, machte sich mit seinen krampfhaft fröhlichen Kollegen nicht gemein. Geh nicht vorbei, sang er, und von einem Zug, der nach nirgendwo fährt.

Eine beklemmende Vorstellung: Da rauscht ein Schnellzug einfach ab, und drinnen im Abteil sitzt die Frau, die er, der Sänger, liebt. Sie hatten sich vorher wohl gestritten, vermutlich gab es Zweifel an seiner Treue, dann stieg sie in den Zug, und er rief vom Bahnsteig aus Schwüre hinterher, die sie wahrscheinlich gar nicht verstand, denn wo Züge fahren, geht es laut zu. Und niemand stellt von Grün auf Rot das Licht, beklagte sich Christian Anders, der so fiepsend-gequetscht sang, dass man Mitleid bekam. Kein Signal, das die Frau – Maria hieß sie – aufhielt. Immerhin erkannte er – wie eigentlich? –, dass in ihrem Blick eine Träne schwamm, die ihm Hoffnung gab. Entscheiden würde sich aber das erst nach Liedende, was unbefriedigend war, mir aber besser gefiel, als wenn ein Sänger davon berichtete, dass eine neue Liebe wie ein neues Leben sei. Das gab vom Gefühl weniger her.

Meine Empfehlung an den Herrn Gemahl

Weihnachten begann Ende November. Wenn nachmittags höfliche Männer klingelten und Päckchen für Vater abgaben. Meine Empfehlung für den Herrn Gemahl. Mit ihm als Einkaufsleiter in einer Baufirma wollten sich die anderen gut stellen und bedankten sich, wie auf den Kärtchen stand, für die angenehmen »Geschäftsbeziehungen«. Mit dem Aufmachen warteten wir, wohl oder übel, bis Vater nach Hause kam. Im Lauf der Zeit ahnten wir, hinter welchem Absender sich originelle Geschenke verbargen. Die meisten schickten Wein, aber keine Literflaschen, wie sie Vater sonst im Keller hatte, sondern 0,75-Liter-Flaschen und alles nur Prädikatsweine oder Auslesen. Drunter machte es keiner. Einige überreichten Geschenkkörbe mit Leckereien drin, die es bei uns selten gab. Teuren Lachsschinken oder Schwarzwälder Kirschwasser, Mirabellengeist, Cognac – nicht den günstigen Obstler vom Konsum. Robert Bopp in Talheim, ein Steinbruchbetrieb, eine tolle Firma, von der es Kugelschreiber oder Blöcke gab, Sachen, die Vater sofort an uns weiterreichte. Manche brachten Blumen vorbei, um Mutter zu beeindrucken. Oder die Firma Märklin, die ließ sich nicht lumpen, während andere allerhöchstens eine Flasche schickten. Da nützte der bunte Präsentkarton nichts. Mit solchen Unternehmen, rieten wir Vater, sollte er die Geschäftsbeziehungen auf das Nötigste beschränken. Mit Wein, auf jeden Fall, waren wir bis ins späte Frühjahr hinein versorgt; so hatte man etwas im Haus, für besondere Anlässe.

Wenn er wieder aufgewärmt

Bücher dominierten unsere Wohnung nicht. Mutter hatte ihr Leseeck, mit Biografien und den schmalen Bänden, die sie zu Weihnachten aus der DDR bekam. Vater hielt sich an Zeitungen, vielleicht mal ein Bildband, der alpine Meisterleistungen festhielt, mit Romanen fing er nichts an. Im Wohnzimmerschrank standen die Vorzeigebände, manche aus dem Buchclub, bunt gemischt. Serengeti darf nicht sterben. In einem Klappfach stapelten sich schwere Exemplare, deren Format nicht für die Regalreihen geeignet war. Darunter das dicke Wilhelm-Busch-Hausbuch, das ich mir herausnehmen durfte. In raues, faseriges Leinen eingeschlagen, versehen mit der Zeichnung dieses Autors, der Pfeife rauchte, einen breitkrempigen Hut trug und Comics gemacht hatte, vor langer Zeit. Keine Micky Maus oder Daisy, kein Fix & Foxi. Bildergeschichten mit gereimten Versen darunter. Max & Moritz zum Beispiel, die am Ende klein geschrotet von den Enten verspeist werden. Bei Wilhelm Busch fand ich komische Stellen, von sauertöpfischen Lehrern, die in den Fluss stürzten, von einer frommen Helene, die nicht fromm blieb und vor einer Weinflasche kniete, von einem Dichter, dem partout nichts einfiel, von Affen und Raben. Schreiben und zeichnen wie dieser Wilhelm Busch, damit hätte man es geschafft. Ob diese Geschichten für Kinder geeignet waren, wusste ich nicht. Sollte ich es bedauern, wenn die dummen Hühner an aufgefädelten Brotstücken erstickten und einen langen Hals machten? Das Mitleid mit Witwe Bolte hielt sich in Grenzen. Immerhin war das eine praktische Frau, die sich rasch daranmachte, ihre Lieblinge knusprig zu braten, mit Sauerkohl als Beilage. Für den sie besonders schwärmt, wenn er wieder aufgewärmt. Das wusste Mutter so gut wie Frau Bolte. Allerdings lag Sauerkraut – frisch von den Fildern, wo ein Spieler des VfB Stuttgart herkam, den sie nach einem spanischen Außenstürmer »Filder-Gento« nannten – schwer im Magen, stundenlang, aber das hielt ich aus, wenn Mutter Blut- und Leberwürste dazu machte. Denen stach man langsam in den dünnen Naturdarm, bis der Wurstteig herausquoll, sich mit dem Kraut und dem Kartoffelbrei mischte, zu einer herrlich würzigen Matsche. Kannst du nicht anständig essen? Bekömmlicher, sagte Mutter, werde das Kraut, wenn man eine kleine Kartoffel hineinreibe. Das waren ihre Tricks.

Frikassee mit Haut

Ab und zu fuhren wir Richtung Frankfurt, nach Bergen-Enkheim, wo Tante Frieda und Onkel Walter wohnten, die mit Mutter verwandt waren. Die Strecke war zum Glück kürzer als die nach Schwandorf. Dafür mussten wir die guten Sachen anziehen, wie bei Familienfeiern, Sakko oder Janker. Wie ein Pfingstochse sah ich aus, an den Beinen und unter den Armen zwickte und biss es. Ich bedauerte Vater, der jeden Tag so verkleidet ins Büro ging, mit Krawatte und Anzug. Welchen Sinn so ein Schlips – immer in gedeckten Farben! – hatte, das musste einem erst mal erklärt werden. Frauen trugen so ein Ding auch nicht, höchstens bei Tanzeinlagen des Fernsehballetts, eine fürchterlich fade Angelegenheit. Junge, sehr schlanke Mädchen, die im Gleichschritt ihre Beine schwangen, ein merkwürdiger Anblick. Die Ansager taten geheimnisvoll, wenn sie das Ballett – Hupfdohlen nannte Tante Carmen sie, die Opernsängerin – ankündigten, so mit einem vibrierenden Unterton, der anklang, wenn es um Schlüpfriges ging, um Angelegenheiten, die offenbar für Kinderohren und Kinderaugen nicht geeignet waren. Erwachsene Männer fanden lange Beine interessant, dachte ich mir – oder waren diese Balletttänzerinnen nur deshalb so leicht angezogen, weil die Fernsehstudios gut geheizt waren? Andernfalls hätten die sich Wunder was geholt, in ihren Trikots.

Bei Tante Frieda und Onkel Walter war es fast so langweilig wie mit dem Fernsehballett. Wir fuhren zum Mittagessen dorthin und wurden ausführlich begutachtet. Mit dem Kochen hatte Tante Frieda ihre liebe Müh und Not, ich rechnete mit allem. Zum Beispiel mit Hühnerfrikassee, was ja, mit Dosenchampignons 1. Wahl, lecker schmeckte. Tante Frieda servierte die Hühnerstückchen mit Haut dran. Die schwammen in der hellen Mehlsoße, labbrige Hautfetzen, die sich auf der Zunge wie Gummi anfühlten, genoppt an den Stellen, wo die Federn gesessen hatten. Wie sollte man das hinunterkriegen. Höflichkeit war geboten, Mutters Blick ruhte streng auf uns. Natürlich hätte sie Hühnerfrikassee nie mit Haut zubereitet, doch das nützte jetzt nichts. Das Zeug musste runter und Tante Friedas Frage, ob es schmecke, überzeugend bejaht werden.

Wenn das überstanden war, zogen wir bei schönem Wetter in den Garten, aber nicht zu wild, bitte! Einen Fußball gab es in diesem Haushalt natürlich nicht, und so warteten wir auf Kaffee und Kuchen. Oder darauf, dass Onkel Walter uns beiseitezog und fragte, ob wir eine Scheibe Wurst aus dem Kühlschrank wollten. Heimlich zogen wir mit ihm in die Küche, ängstlich darauf achtend, von Tante Frieda oder Mutter nicht gesehen zu werden. Onkel Walter lachte auf, wenn er mir ein Stück Krakauer zuschob. Niemandem dürften wir davon erzählen, woran ich mich hielt.

Mutter flüsterte auf der Heimfahrt Vater zu, dass Onkel Walter im Kopf nicht mehr ganz richtig sei. Wie ein Kleinkind müsse man ihn im Auge behalten. Mit Frieda wolle sie nicht tauschen. Ich sagte nichts, schließlich hatte Onkel Walter zum Gelingen des Nachmittags beigetragen.

Ich bin das ganze Jahr vergnügt

Musiklehrer erwarteten die merkwürdigsten Dinge von einem, als sei es das Selbstverständlichste, Dreiklänge oder Tonarten zu erkennen. Ich hörte nie etwas, riet auf gut Glück oder setzte auf Mitschüler, die mir Zeichen gaben. Gdaehfis, sprich: gdäfis, so merkte ich mir die Abfolge der Kreuztonarten, besser als mit dem Spruch »Geh Du Alter Esel Hole Fische«, den Musiklehrer Kurschmann uns mitgab. Aber der säuerliche Kurschmann war sowieso eine unangenehme Erscheinung, streng und steif, als hätte er einen Spazierstock verschluckt. Sein Kollege Landerer, dessen verschrobener Sohn in meine Parallelklasse ging, ließ sich nicht davon abbringen, dass jeder die Fähigkeit habe, im Schulchor mitzusingen. Als zusätzliche sechste Stunde wohlgemerkt, und das bei meinen Gesangsqualitäten, die nicht einmal für ein halbwegs richtiges »O Tannenbaum« ausreichten. Im Kindergarten hatte ich schon »Ringlein, Ringlein, du musst wandern« verpatzt.

Zweimal im Jahr war Vorsingen, benotet, vor der ganzen Klasse, coram publico, wie Kurschmann sagte. Wer ein Musikinstrument spielte, war fein heraus, der spielte Klavier oder Geige. Außer Triangel brachte ich nichts zuwege, und so sang ich vor. Ich zitterte mich durch die Stunde, lieber zehnmal bei Bäcker Käser »Pigalle« schmettern als das hier. Das Warten auf Kurschmanns Aufruf war schlimmer als jede Mathe- oder Physikarbeit. Die Magensäfte gluckerten, der Hals trocknete aus, eine Demütigung, und dann … auf sein Zeichen hin stand ich auf, damit es auch die in der letzten Reihe mitbekamen. Ich hielt bei kaum einem Lied die Melodie, und Schlager wie »Der Junge mit der Mundharmonika« waren verpönt, allenfalls »My Bonnie lies over the ocean«. Sich weigern hätte eine glatte Sechs bedeutet. So sang ich jedes Mal das gleiche Lied: »Ich bin das ganze Jahr vergnügt«, ein Text, der diesen elend langen Minuten Hohn sprach … »Ich bin das ganze Jahr vergnügt. Im Frühling wird das Feld gepflügt. Dann steigt die Lerche hoch empor und singt ihr frohes Lied mir vor.« Die letzte Zeile war zu wiederholen, mit ansteigender Stimme, jubilierend sozusagen. Zum Heulen war das, und alle hörten mit, lachten vor sich hin, Kurschmann machte ein Gesicht, das die Beleidigung seines musikalischen Empfindens zeigte. Wann war das vorbei! Noch eine Strophe, obwohl ich mit der ersten genug zu kämpfen hatte. Die Stimme flatterte so komisch, schon vor der letzten Zeile. Endlich sich setzen. Kurschmann überlegte, gab die Note bekannt, ganz langsam, als entspränge sie reiflicher Überlegung. Von Halbjahr zu Halbjahr wurde die Zensur schlechter: erst 3–4, dann eine 4 und schließlich sogar eine 4–5. Irgendwann fiel es Kurschmann auf, dass mein Repertoire lediglich ein Lied umfasste. Sing mal etwas anderes. Ich stockte, stammelte vor mich hin, ja, was denn? Schließlich erinnerte ich mich an ein italienisches Volkslied, das wir kurz zuvor durchgenommen hatten: L'inverno è giá passato, l'aprile non c'è più – da ging es wieder um Jahreszeiten, um den Frühling, ein Kuckuck ließ sich vernehmen. Immerhin war das nicht zu schwierig, und Kurschmann lobte meine Aussprache des Italienischen, was an der Note nichts änderte. Endlich wieder hinter den Rücken der anderen verschwinden, untertauchen.

Lieber tot als rot

Bald sei das mit Willy Brandt und seiner Regierung vorbei, frohlockte Vater. Politischer Streit zu Hause wurde vermieden, das endete mit Geschrei, wenn mein Bruder für Willy Brandt stritt und darauf hoffte, dass die CDU mit ihrem Misstrauensvotum scheitern würde. Ich war unsicher, ergriff – um meinen Bruder zu ärgern – für Rainer Barzel Partei. In einer Zeitung, die in der Sülmerstraße kostenlos verteilt worden war, las ich, dass die Sozialliberalen den Osten aufgegeben hätten und mit den Kommunisten gemeinsame Sache machen würden. Damit zog ich meinen Bruder auf, wollte ihn mit Schlagworten provozieren. Der Satz »Lieber tot als rot« leuchtete mir allerdings nicht ein. Wie konnte man sich das wünschen? Lieber nicht mehr da sein, als von Kom-

■ *Man muss auch verlieren können.*

munisten oder Sozialisten regiert zu werden? Das hatte etwas Fanatisches, zumal die von der SPD betonten, dass sie keine Sozialisten seien und mit der DKP nichts zu tun hätten.

Dann die Abstimmung im Bundestag, in der Schule herrschte Unruhe. Unter den Lehrern bekannte sich kaum einer offen zu Brandt, das hätte dem Direktor missfallen. Alles schien für den selbstsicher lächelnden Barzel zu laufen, bis das Ergebnis verkündet wurde und ein Tumult ausbrach. Die SPD-Abgeordneten stürzten auf ihren Kanzler zu, fielen ihm um den Hals. Barzel wirkte abwesend, musste aber so tun, als sei das leicht zu ertragen, das mit den Abweichlern, die ihm den Sieg vermasselt hatten. Jetzt regierten Brandt und Scheel weiter, noch mehr Demokratie wagen. Mein Bruder triumphierte, Vater schaltete den Fernseher aus.

Zum Pfühlpark hatten wir es nicht weit, die Hundsbergstraße entlang, vorbei am Haus, wo Lateinlehrer Schmeller wohnte, der beim Schreien vor der Klasse rot anlief, und dann an der Ecke Schlizstraße hinein in den Park. Ganz vorne das Rosengärtchen, wo die alten Leute rund um den Springbrunnen saßen. Auf den Parkwegen knirschte der Kies beim Gehen. Nur Roller und Fahrrad liefen da schlecht, durch den Park zu fahren war sowieso verboten. Linkerhand an einem Nebenweg standen heruntergekommene Volieren, mit unzähligen Vögeln, die interessanter aussahen als unser Wellensittich, der sich in der Gardine verhedderte und schwer einzufangen war. Hansi hieß der und überlebte nicht lange bei uns im Wohnzimmer. Größere Tiere hätte der Vermieter nicht geduldet.

Auf der rechten Pfühlparkseite hatten wir nichts zu suchen, dort an der Eisenbahnlinie im schummrigen Licht unter den dicht stehenden Bäumen und Sträuchern. Da treibt sich, sagte Mutter, Gesindel herum, zwielichtige Gestalten, nimm dich vor denen in Acht! Einer, hörte ich, habe sich dort ausgezogen, mitten im Pfühlpark, sein Geschlechtsteil herausgekramt und es Passanten gezeigt. Wie ein paar Jahre zuvor der Sänger Drafi Deutscher, der am Fenster seiner Wohnung unbekleidet posiert habe. Das hatte zumindest in der Zeitung gestanden, und danach trat er im Fernsehen nicht mehr auf. Obwohl er so einen Gassenhauer wie »Marmor, Stein und Eisen bricht« gesungen hatte. Irgendwas bleibt immer hängen, sagte Mutter. Wie bei Lou van Burg, dem Showmaster aus Holland, der beim »Goldenen Schuss« immer »wunnebar« gesagt hatte, eine Affäre mit einer Mitarbeiterin anfing und prompt keine Sendungen mehr bekam Das ging manchmal schnell. Er wurde durch Vico Torriani ersetzt, der von Ananas aus Caracas sang, die bei uns aus der Dose kamen. Als Showmaster lehnte Vater ihn ab, spätestens seitdem er beim Verlesen eines Gewinners aus Zuffenhausen bei Stuttgart »Zupfenhausen« gesagt hatte. Das ist doch unmöglich, rief Vater, Zupfenhausen! Wenn man nicht einmal Zuffenhausen kennt, wo der Porsche herkommt, hat man im Fernsehen nichts zu suchen! Immerhin erfuhr man nichts von Vicos Affären, falls er welche hatte, und nackt zeigte er sich auch nicht, wie diese Männer im Pfühlpark.

Überhaupt gab es hier gefährliche Ecken. Auch der Kiosk an der Linnéstraße schien ein Treffpunkt für Penner und Trinker zu sein. Und das so nah am Spielplatz, da müsste die Stadt einschreiten. Wenn man Acht gab, war es erlaubt, zum Kiosk zu gehen und sich ein Eis zu kaufen. An den Stehtischchen standen Männer mit Bärten und schmutzigen Anoraks, die ein Cluss-Bier nach dem anderen tranken. Die Kiosktoiletten waren eklig. Da roch es nach Pisse, da beherrschte man sich lieber, bis man zu Hause war. Meistens war ich sowieso mit Fußballspielen beschäftigt, auf der großen Wiese vor dem Spielplatz, wo mich die Großen mitmachen ließen. Im Tor war ich ganz ordentlich, fast wie Radenkovic, auch sonst ging ich mit dem Ball geschickt um. Zu dick war ich und deshalb laufschwach bei langen Pässen. Dafür zeigte ich körperlichen

Einsatz und grätschte unerschrocken hinein, wenn ein Gegenspieler an mir vorbeiwollte. Richtig verschwitzt musste man sein, wenn man vom Fußballspielen nach Hause kam, mit Grasflecken überall, Aufschürfungen am Schienbein, vielleicht sogar mit Blutkrusten, dann war

■ *Im Pfühlpark.*

Fußball klasse. Aufpassen, dass Mutter kein Jod auf die Verletzungen träufelte. Das brannte furchtbar.

Das zieht sich heute ja wieder

Einmal im Jahr, den Termin wusste ich im Voraus, war europäischer Schlagerwettbewerb. Ein Samstagabend, was gut war, denn da durfte ich länger aufbleiben, was bei dieser Sendung notwendig war. Bei dem Wettsingen, das auf Französisch Grand Prix d'Eurovision de la Chanson hieß, brauchte man Geduld, bis feststand, welches Land gewann. Wenn man das zwei, drei Jahre angeschaut hatte, kannte man sich in den Ländern Europas aus, und mit den Hauptstädten hatte ich keine Probleme. »Chansons« sollten da gesungen werden, das hieß eigentlich Lieder, aber die Franzosen verstanden da etwas anderes darunter. So ein Pariser Chanson war getragener und ernster, solche Sänger wie Tina York oder Nina & Mike hätten in Paris keine Chancen gehabt. Französische Interpreten trugen schwarze Bekleidung und einen feierlichen Gesichtsausdruck; wenn die sangen, gehörte es sich nicht, lauthals mitzugrölen oder zu klatschen. Beim Grand Prix allerdings ließ sich schwer sagen, wie sich Chansons, Schlager und Popsongs unterschieden. Mein Bruder interessierte sich dafür nicht, aber meine Eltern machten jedes Jahr mit, wenn die Eurovisionssendungen aus Dublin, Madrid oder Paris übertragen wurden, und wir hofften, dass Deutschland gewinnen würde. Ich bereitete Tippzettel vor, und Mutter stiftete eine Tafel Schokolade für den, der die Ergebnisse am besten vorhersagte. Vater hatte gegen die meisten Sänger Einwände, und als eine Spanierin mit einem Lied gewann, das »La, la, la« hieß, hatte er endgültig genug. Für mich blieb es spannend, bis alle Länder gesungen hatten und aus den Studios die Wertungen bekannt gegeben wurden. Das zieht sich heute ja wieder, klagte Mutter und sah auf die Uhr. Den Geschmack Europas vorherzusehen gelang selten, und gemein war es, dass sich Nachbarländer, die Skandinavier zum Beispiel, die Punkte zuschusterten. Wohingegen die Österreicher, das bemerkte Vater jedes Jahr mit rügendem Unterton in der Stimme, mal wieder nichts für uns übrig hatten. Überhaupt, behauptete Vater, habe manche Abstimmung etwas mit dem Krieg zu tun, immer noch, weil uns viele nicht mochten. Ein Glück, dass wenigstens der Osten am Grand Prix nicht teilnahm; da hätten wir ja keinerlei Punkte abbekommen. Immerhin gab es Jahre, in denen es für Deutschland trotz des Weltkriegs und der Ungerechtigkeit gut lief. Fast hätte diese Katja Ebstein aus Berlin gewonnen. Singen konnte die, sagte Vater, und sogar etwas Kritisches zur Luftverschmutzung: »Diese Welt«. Das schien den anderen Völkern zu gefallen, wenn sich die Deutschen engagierten und nicht nur alles besser wussten. Allerdings hatte die Ebstein Schnittlauchhaare und einen sehr großen Mund. Später sang sie von der Dritten Welt, so nannte man Länder, die es nicht so weit gebracht hatten wie Deutschland, von einem Indiojungen aus Peru, der so leben wollte wie ich. Wenigstens behauptete Katja Ebstein das, was ich mir nicht vorstellen konnte. Ob es dem in der Hundsbergstraße wirklich gefallen würde? Keine Ahnung, ich wusste ja auch nicht, wie es in Peru zuging, obwohl die an der Fußball-Weltmeisterschaft 1970 teilgenommen hatten. Auch Mary Roos, die in Wirklichkeit anders hieß, ein sogenannter Künstlername also, brachte es beim Grand Prix weit. Nur die Liebe lässt uns leben, sang sie in einem sehr schönen Kleid. Besser als Katja Ebstein sah sie sowieso aus, und gegen einen dritten Platz ließ sich nichts sagen.

Einmal trat für Deutschland eine Mannheimer Sängerin an, die Vater als vollschlank bezeichnete, was ihr aber einen guten Resonanzkörper verschaffe. Ein paar Jahre zuvor hatte die einen Blues über die Neckarbrücken gesungen, und mit Brücken hatte sie es auch beim Grand Prix. »Ein Lied kann eine Brücke sein / und jeder Ton ist wie ein Stein / er macht dich stark und fest / du kannst darüber gehen / andere verstehen«, sang sie diesmal und steigerte sich mächtig hinein, bis sie ein »Oh, Baby« herauspresste und fast schrie. Brücken, dachte ich mir, das muss in Europa gut ankommen, wegen der Völkerverständigung und der Ostpolitik. Doch die anderen Länder folgten meinen Gedanken nicht und platzierten Joy Fleming irgendwo auf einen der hinteren Plätze, was ich ziemlich ungerecht fand. Vielleicht lag es an Joy Flemings merkwürdiger Frisur und ihrem schlecht sitzenden Kleid, das aus grünem Vorhangstoff gemacht zu sein schien und das Vollschlanke ihrer Figur eher betonte als verdeckte.

Wenn man die Tafel Schokolade, unseren Hauptpreis, einsacken wollte, durfte man sich nicht vom eigenen

Geschmack leiten lassen. Gewiss, manchmal passte das zusammen, etwa als eine kleine Irin mit einem gehauchten Lied, »All kinds of everything«, gewann. Das hatte ich geahnt, während Vater kopfschüttelnd etwas von einer Piepsstimme vor sich hin brummte und Mutter sich nicht entschließen konnte, was von diesem Mädchen zu halten sei. Selbst auf Favoriten war kein Verlass. Cliff Richard, der bekannte Engländer, guckte beleidigt, als er auch beim zweiten Mal nicht gewann. »Power to all our friends, to the music that never ends« schaffte es nicht. Die Stimmabgabe war fürs Kopfrechnen gut; rasch addierte ich, wie beim Ausrechnen der Bundesligatabelle, und war stolz, wenn ich das Zwischenergebnis schneller als der Ansager wusste. Mutter sagte, sie sei froh, dass es diesen Grand Prix nur einmal im Jahr gebe. Anders wäre das nicht auszuhalten.

Womöglich traf man da Arbeitskollegen

Gewitter gab es im Hochsommer, wenn es drückend schwül war. Das kam im Heilbronner Kessel häufig vor. Meistens zogen die Gewitter am frühen Abend heran, wenn sich die schwarzen Wolken aufbauschten und alle darauf warteten, dass irgendetwas geschah. Dann von Vater abgeholt werden, im Freibad Gesundbrunnen, das nur fünf Minuten von Koch & Mayer, Vaters Firma, entfernt war. Sich rechtzeitig ins Auto flüchten, den Seesack mit den Badesachen neben sich und dem Donner, den Blitzen und den rasend schnellen Scheibenwischern zusehen.

Hier drinnen passierte nichts. Das Auto war ein Faradaykäfig, hatten wir gelernt, eine Schutzzone. Alle Fenster zu, wegen der Kugelblitze, die es in Heilbronn aber nicht gab. Im Ausland, stand in der Zeitung, sei so ein Kugelblitz durchs offene Seitenfenster ins Auto gefahren und zum Glück auf der anderen Seite wieder hinausgezischt. Wenn da das Fenster geschlossen gewesen wäre, nicht auszudenken. Gegen halb sechs wartete ich vor dem Gesundbrunnen auf Vater. Sei pünktlich, hatte Mutter mir eingeschärft, nicht, dass Vater warten muss. Ich sah das Auto von Weitem kommen, sprang darauf zu, während die ersten Regentropfen niederprasselten. Sich auf den Rücksitz kuscheln und aufs Abendessen freuen. Schwimmen machte hungrig. Die Fingerspitzen, wie nach dem Wannenbad, aufgeweicht und wellig, die Augen rot vom Chlor, das eigenartig roch.

Manche Leute sagten, sie könnten nur im Meer oder in bayerischen Seen schwimmen. Die hatten gut reden, wir fuhren ja nie ans Meer, vielleicht mal an den Finsterroter See oder ins Freibad nach Mainhardt oder Bönnigheim. Ausnahmen von den Sonntagswanderungen. Vater fühlte sich im Freibad unwohl. Womöglich traf man da Arbeitskollegen oder Geschäftspartner, wie peinlich, alle nur mit einer Badehose bekleidet. Ich hielt mich stundenlang im Wasser auf und spielte mit anderen oder mit mir selbst. Wenn man einen Wasserball dabeihatte, verging die Zeit wie im Flug. Ich legte mich rücklings ins Wasser, lupfte den Ball mit dem Fuß an und schoss. Große Stürmer gegen große Torhüter hieß das Spiel, und notfalls nahm ich beide Positionen ein. Rivera gegen Banks.

Hurst gegen Soskic. Pele gegen Albertosi. Nie wusste man, wer den Sieg davontrug. Und war ich dann, nach einer Stunde Wasserwettkampf, erschöpft, ging es zum Kiosk, um die fünfzig Pfennige auszugeben, die mir Mutter mittags in die Hand gedrückt hatte. Kauf dir was. Vielleicht Popcorn oder eine Rolle Weingummi. Oder Malagaeis mit Trauben drin und Rumgeschmack. Betrunken wurde man davon nicht. Dann ab in die Umkleidekabine, hoffentlich hatte ich die Garderobenmarke nicht verloren. Die Tür verriegelt, die patschnasse Badehose klebte am Hintern, alles blieb feucht, egal, wie gut man sich abtrocknete. Durchs Haar gestrichen, nichts liegen lassen, den Bügel nach draußen bringen, durch den Drehkreisel am Ausgang und nach Vater Ausschau halten, während die Luft stand und mit Sicherheit gleich ein schweres Gewitter hereinbrechen würde.

Ein Nachmittag im Freibad, das war großartig. Nicht nur im Gesundbrunnen, sondern auch im alten Bad, das Neckarhalde hieß. Die größeren Jungs gingen lieber dorthin. Da gab es einen Zehnmeterturm, vor dem mir grauste. Wie konnte man da hinaufklettern und sich ins Sportbecken stürzen? Mir reichte das Dreimeterbrett, und selbst von da riskierte ich nie einen Köpfer. Ich schloss die Augen, setzte vorsichtig einen Schritt nach vorne, hoffte, bald unten anzukommen und sofort wieder aufzutauchen. Unter Wasser, das machte Angst. Taucher wie Hans Hass oder der Franzose Cousteau wollte ich auf keinen Fall werden. Wenn ich mit dem Bus zur Neckarhalde fuhr, ging es zu Fuß von der Sontheimer Straße hinunter, am Knorr vorbei, wo es nach Suppen und Würze roch. Da möchte ich nicht wohnen, sagte Mutter. Stell dir vor, den ganzen Tag diesen Nudelsuppendunst in der Nase. Appetitlich soll es da ja nicht zugehen, in so einer großen Lebensmittelfabrik. Gut, dass man das nicht so genau weiß. Immerhin unterstützten wir Knorr, damit die Wirtschaft in Heilbronn florierte und es mit Deutschland weiter voranging. Maggi stand bei uns nicht auf dem Tisch, obwohl das auch aus Baden-Württemberg kam. In der Neckarhalde gab es an der Bude Würstchen oder Pommes. Dafür reichte es aber nur, wenn wir Geld für einen ganzen Schwimmbadtag bekamen, am Samstag oder in den Ferien. Dazu die buttrigen Toggenburger, manchmal eine Prinzenrolle, die mir Mutter ins Handtuch packte.

Als ob wir an der Türe kauften

Von Zigeunern kauften wir nichts an der Tür. Die klingelten und kamen im Tross, Frauen mit Baumwolltüchern um den Kopf und leise klagend, oft hatten sie ihre Kinder dabei und boten Mutter Teppiche an, ganz günstig. Als ob wir an der Türe kauften. Früher, ja, da kamen öfters fliegende Händler vorbei, Scherenschleifer oder Kriegsversehrte, die Schnürsenkel und Garnrollen verkauften. Andere Zeiten waren das. Bei Zigeunern hieß es aufpassen. Nein, natürlich stahlen die nicht alle, aber sicher konnte man nicht sein. Die besaßen keinen festen Wohnsitz, fuhren mit ihren Autos – oft Mercedes, bemerkte Vater – vor die Stadt, bezogen da Quartier auf Festwiesen und Feldern. Zigeuner, das war ein Schimpfwort, wie Seckel oder Halbdackel. Von einer dunkelhaarigen, traurigen Sängerin gab es ein Lied, das »Zigeunerjunge« hieß, das in mir ein Gefühl schwebender Leere zurückließ. Von Ort zu Ort zog der Junge, hatte kein Zuhause. Mit dem Zigeunerschnitzel, das auf vielen Speisekarten stand, hatte das nichts zu tun. Obwohl mir Vater erklärte, dass die meisten Zigeuner, das fahrende Volk, vom Balkan kämen, wo heute der Kommunismus herrsche, die Karl-May-Filme mit Pierre Brice gedreht würden und man gern Paprika, Tomaten und scharfe Gewürze esse, weshalb das Zigeunerschnitzel Zigeunerschnitzel heiße. Im Grunde sei das wie beim Jägerschnitzel, wo Pilze in der Soße schwammen, solche, die der Jäger im Wald finde.

Im Fernsehen war es um das fahrende Volk anders bestellt, zumindest in der Artistenserie »Salto mortale«, die in einem Zirkus spielte, wo es nicht so zuging wie in einem Heilbronner Bauunternehmen. Richtige Zigeuner waren das nicht, aber auch keine normalen Bürger. Bei »Salto mortale« ging es drunter und drüber, manchmal waren die Akrobatinnen mit nackten Brüsten zu sehen. Ständig stritten die sich und ließen sich auf Abenteuer ein, weil sie meinten, bei einem anderen Mann oder einer anderen Frau sei das große Glück zu finden. Nach kurzer Zeit beziehungsweise zwei, drei Folgen später erwies sich das als Trugschluss, was das Liebesdurcheinander im Zirkus auf die Spitze trieb. All zu verständlich also, dass Zigeuner und Zirkusleute eine Bedrohung darstellten. In Heilbronn wären die kaum zurechtgekommen.

Die färbt ihre Haare

Manchmal kamen fremde Leute abends zu Besuch. Eine Einladung, Geschäftskollegen von Vater, Jablonskis zum Beispiel. Stunden vorher herrschte Nervosität, Vater überlegte, ob er eine Krawatte anziehen sollte. Darf ich länger aufbleiben? Nein, du kannst guten Abend sagen und verschwindest dann im Bett. Mutter bereitete kalte Platten vor, Cocktailwürstchen füllten ein ovales Glasschüsselchen, dazu ein Tablett mit Käsewürfeln, die gespickt waren mit Silberzwiebeln, Dosenmandarinenstückchen und Weintrauben. In zwei Holzschälchen türmten sich Salzbrezelchen und Erdnussflips. Ihr bekommt auch etwas ab. Das war das Schöne: Wenn Gäste kamen, gingen wir nicht leer aus – sofern wir uns ordentlich benahmen. Vater prüfte die Bestände an Wein und Schnäpsen, Zigaretten waren genug im Haus, der Drehaschenbecher, mit dem sich so wild spielen ließ, blitzte, und ich naschte unbemerkt zwei Erdnussflips, die anfangs knusprig schmeckten und sich dann, wenn man sie auf der Zunge beließ, in Matsche verwandelten, in köstlich salzige Matsche. Frau Jablonski trug das Haar ausladend drapiert, fast wie Tante Carmen. Die färbt ihre Haare, sagte Mutter, ganz sicher. Eine Viertelstunde saß ich bei den Erwachsenen, den Geschmack salziger Erdnussmatsche zwischen den Zähnen. Der Zigarettenqualm stieg zur Deckenlampe empor.

Ab und zu muss man Neues ausprobieren

Biologie war in Ordnung. Es war keines von den Ekelfächern wie Physik, die einem morgens auf dem Schulweg Angst einjagten. Physik- oder Mathestunden vergingen komischerweise viel langsamer als Deutsch oder Englisch. Je häufiger man auf die Armbanduhr sah, desto langsamer drehte sich der Minutenzeiger. Ständig musste man auf der Hut sein, nicht gefragt oder gar an die Tafel geholt zu werden. Biologie, das ging so, hing ganz davon ab, wen man als Lehrer abbekam. Zorn zum Beispiel war ein Notnagel in Biologie, da er Kunsterzieher war, selber malte und ausstellte. Aber da jeder ein zweites Fach unterrichtete, übernahm er Biologie. Man lernte praktische Dinge bei ihm, die ich zu Hause beim Mittagessen, wenn nicht dicke Luft herrschte, weitergab. Nach sechs Uhr abends, so Zorn, schwere warme Mahlzeiten zu sich zu nehmen, sei grundverkehrt, weil Magen und Darm das bis zur Nachtruhe gar nicht bewältigten und folglich für schlechten Schlaf sorgten. Die Darmsäfte seien dann stark beschäftigt, was der Nachtruhe nicht zuträglich sei. Ein Glück, dass es bei uns abends selten Warmes gab, wie der Name Abendbrot besagte. Andererseits war es erstaunlich, wie andere Völker sich abends den Bauch vollschlugen, nach neun oder zehn Uhr. Die Franzosen oder Spanier zum Beispiel. Galten bei denen nicht die gleichen Verdauungsregeln? Waren die südländischen inneren Organe anders abgestimmt? Denn es war ja nicht vorstellbar, dass alle Franzosen und Spanier das ganze Jahr über schlecht schliefen und morgens zerschlagen zur Arbeit gingen. Das wäre deren Untergang. Dass die Südeuropäer eine andere Einstellung zur Arbeit hätten, sei bekannt, sagte Vater. Da mangele es an Ordnungssinn und Pünktlichkeit, deswegen tue sich die Volkswirtschaft dort schwerer und deswegen seien viele als Gastarbeiter zu uns gekommen, sogar nach Heilbronn, um hier gutes Geld zu verdienen, bei NSU etwa, das sie dann nach Sizilien schicken würden, für ihre Familien. Nach Italien fuhren wir nie, Südtirol wäre infrage gekommen und Spaghetti mit Hackfleischsoße, die Mutter gelegentlich kochte. Ab und zu muss man Neues ausprobieren.

Wenn Zorn sich nicht mit der Zuträglichkeit von Speisen befasste, forderte er uns auf, die Natur kennenzulernen, sich mit den Pflanzen und Sträuchern der Heimat zu beschäftigen. Es sei ja unmöglich, wenn alle im Sommer nach Wasweißichwohin führen und wüssten, wie ein Olivenbaum oder eine Palme aussähe, aber keiner eine Ahnung von Linden, Ulmen und Maiglöckchen habe. Deshalb gelte es, ein Herbarium anzulegen, einen Klappordner mit gepressten Pflanzen. Das war keine leichte Aufgabe: Buschwindröschen, Scharfer Hahnenfuß, Wiesenschaumkraut, Anemonen – die suchten wir im Wald und pressten sie vorsichtig zwischen zwei Blättern, in dicken Bänden aus dem Wohnzimmerbücherschrank, im Arzt von Stalingrad, im Brockhaus oder in den Heiden von Kummerow. Irgendwann ging den Blumen der Saft aus, und ich klebte sie auf, sorgfältig beschriftet, einmal sogar eine dünne Scheibe Runkelrübe, was nicht appetitlich roch.

Selber zu lesen war viel interessanter, als Geschichten vorgelesen zu bekommen. Man suchte sich aus, was man gern hatte und was man überblättern wollte. Die gruseligen Bechstein-Märchen zum Beispiel hatte ich nie gern allein gelesen. Unheimliche Burgen und Ritter traten da auf den Plan, düster illustriert. Da waren die Grimm'schen Märchen schöner gewesen oder die von Andersen, obwohl es da bisweilen grausam zuging und man nicht sicher war, dass die Guten das bessere Ende für sich hatten. Immerhin war das hässliche Entlein eine erfreuliche Geschichte, bei der sich alle, die gemein gewesen waren gegen das arme Entchen, am Schluss umsahen. So ein Schwan war der König der Vögel. Mit Bescheidenheit zum Erfolg, so wie bei dem Sprichwort, dass jeder seines Glückes Schmied war. Als wir das im Deutschunterricht erörterten, gab es unterschiedliche Meinungen. Wer aus einer ganz armen Familie stamme, könne schwer Bundeskanzler werden oder Fabrikant. Außer in Amerika, wo das sogar Tellerwäschern gelinge. Ich war mir nicht sicher, ob das von mir abhing. Das entschied oft der Zufall. Woher wollte ich wissen, dass ich nicht auch einmal sitzen bleiben würde, so wie die, die im Gymnasium am Schuljahrsanfang neu hinzukamen? Ja, ich lernte regelmäßig, wollte das Abitur machen, aber ob ich mein Glück selber lenkte? In Deutschland müssten erst einmal alle die gleichen Bedingungen bekommen, andernfalls sei das ein Unterdrückerstaat, der die Reichen reicher machen würde, sagte einer im Unterricht. Bei »Hans im Glück« war es so, dass der alles verlor, was er besaß. Ihm blieb immer weniger, aber merkwürdigerweise freute er sich wie ein Schneekönig, schien mit allem zufrieden. Geld macht nicht glücklich, sagte Mutter, aber welches zu besitzen und sich schnittige Autos oder einen großen Farbfernseher zu kaufen schien keine schlechte Sache zu sein. So wie Vaters Chef zum Beispiel, der ein riesiges Haus hatte, schnelle Autos fuhr und von den Angestellten der »Alte« genannt wurde. Ob der glücklich war? Immerhin setzte sich in den Büchern oft der durch, der bescheiden lebte. Wie die kleine Hexe, deren Geschichte ich immer wieder las, obwohl ich dafür längst zu alt war. Die Hexe wollte unbedingt gute Taten vollbringen, was ihre Kolleginnen störte. Denn eine Hexe müsse böse sein, andernfalls wäre sie eine gute Fee. Zu gern hatte ich gelesen, wie die kleine Hexe mit ihrem Raben es den bösen Menschen heimzahlte. Zaubern und hexen können, das wär's! Mit einem Fingerschnipsen oder einem unverständlichen Spruch die Dinge schlagartig ändern, das hätte sich in der Schule gut anwenden lassen, nicht nur gegen die Muhme Rumpumpel. Oder unsichtbar werden und alle beobachten, ohne dass sie es mitbekämen. Das konnte man sicher auch als Erwachsener gut gebrauchen.

Die haben es auch nicht schöner als wir

Weil sich im Familienleben alle auskannten, gab es viele Fernsehserien, die vom Familienleben handelten. Da redeten die Zuschauer mit und freuten sich hinterher:

Die haben es auch nicht schöner als wir. »Die Unverbesserlichen« war so eine Sendung, auf die alle warteten. Oft kam sie nicht, aber das Warten lohnte sich. Was die alles erlebten und wie die sich trotzdem aufrappelten. Denn an Katastrophen mit den Kindern oder im Beruf mangelte es da nicht. Im Mittelpunkt stand Käthe, die Mutter, die den Laden zusammenhielt und sich ständig Sorgen machte. Um ihren Sohn, der Fußballprofi werden wollte und dann, wie Vater meinte, auf die schiefe Bahn geriet. Oder um die Tochter, die, das gab es, alleinerziehend war, keinen richtigen Mann hatte, sondern stattdessen auf die Hilfe ihrer Eltern angewiesen war. Bei den Scholzens, so hießen die Leute, war es Tag und Nacht laut in der Wohnung, denn zu den Erziehungssorgen kamen Berufssorgen, als der Vater entlassen wurde und dennoch so tat, als sei er unersetzlich und ein unglaublich geschätzter Mitarbeiter. Das war nicht nur im Fernsehen so. Fast alle Männer wollten im Beruf ihren Mann stehen. Ein Versager zu sein, das gab man nicht zu, und hinsichtlich der Haushaltsanschaffungen durfte man sich nicht lumpen lassen. Vor sich selbst nicht und auch nicht vor den anderen. Und obwohl es in Deutschland bergauf ging, wie bei den Unverbesserlichen, langte das Geld vorne und hinten nicht. Obwohl Käthe bis in die Puppen nähte und schneiderte. Zu allem Überfluss kam sie nicht drumherum, ihre Mutter zu sich zu nehmen, sodass sich alle einschränken mussten. Ständig kränkelte diese Großmutter und litt an allem. Ins Heim gehe ich nicht! Wenn das zur Sprache kam, erlitt sie einen Schwächeanfall.

Die Scholzens auf großer Fahrt.

Das war bei uns anders, mit Oma und Opa. Mutters Eltern waren früh gestorben. Ihre Mutter, die Omi, sogar in Heilbronn in der Jägerhausstraße, im Krankenhaus. Mutter sagte später, dass in der Nacht, als Omi starb, der Wecker im Schlafzimmer zur Todesstunde stehen geblieben sei. Sie habe gleich gewusst, was passiert sei. Vaters Vater lebte schon lange nicht mehr, und die Schwandorfer Oma war versorgt. Zu uns nach Heilbronn würde sie nicht ziehen, wie in den »Unverbesserlichen«. Irgendwie klang das grausam, wenn man seine Eltern ins Altenheim verfrachtete. Andererseits zeigten die »Unverbesserlichen«, dass man schier verrückt wurde, wenn man eine anstrengende Oma rund um die Uhr zu betreuen hatte. Eine verwickelte Angelegenheit. Mit seinen Eltern oder Großeltern zu brechen, weil man anders als diese leben wollte oder die Schnauze voll hatte, das sagte sich schnell dahin. Aber wer kam wirklich weg von dem, was einem die Eltern mitgegeben hatten? Ich verstand diejenigen nicht, die herausposaunten, sie wollten mit Vater und Mutter und dem ganzen bürgerlichen Scheiß nichts mehr zu tun haben. Ob die in zwanzig, dreißig Jahren wirklich anders lebten? Fröhlicher wären? Bei den »Unverbesserlichen« ließ sich nicht entscheiden, wie es um deren Glück bestellt war. Da gab es Weinkrämpfe und Wutausbrüche und verzweifelte Gesichter abends in der engen Wohnstube, und mir kamen die Tränen, sobald es Probleme gab für Käthe und Kurt. Schön zu sehen, wie die sich zusammenrauften, ihren Stolz behaupteten, wenn der vielleicht auch nur Borniertheit war.

Ein Mord, ein richtiger Mord!

Die Schule wurde durch die Pausen und die Hohlstunden erträglich. Selbst eine kleine Fünfminutenunterbrechung ließ sich prächtig zu einem Fußballspiel hinten im Klassenzimmer nutzen, mit einem Zehnpfennigstück als Ball. Da ging es massiv zur Sache, bei dem wenigen Platz. Man schwitzte und erholte sich, wenn der Lehrer den Kick mit seinem Kommen beendete, in den ersten Unterrichtsminuten mühsam von den Anstrengungen. In den großen Pausen ging es in den Schulhof und, für die Älteren, auf den Kaiser-Wilhelm-Platz. Oder zum Bäcker, zu Laugenwecken mit Fleischsalat. Oder, noch besser, zu Schreibwaren Meier, wo es nicht nur Hefte und Stifte gab, sondern tausend Süßigkeiten. In der großen Pause drängte sich da alles auf engstem Raum, und wer sich nicht sputete, bekam vor dem Klingeln nichts ab. Frau Meier, eine kräftige, schwarzhaarige Frau, hatte alles im Griff und ließ sich nichts gefallen, auch nicht von ihrem grimmigen Mann, der ein Lädchen in der Moltkestraße besaß und ab und zu seiner Frau aushalf. In den Pausen zum Beispiel, wenn es heiße Würstchen mit Senf gab oder einen klebrigen Sportweck, einen Negerkuss schön zwischen zwei Brötchenhälften zusammengedatscht. Mutter gruselte es bei dem Gedanken, einen Sportweck essen zu müssen.

Ohne Frau Meier und ihren Laden hätte man sich das Schulleben nicht vorstellen können. Wenn sie mit ihrem Mann stritt und beide sich vor aller Kundschaft beschimpften, war das aufregend, und ich gab es zu Hause, in abgeschwächter Version, zum Besten. Alle Beleidigungen, die sich die Meiers an den Kopf warfen, wollte ich vor Mutter nicht wiederholen. Schließlich galt es, kein Schreibwaren-Meier-Verbot zu riskieren. Nach ein paar Jahren endete alles wie im Krimi. Herr Meier wurde von einem Türken in seinem Geschäft erschossen, einfach so. Er habe, so stand es in der Zeitung, an Ausländer Geld zu hohen Zinsen verliehen, Wuchergeschäfte betrieben, und eines seiner Opfer sei mit einer Pistole zu Meier gegangen und habe ihn in seiner Bürokammer hinter dem Ladentresen niedergeschossen. Das musste man sich mal vorstellen! Ein Mord, ein richtiger Mord mit allem Drum und Dran! Sicher hatte Meier den Türken bis aufs Blut gereizt und ihm – wie hieß das? – ein Ultimatum gestellt. Morgen das Geld oder der Fall geht vor Gericht! Und zuletzt hatte der Türke keinen Ausweg gewusst und seinen Widersacher, den Wucherer Meier, abgeknallt. In der Moltkestraße, am helllichten Tag, unglaublich.

Unsere Erziehungs- und Unterrichtsmethoden sind nicht von gestern

Langsam erlahmte Vaters Widerstand, und das Verbot der langen Haare war nicht aufrechtzuerhalten. Die Ohren mussten auf jeden Fall bedeckt sein, sonst war man ein Spießer. Also: lange oder wenigstens längere Haare, Schlaghosen, taillierte Hemden, was, wenn man, wie ich, füllig war – dick, das wollte ich nicht hören –, nicht gut aussah. Aber darum ging es nicht. Lange Haare waren ein Erkennungszeichen, selbst einige Lehrer setzten es ein: Unsere Erziehungs- und Unterrichtsmethoden sind nicht von gestern, sollte das heißen. Meine Frisur saß dennoch nicht so, wie ich mir das gewünscht hatte. Andere Jungen sahen verwegener aus. Wenn ich das schon so empfand, wie sahen das erst die Mädchen, die ich ja mit den langen Haaren beeindrucken wollte? Eine schwierige Angelegenheit, als guter Schüler galt man ohnehin leicht als Streber, der für schulferne Dinge keinen Sinn hatte. Dass ich mich für Fußball interessierte, war günstig, so gab es eine Brücke zu denen in der Klasse, die in Sachen Mädchen weiter waren. Bei denen selbst nützte das nichts. Da fuhr man besser anderes Geschütz auf – vorausgesetzt, man lernte überhaupt welche kennen, was sich an einem Knabengymnasium nicht leicht bewerkstelligen ließ. Immerhin hatte die Schulleitung endlich beschlossen, am RMG Mädchen zuzulassen. Eines verirrte sich kurz in unsere Klasse. Da hatten es die in der Parallelklasse besser, die bekamen gleich mehrere Mädchen ab. Vielleicht ergäbe sich zu denen ein Kontakt, da musste ich mir etwas einfallen lassen, Haare, die den Hemdkragen berührten, würden es allein nicht herausreißen.

The games must go on

Olympische Spiele im eigenen Land, das erlebte man vielleicht nur einmal im Leben. Vater erinnerte sich daran, wie er als Kind die Spiele in Berlin am Radio mitverfolgt hatte, doch das waren Höhepunkte, die nur halb zählten, weil sie durch Hitler und die Nazis verdorben worden waren. Propagandaspiele seien das gewesen, um dem Ausland zu zeigen, wie toll Deutschland sich darstellen könne. Jetzt in München war das anders. Wir lebten in einer Demokratie, hatten sogar einen Widerstandskämpfer als Kanzler, selbst wenn Vater das nicht so sah. Aber für den Ruf bei den anderen Völkern war das besser, als wenn Kiesinger oder Filbinger den Staat angeführt hätten. In München bauten sie eigens ein großes neues Stadion, mit Zeltdach. Das sei kein reines Fußballstadion, sagte Vater, was ja auch eine Verschwendung wäre, denn so gäbe es Platz für die anderen Sportarten, die Sprinter und die Hammerwerfer. Alle freuten sich auf die Spiele in München, und ich durfte im Fernsehen ansehen, was ich wollte. Wie gut die Deutschen waren, vor allem in der

■ *Unsere Gold-Heide.*

Leichtathletik und beim Reiten. Eine Medaille jagte die andere, obwohl das »andere Deutschland«, die DDR oder Ostzone, wie viele sagten, alle Anstrengungen unternahm, vor der Welt zu glänzen und zu demonstrieren, was der Sozialismus zu Wege bringe. Die nahmen doch verbotene Mittel, deshalb waren sie beim Schwimmen oder beim Frauensprint kaum zu schlagen. Eine bodenlose Ungerechtigkeit! Vor ein paar Jahren, erregte sich Vater, hätten die Russen sogar Mannweiber ins Rennen geschickt. Irina und Tamara Press zum Beispiel, die erst aus dem Verkehr gezogen wurden, als man Geschlechtstests anordnete. Davor brauchten sich unsere Mädchen nicht zu fürchten. Wie das Hochsprungmädchen Meyfarth. Wie Liesel Westermann, die füllige Diskuswerferin, die Lehrerin war und eindeutig eine Frau. Ihre Kraft kam sicher vom kalorienreichen Essen und vom harten Training. Oder die blonde, schleppend laufende Hildegard Falk aus Wolfsburg, die ein Gesicht machte, als würde sie an der nächsten Kurve aufgeben, doch dann setzte sie im 800-Meter-Lauf zum Spurt an, dass denen, die lange geführt hatten, die Puste ausging und sie mir nichts, dir nichts überlaufen wurden. Von dieser Hildegard Falk, die sich bis zum Gold durchkämpfte. Und die deutschen Sprinterinnen, die es gegen diese gedopten Zonenfrauen schwer hatten, doch auf Heide Rosendahl und Ingrid Mickler-Becker war Verlass. Die meisten schworen auf die Rosendahl, während ich Sympathie für die Schwächeren hatte. Wie für die hochgewachsene Mickler-Becker, die eine prima Fünfkämpferin war. Im Weitsprung aber hatte sie gegen Heide Rosendahl keine Chance. Bis die endlich lossprang, bis sie den Wind mit ein paar Grashalmen geprüft und mit ihren Ringelsocken Trippelschritte gemacht hatte. Das dauerte ... dann ging es los, bloß den Balken treffen, Heide! Und weit in die Grube hinein ... Wer als Favoritin an den Start ging, hatte es schwer, weil die Deutschen sauer wurden, wenn ihnen sicher geglaubtes Gold durch die Lappen ging. Aber unsere Heide behielt die Nerven, schaffte, was ich von ihr erwartete. Als wäre es damit nicht genug, hatten wir plötzlich sogar einen Geher, Bernd Kannenberg, der schneller als die anderen ging. Obwohl Gehen im Grunde eine idiotische Sportart war, ein verkrampftes Gewackel mit den Hüften, nie durften beide Füße gleichzeitig in der Luft sein, sonst wurde man ruck, zuck disqualifiziert. Übertroffen wurde alles, selbst Heide Rosendahl, freilich vom Speerwerfen der Männer, kaum auszuhalten, dieser Wettbewerb. Es ging um zwei Zentimeter, eine Fingerkuppe, die über Gold und Silber entschied. Insgeheim fragte man sich, ob das alles mit rechten Dingen zugegangen war, als unser Klaus Wolffermann, ein kleiner, kräftiger Bartträger, mit 90 Meter 48 seinen Gegner Janis Lusis, einen Russen, der aber sympathisch wirkte, um jene entscheidenden zwei Zentimeter in die Knie zwang. Der Unterlegene tat so, als machte ihm das nicht viel aus, und umarmte Wolffermann.

Olympische Spiele waren fast so gut wie eine Fußballweltmeisterschaft. Bis über Nacht alles anders wurde, ein Attentat auf die israelische Mannschaft sei verübt worden, Schüsse im olympischen Dorf und eine Geiselnahme. Keiner wusste, wie es weitergehen sollte, keiner sprach mehr vom Springreiten oder von Mark Spitz, dem schnauzbärtigen amerikanischen Schwimmer. Eine Katastrophe war das und eine Frechheit dazu, die Olympischen Spiele kaputt zu machen und einem die Freude daran zu nehmen. Wie sollte das weitergehen, wenn wildfremde Völker ihre Auseinandersetzungen in Deutschland austrugen, womöglich Bomben warfen und aus München ein Schlachtfeld machten? Die sollten das bei sich zu Hause klären. Tagelang wurde debattiert, ob man die Wettbewerbe beenden solle. Bis ein tattriger Mann vom Olympischen Komitee erklärte, dass man trotz dieser Terroranschläge weitermache, gerade deswegen. Man dürfe sich nicht kleinkriegen lassen. The games must go on, sagte der Alte mit wackliger Stimme, und alle klatschten, aber so richtig freuen durfte man sich danach nicht mehr. Immer kamen welche, die einem die schönsten Sachen im Leben vermiesten, sie für ihre politischen Kämpfe benutzten.

I wear it for the poor and beaten down

Bei Vaters Schwester in Schwandorf war es schön. Als Nachzüglerkind fühlte sie sich ihren Neffen und Nichten nahe, bei ihr ging es nie steif zu. Ihr Freund, mit Sportwagen und langer Mähne, war nicht so einer von der Behörde. Was er genau machte, wusste ich nicht; ganz geheuer war er der Restfamilie nicht, vielleicht war er ein Tunichtgut, einer, der nicht immer bei Vaters Schwester bleiben würde. Wenn wir zu Besuch kamen, ging er mit Vater und dessen Bruder Alfred zum Frühschoppen, während ich bei Vroni, Vaters Schwester, blieb und den Plattenschrank mit ihr durchging. Sie legte Lieder auf, die ihr gefielen. Einen Countrysänger aus den USA, Johnny Cash, der die »Bonanza«-Melodie sang. Bonanza, schlug ich im Wörterbuch nach, bedeutete gedeihendes Anwesen.

Diese Melodie vergaß man nie, selbst wenn man die Serie mit Familie Cartwright nur einmal gesehen hatte. So ein Rhythmus wie Pferdegetrampel, wenn eine Folge begann, während gleichzeitig eine Landkarte rund um Virginia City brannte. Dieser Johnny Cash hatte viele Platten aufgenommen. Ring of fire. I walk the line. Und etwas von einem Jungen, der wie ein Mädchen hieß.

Countrymusik gefiel mir. Zu Hause in Heilbronn, in der Schule sammelte man damit keine Pluspunkte. Cash oder Kris Kristofferson galten den meisten als reaktionäre Typen, richtige Protestsänger, die gegen den Krieg in Vietnam aufgestanden waren, machten keine Countrysachen. Obwohl der Johnny Cash, der auf Tante Vronis Langspielplatte in bunten Ölfarben abgebildet war, Kritisches sang, mein Lieblingslied beispielsweise von einem Mann, der aus Protest schwarze Kleidung trug. Gut, vielleicht war der Protest – »for the poor and beaten down« – ein wenig allgemein gehalten, aber hatten nicht auch die französischen Existenzialisten, Jean-Paul Sartre und Juliette Gréco, am liebsten Schwarz getragen? Ich ließ mich von dieser Westernmusik nicht abbringen, zumal ich bald Countrysängerinnen entdeckte, die nachdenkliche Sachen sangen, wie Emmylou Harris mit ihren langen braunen Haaren. Boulder to Birmingham, das war von ihr; ich verstand kaum, wovon Emmylou sang, aber es klang bewegend, vor allem die Zeile »I don't want to hear a love song«. Wie traurig sich das anhörte.

Tante Vroni legte auch deutsche Sänger auf, keinen Bernd Clüver, sondern engagierte Liedermacher, wie sie sagte. »Spiel nicht mit den Schmuddelkindern, sing nicht ihre Lieder« ... da machte sich einer lustig über Eltern aus der »Oberschicht«, die ihre Kinder keinen schlechten Einflüssen aussetzten. Was man sich unter Schmuddelkindern vorzustellen hatte, ahnte ich ungefähr. Die wuschen sich nicht, höchstens am Samstag, hatten womöglich keine eigene Badewanne und wechselten ihre Unterhosen einmal die Woche.

Solche Platten wie Tante Vroni hatten wir nicht in der Musiktruhe. Allenfalls von Camillo Felgen, einem Luxemburger, der das Muttertagslied »Ich hab Ehrfurcht vor schneeweißen Haaren« sang und Fernsehshows moderierte wie »Spiel ohne Grenzen«, das ich bei Tante Vroni ansah. Städte kämpften gegeneinander, machten Rutsch- und Wasserspiele. Damit keiner leicht zum Sieg kam, verwendeten die Organisatoren eimerweise Schmierseife. Jede Minute glitt einer von Stangen und Gerüsten ab, schlug ein anderer zu Boden, besser als beim Eiskunstlaufen, zu komisch, Tante Vroni und ich lachten uns schief, warfen uns auf den Teppich, konnten gar nicht mehr aufhören. Eichstätt, das lag auch in Bayern, siegte mehrfach, denen machte die Schmierseife nicht das Geringste aus. Wahrscheinlich hatten die geübt, im Garten oder auf dem Marktplatz.

Einmal, abends, sah ich von Tante Vronis Zimmer in der Kettelerstraße zum Nachbarhaus. Ich ließ das Licht ausgeschaltet und starrte auf die erleuchteten Fenster gegenüber. Wo sich im Badezimmer eine Frau auszog und man, trotz der milchigen Scheibe, sehr genau ihre Brüste erkannte. Ich blickte wie gebannt hinüber, hoffte, sie würde sich nie vom Waschbecken entfernen.

Dann wollen wir mal!

Wie froh ich war, wenn der Heiligabendgottesdienst vorüber war und wir, meistens parkte Vater hinterm Sporthaus Saemann, langsam nach Hause fuhren. Jetzt bloß keinen Unfall, der die Bescherung aufhielt, und bloß keine schlechte Stimmung. Das dauerte dann wieder, bis sich alle beruhigten. Schlechte Stimmung kam auf, ohne dass man wusste, warum, von jetzt auf nachher. Kein patziges Widerwort, sich auf das Kommende freuen, wenn das Glöckchen im Wohnzimmer sachte klingelte und wir eintraten, in den abgedunkelten Raum, wo die Kerzen am Weihnachtsbaum strahlten. Sieht er nicht wieder schön aus, der Baum! Eine Nordmanntanne, keine schlappe Fichte, eine richtige Tanne aus Wielandsweiler, frisch geschlagen. In den frühen Jahren mit Lametta behängt, später nur mit silbernen Kugeln und roten Kerzen, richtige Kerzen natürlich, nicht diese elektrischen Dinger, die in Mode kamen. Auf dem Couchtisch breitete sich ein weißes Filztuch aus, das die Geschenke abdeckte. Noch ein wenig Geduld, denn erst wurde gesungen, zu den Weihnachtsliedern einer alten Schallplatte. Die ist viel schöner als die neuen Aufnahmen wie »Roy Black singt Stille Nacht«. Wir saßen geduldig auf dem Sofa, brummten mit, so gut es ging. Vater wagte sich stimmlich am weitesten vor, sang ein sattes »O du fröhliche«. Noch ein Lied, O Tannenbaum, Ihr Kinderlein kommet, Leise rieselt der Schnee (was er in Heilbronn selten genug tat), Es ist ein Ros entsprungen (passte das zum Winter?), endlich ging uns das Repertoire aus.

Man beachte die Gardine!

Dann wollen wir mal!, rief Mutter und packte zwei Enden des Tischtuchs, Vater die anderen beiden, und so lüfteten sie das Geheimnis. Dort hinten sind deine Geschenke, welche Spannung, ob das Gewünschte dabei war, ob die Trefferquote höher lag als im letzten Jahr. Tipp-Kick, Das Börsenspiel, Scotland Yard, ein WM-Buch und natürlich Pullover und Hemden, die ich nicht eigens auf den Wunschzettel geschrieben hatte. Das Weihnachtsergebnis ließ sich sehen. Zwischendurch ein paar Marzipankartoffeln schnabulieren, vom prall gefüllten Teller, oder ein paar Nussmakronen. Mutters Backkünste waren unübertroffen, nur bei den Zimtsternen resignierte sie. Entweder sie liefen aus der Form und verloren ihre Sternenzacken oder sie gerieten hart wie Stein, eine Kampfansage an die Zähne.

Zufrieden schaute ich mich um, da war noch das Päckchen aus Amerika, von Auntie Sonja aus Colorado. Man wusste nie, was sie sich beim Einkaufen gedacht hatte. Mal betende Hände aus Ton, nach Dürer, mal Tischläufer in grellen Farbkombinationen – die Amis haben keinen Geschmack, rief Vater, sie hat es ja gut gemeint, entgegnete Mutter –, ein Scrabble-Spiel und, das war am besten, der Spirograph, ein Spiel mit runden Scheiben und Löchern. Man steckte einen farbigen Kugelschreiber hinein und ließ die Scheiben kreisen, bis auf dem Papier elegante magische Formen entstanden. Damit spiele ich bis zum Heiligabendessen. Bei anderen gibt's an diesem Tag Karpfen, sagte Mutter, einen muffigen Fisch, oder Saiten mit Kartoffelsalat. Bei uns gab es jedes Jahr das Gleiche: eine Rinderkraftbrühe, mindestens eine dreifache sei das, betonte Mutter, und Pastetchen mit Ragout fin. Nicht so eins aus der Dose, in pampiger Mehlschwitze. Nein, eines, das Mutter stundenlang vorbereitete, aus Kalbfleisch, einem Hühnchen, Bries und Champignons. Fachmännisch träufelte ich Zitronensaft über meine Pastete und Spritzer einer englischen Soße, die nach einer Grafschaft hieß und die man »wuster« aussprach. Die klebrige Soßenflasche dümpelte das ganze Jahr vor sich hin, bis am Heiligabend ihre Stunde schlug. Wie lange hält sich die eigentlich? Na, ein Jahr wird noch gehen.

Was du uns bescheret hast, Amen!

»Lieber Gott, mach mich fromm, dass ich in den Himmel komm.« Das betete ich jeden Abend, auch als keiner mehr in meinem Alter das tat, so wie wir uns jeden Mittag für das dankbar zeigten, was uns Gott zum Essen bescheret hatte. Wenn Besuch kam, gab es kein Mittagsgebet, irgendwie war es nicht allen Menschen selbstverständlich, sich beim lieben Gott oder seinem Sohn für die Rouladen und den Rosenkohl zu bedanken. In anderen Familien ging man jeden Sonntag in den Gottesdienst, vor den Rouladen. Bei uns lief das Religiöse nebenher, obwohl Vater aus einer streng katholischen Gegend kam und er früher zu nachtschlafender Zeit in die Mette gegangen war. Was offenbar dazu geführt hatte, dass er darauf keinen gesteigerten Wert mehr legte. Außer an Weihnachten, an Heiligabend, da war es selbstverständlich, den Gottesdienst zu besuchen, in der nüchternen

Backstein-Wichernkirche oder in der alten Kilianskirche, wo es feierlich zuging. Aufs Abendgebet verzichtete ich auch nicht, als es Mutter nicht mehr mit mir gemeinsam betete. Ich hatte keine Ahnung, wie man sich einen Himmel vorzustellen hatte, wo die Toten aus allen Ländern zusammenkämen, irgendwann. Man wurde begraben, der Körper zerfiel, die Seele nicht, und bei der Auferstehung erhielt man, wenn man fromm gewesen war, die Erlaubnis, in den Himmel zu fahren. Wer das versäumt hatte, schmorte ewig in der Hölle, kein angenehmer Gedanke.

In der Schule stand es merkwürdig um die Religion. Manche Lehrer gaben zu verstehen, dass sie das für falschen Trost hielten. Ein Rauschgift, das dem Volk verabreicht werde. Es gehe darum, das irdische Paradies zu verwirklichen und nicht die Leute, die Arbeiter, im Glauben zu lassen, dass die Reichen nicht in den Himmel kämen, während die zu Lebzeiten Ausgebeuteten auf Gerechtigkeit im Jenseits hoffen sollten. Ich war mir da nicht sicher, vertrug es nicht, wenn über religiöse Dinge gespottet wurde. Obwohl ich den frömmelnden Pfarrern und Religionslehrern misstraute, verzichtete ich auf mein Abendgebet dennoch nicht. Ich schloss meine Familie darin ein und bat um Vergünstigungen, die in einem Gebet streng genommen nichts zu suchen hatten. Dass ich bald ein Mädchen kennenlernen würde, das mit mir gehen wollte, zum Beispiel. Das war ungehörig, so wie man nicht darum bat, dass 1860 München endlich wieder in die Bundesliga aufstieg. Aber das mit den Mädchen versuchte ich gut zu formulieren und geschickt ins Abendgebet einzubauen. Schaden konnte das nicht.

Mr Paul McCartney, weißt du, wie ich leide?

Je ferner die Mädchen im richtigen Leben waren, desto näher die Fernsehmädchen, die Schauspielerinnen oder Sängerinnen, die nicht in Betracht kamen, aber zu Überlegungen, zu Tagträumen Anlass gaben. Wie es wäre, ein solches Mädchen im Freibad auf der Liegewiese aus den Augenwinkeln zu beobachten, mit ihm befreundet zu sein, Händchen zu halten. Vielleicht sogar zu küssen, wiewohl man da viel falsch machen konnte. Mutter und Vater erzählte ich davon nichts. Unterstützung war von dieser Seite nicht zu erwarten, die waren zu alt und küssten sich nicht mehr richtig, glaubte ich. Wenn Vater zur Arbeit ging und abends nach Hause kam, gab er Mutter einen Kuss. Aber keinen, wie ich sie im Fernsehen sah, so mit Ausdauer und Zunge. Die verrenkte sich in den Mund des Mädchens, stieß zu, was auf den ersten Blick komisch aussah und wahrscheinlich auch so schmeckte, mit der ganzen Spucke. Aber blöd konnte das nicht sein, denn sonst würden es nicht alle immer wieder tun wollen.

Auch in Schlagern wurde unablässig vom Küssen gesungen, im Mondschein oder am Strand. Wenn ich mal ein Mädchen küssen sollte, täte ich ganz selbstsicher, so als würde ich das jede Woche machen. Es gab Frauen, die das für Geld taten, sagte Vater, Nutten hießen die, und die gab es sogar in Heilbronn, in der Sontheimer Straße oder in der Badstraße. Sich von denen Küsse geben zu lassen galt als unanständig, das tat man heimlich, ja, vielleicht war es polizeilich verboten. Wenn ich in die

Badstraße kam, zu den Heimspielen des VfR Heilbronn, sah ich davon nichts; vermutlich waren bezahlte Küsse erst nachts möglich. So hielt ich mich an Susanne Uhlen, meine Lieblingsschauspielerin. Die trat in Serien auf, war blond und zierlich, ließ das Haar wippen und lächelte anziehend. Dass es einen Mann gab, der Susanne Uhlen umarmte und küsste, war schwer vorzustellen. So viel Glück auf einmal gab es nicht. Da platzte man vor Stolz. Mir würde das nie widerfahren, obwohl es oft merkwürdig anzusehen war, wen schöne Frauen als Freunde hatten: windschiefe Typen, deren Vorzüge nicht zu erkennen waren. Es gab Jungen, die Sängerinnen Briefe schrieben und so hofften, ihre Bekanntschaft zu machen. So wie sich diese Marianne Rosenberg an den Beatle gewandt hatte, erfolglos natürlich. Mr Paul McCartney, weißt du, wie ich leide? Marianne war klein und pummelig.

Was würde ich Susanne Uhlen schreiben? Dass ich in Heilbronn wohnte, am Karlstor, mich für Fußball begeisterte, gerne las, eine schwarze Hornbrille trug und zwei Geschwister hatte? Vermutlich war sie ohnehin zu alt für mich, fast alle Frauen, auch die alten, hatten ältere Männer, und vor Verehrern konnte sich Susanne Uhlen sicher nicht retten, schön, wie sie aussah. Vielleicht war es besser, sie aus der Ferne zu lieben. Das war dem Alltag entrückt, rein und klar. Jemanden zu lieben, das durfte von nichts getrübt werden. Nicht so, wie die Erwachsenen um mich herum lebten, die Paare, die sich stritten, wenn auch selten so heftig wie die Meiers vom Schreibwarenladen. Aber mit heißen Küssen und ewigen Schwüren hatte das nichts zu tun. Sollte ich mal mit einer Frau zusammen sein – vielleicht nicht unbedingt Susanne Uhlen –, dann wäre alles voller Feuer und ohne Streit, die ganze Zeit. Andernfalls blieb man besser allein, da hatte man es nur mit sich zu tun. Immerhin war es denkbar, dass selbst eine so wunderbare Person wie Susanne Uhlen nur im Fernsehen wunderbar wirkte. Konnte die zickig sein? Immerhin las man, dass sich Schauspieler oft scheiden ließen, gefährdet waren, wie Elizabeth Taylor und Richard Burton. Es wäre furchtbar, wenn sich Susanne Uhlen im richtigen Leben, beim Eisessen oder beim Spaziergang in der Kirschenallee, als Enttäuschung erwiese.

So wie Peggy March, die zu Elektro Weber kam, um eine Autogrammstunde zu geben. Ich kannte sie aus der Hitparade, die war Amerikanerin, dunkelhaarig und später ganz blond. »Memories of Heidelberg« hatte sie gesungen, in so einem Mischmasch aus Englisch und Deutsch, und »Mit 17 hat man noch Träume«. Das gefiel mir, obwohl ich noch längst keine siebzehn war. Träume hatte ich mit 14, 15 genug und fuhr mit dem Fahrrad in die Stadt, drängte mich in das Elektrogeschäft, wo alle Peggy-March-Fans warteten. Wann kam sie endlich? Singen würde sie im Laden, zwischen den Fernsehapparaten und Plattenregalen, sicher nicht. Vorne neben der Kasse stand ein Stuhl für sie bereit; die Leute schoben sich dicht heran, ich stemmte mich gegen die Körper, um nicht nach hinten abgedrängt zu werden. Dann kam sie, mit blonden Locken und einem Lächeln, das nicht so ungezwungen wirkte wie in Hecks »Hitparade«. Als würde sie ein Besuch bei Elektro Weber anstrengen. Neben ihr tat sich ein unsympathischer Mann wichtig, der als ihr

■ *Peggy!*

Manager vorgestellt wurde. Er trug einen Oberlippenbart, der über die Mundwinkel hing, und eine Sonnenbrille. Hoffentlich war der mit Peggy March nicht privat zusammen. Die Künstlerin müsse leider bald weiter, wurde verkündet, und der Manager machte ein Gesicht, als sei es für Heilbronn und diesen Elektroladen ein ungeheueres Glück, die weltbekannte Peggy March zu empfangen. Ein Autogramm holte ich mir trotzdem, wenn ich schon da war, Peggy sah mich eine Sekunde lang an, nicht länger, dann quetschte mich eine dicke Frau, sicher aus Grantschen, beiseite und bat mit hoher Stimme um eine persönliche Widmung, da sie seit vielen Jahren eine glühende Verehrerin von Peggy March sei. Wie die darauf reagierte, bekam ich nicht mehr mit. Ich umklammerte meine Autogrammkarte und trat hinaus auf die Fleiner Straße. Eigentlich hatte ich mir die neue Single von Peggy March kaufen wollen. Die Lust darauf war mir vergangen. Mit Susanne Uhlen, da war ich sicher, wäre das nie passiert. Klüger war es aber, für sie vor dem Fernseher zu schwärmen, das vermieste mir niemand, nicht einmal sie selbst.

Schaffe, schaffe, Häusle baue

Mit Leuten, die ein eigenes Haus hatten, konnten wir es nicht aufnehmen. Das betonte Mutter immer mal wieder. Leisten hätte man sich das vielleicht schon können, aber bei drei Kindern, denen man später vielleicht ein Studium zu finanzieren hätte, unmöglich ... und sich verschulden, wie es neuerdings viele Leute taten, das kam nicht infrage. In Urlaub fahren wäre dann auch gestrichen worden. Immer nur Geld auf die hohe Kante legen, um stolz auf ein Eigenheim zu verweisen, in Obergruppenbach oder Bretzfeld, das stand nicht dafür. Obwohl es bei Schwaben zum guten Ton gehörte, ein Haus zu bauen, aber die vom

Land hatten ja meist Äcker, die sie vererbt bekamen, und dann musste man kein Grundstück bezahlen. Schaffe, schaffe, Häusle baue, no net nach de' Mädle schaue ... es gab sogar einen Schlager, der davon handelte, doch mir war das mit dem Hausbau – ein Fertighaus durfte es nicht sein, denn das klang ärmlich, und wer weiß, wie lang dessen Wände hielten – ziemlich gleichgültig. So wohnten wir in der Stadt, und ich war in wenigen Minuten überall. Die, die ein Haus bauten, wohnten in Unterheinriet, Brackenheim, Flein oder Gellmersbach, wo noch weniger los war als in der Hundsbergstraße, und nahmen jeden Tag Bus oder Zug zur Schule. Da nützte einem das Eigenheim nichts.

Dass manche reicher waren als andere, das war nicht zu leugnen. Am reichsten waren Geberts, die in Abstatt wohnten. Der Vater hatte eine Möbelfirma, mit individuellen Maßanfertigungen für Schlaf- und Wohnzimmer. Nichts von der Stange wie bei Möbel Kost. Nein, Gebert fertigte nach persönlichen Wünschen. Das müsse man, sagte Vater, erst einmal bezahlen können. Manche schienen das nötige Kleingeld zu haben, wie Geberts. Mit Uli Gebert freundete ich mich an. Wenn der Geburtstag feierte, lud er nach Abstatt ein, in ein großes Haus am Ortseingang. Trotz ihres Reichtums waren Geberts nett. Die hatten ein eigenes Schwimmbad im Haus, unglaublich, einen Swimming-Pool. Was der wohl gekostet hatte. Zu den Geburtstagsfeiern brachte man Badesachen mit und durfte den Pool, ein überschaubares Becken, benutzen. Beneidenswert, einfach in den Keller zu gehen, um eine Runde zu schwimmen, im Sommer, wenn es drückend heiß war. Nicht wie wir, die sich ins rappelvolle Freibad aufmachten oder in das altmodische Hallenbad, wo es nach nassem Badezeug muffelte. Bei Geberts schwamm man unter sich. Die konnten es sich leisten. So weit musste man es bringen.

Alles auf Spesen!

Manchmal kam Vater mittags nicht nach Hause. Wenn er geschäftlich unterwegs war, nach Wielandsweiler, wo die Baufirma ein Sägewerk besaß, das Vater kontrollierte. Dann besprach er sich mit allen möglichen Leuten, auch mit Forstleuten, denen er für die Zimmerei Holz abkaufte. Und weil Vater an solchen Tagen auf Geschäftsreise war, stand es ihm zu, auf Firmenkosten, auf Spesen!, zu essen. Das war ein Vorrecht, das wenige im Betrieb genossen, Vater zeigte uns die Rechnung vom Wagner, die Buchhaltung benötigte die, sonst könnte ja jeder kommen, nach Belieben Schnitzel essen und Spesen abrechnen. Mittags machte er in Neulautern Halt, beim Wagner, und aß ein Wiener Schnitzel, das nicht vom Schwein stammen und nicht dick geschnitten sein durfte. Ein Schnitzel wie beim Wagner war ein Leckerbissen; kross paniert, lappte es über den Teller, und es war so papierdünn, wie es Mutters Metzger kaum hinbekam. Und das umsonst. Eier brachte Vater aus Wielandsweiler auch mit, von Hühnern, die nichts als gute Luft und Wiese hatten. Die Eier schmeckten gleich ganz anders als die vom Konsum, obwohl sie nicht auf Geschäftskosten gingen. Von Förstern und Jägern, mit denen Vater zu tun hatte, gab es ab und zu Feldhasen oder Rehschlegel. Einmal sogar einen Fasan, der Mutters Kochkünste vor eine Herausforderung stellte. Sie schlug im Kochbuch nach, denn Fasan hatte sie noch nie zubereitet. In Speck wickelte sie ihn ein, da das Fleisch sonst austrocknen würde, und mit Weinkraut garnierte sie es. Mutter packte jede Aufgabe an, selbst wenn dem Hasen das Fell über die Ohren gezogen werden musste. Zusehen wollte ich dabei nicht, aber gegen einen Hasenbraten mit Spätzle, Soß und Preiselbeeren war nichts einzuwenden. Nur meine Schwester zog ein Gesicht, wie sie bei Fleischgerichten meistens das Gesicht verzog, und dachte an den armen Hasen. Um des lieben Friedens willen bekam sie eine Extrawurst, was ich unmöglich fand.

Juden sind das, hieß es beim Mittagessen

Juden kannten wir nicht. In der Schiller- und Hundsbergstraße wohnten keine, oder wir wussten nicht, ob es Juden waren, die da wohnten. Von der Vernichtung der Juden hörten wir in der Schule, Dachau hatten wir besichtigt. Das mit dem Judenhass vom Hitler und seinem Scharfmacher Goebbels, das sei ein Fehler gewesen, sagte Vater, daran hätten die Deutschen noch jahrzehntelang zu kauen, das würden einem die anderen immer aufs Brot schmieren. Wolf Blumenstein war ein Jude, daran gab es keinen Zweifel, er ging mit mir aufs Gymnasium, zwei, drei Klassen lang. Juden sind das, hieß es beim Mittagessen, als ich erzählte, dass ich nachmittags zu Blumensteins zum Tischtennisspielen gehen würde. Der Vater besitze eine Nachtbar. Natürlich könne ich dorthin gehen, zu den Blumensteins. Am Abend wurde ich eingehender als sonst befragt. Was wir gemacht hätten. Wie es bei den Blumensteins aussehe. Ob die Eltern da gewesen seien. Mich kümmerte es nicht, ob Wolf Jude war oder nicht. Meine Eltern schon.

Wer den Pfennig nicht ehrt, ist den Taler nicht wert

In manchen Geschichten erkannte man wieder, was man selbst erlebt hatte. In anderen wiederum überwog das Fremde, spielte das Geschehen in der Wildnis, im Kongo, wohin der englische Forscher Stanley aufbrach, oder am Nordpol, um den sich die beiden Männer Scott und Amundsen stritten. Diese Abenteuer hatten sich in Wirklichkeit ereignet, und doch hing alles davon ab, wer die Geschichte im Nachhinein erzählte. Selbst wenn beide dabei gewesen waren, erinnerten sie sich völlig unterschiedlich. Das war bei Mutter und Vater nicht anders, wenn sie sich nicht einigten, wer von ihnen mit dem Auto diese Abzweigung hatte nehmen und unbedingt in dieses verlotterte Gasthaus einkehren wollen. Es nützte nichts, sich klarzumachen, dass es nur eine wahre Geschichte gab, die, die passiert war. Das war fast wie in Vaters Lieblingsserie vom »Königlich-Bayerischen Amtsgericht«, wo der Richter alle Hände voll zu tun hatte, die Wahrheit herauszufinden. Manche logen vor Gericht absichtlich, andere waren sich felsenfest sicher, die Wahrheit und nichts als die Wahrheit zu berichten. Der bayerische Richter und sein auf den Kopf gefallener Gerichtsdiener entschieden sich am Ende für eine Seite; anders ließ sich ja kein Urteil fällen. Bei Scott und Amundsen war es, zumindest den Büchern zufolge, genauso schwer, einem der beiden recht zu geben. Ich hielt mehr zu Amundsen, der Norweger war; der litt mehr, ihm war viel Pech widerfahren. Vielleicht aber war alles anders gewesen, das konnte ich nicht beurteilen, denn Nordpol und Südpol lagen kilometerweit entfernt und waren vollgepackt mit Eis.

Leichter ließ sich das bei Büchern entscheiden, die von Dingen handelten, die ich gut kannte. Von Internats- und Schulerlebnissen zum Beispiel oder von dem, wie es in einer Familie mit Kindern zuging. Von Hans Schranz gab es ein solches Buch, das zwar in der Schweiz spielte, sich aber dennoch von Heilbronner Verhältnissen nicht sehr unterschied. »Bei uns ist immer was los« hieß das, und weil es offensichtlich viele Leute gekauft hatten, gab es eine Fortsetzung, »Bei uns ist wieder was los«. Ich hatte beide vor ein paar Jahren gelesen und versuchte, meine Schwester davon zu überzeugen. Mü wurde die Mutter in dieser Familie genannt, was sonderbar klang. Ein eigenes Haus hatten die auch nicht, sie lebten als Mieter und litten darunter, dass die Besitzerin Frau Reims im selben Haus wohnte. Das ging bei lebhaften Kindern nicht gut. Frau Reims schimpfte von morgens bis abends und verzweifelte angesichts ihrer ungezogenen Mieter, die sie sogar mit einem Wasserschlauch anspritzten. Aus Versehen zwar, aber das überzeugte Frau Reims keineswegs, und ich bekam Angst, dass Müs Familie sich eine andere Unterkunft suchen musste, was schwierig geworden wäre, denn sie drehten jeden Pfennig zweimal um. Wer den Pfennig nicht ehrt, ist den Taler nicht wert, sagte Mutter, und das hörte sich an wie bei Mü, obwohl die in der Schweiz eine andere Währung hatten. Das Schöne an Büchern wie »Bei uns ist immer was los« war, dass man die erfundene und unsere wahre Familie miteinander vergleichen konnte. Wenn man eine Stunde lang las, fühlte man sich bei dieser erfundenen Familie so zu Hause wie bei uns, der realen Familie. Ich überlegte, wie es wäre, Frau Reims' Herz zu gewinnen, vielleicht den Mülleimer auf die Straße tragen oder die Tür aufhalten, das hatten alte Leute gern. Mutter lobte mich, wenn ich mich gut benahm, nicht redete, wenn sich die Erwachsenen unterhielten, und bei Tisch keine unfeinen Geräusche machte. Da glichen sich Mutter und Mü. Ob meine Schwester das auch so sah?

Früher gab es solche Schiebereien nicht

Mit dem Fußball ging es bergab. Nicht nur mit den Sechzigern, die den Wiederaufstieg nicht packten. Stattdessen spielten diese anderen Münchner, die Bayern, plötzlich oben mit und hatten viele Nationalspieler, die ich, bis auf Gerd Müller, nicht mochte. Am Ende einer Saison stellte sich heraus, dass einige Mannschaften betrogen hatten, sich Geld hatten geben lassen und absichtlich langsam herumgelaufen waren, um Spiele zu verlieren. Ein Obstverkäufer aus Offenbach hatte ausgepackt und den Skandal ausgelöst. Das war das Allerletzte, denn im Fußball kam es ja darauf an, dass jeder jeden schlagen konnte und man sich bis zum Abpfiff seines Sieges nie sicher sein durfte. Wenn Spieler nur so taten, als wollten sie einen Treffer erzielen, oder den Ball, wie ein Schauspieler, der sich ungeschickt anstellte, ins eigene Tor bugsierten, hörte man besser gleich auf, Fußball zu spielen. Was wiederum unvorstellbar war, denn dann verlören die Samstagnachmittage ihren Sinn. Man wüsste nicht mehr, was tun, so wie im Sommer oder im Winter, wenn die Bundesliga zwangsläufig Pause machte. Schon das zog sich unheimlich in die Länge. Zum Glück wurden die Täter, nicht nur der Obsthändler, sondern auch viele Spieler, darunter einer meiner Lieblingstorhüter, der groß gewachsene Manglitz, hart bestraft. Die meisten Verbrecher kamen aus Bielefeld, Berlin oder Schalke, das sowieso keine richtige Stadt war. Früher gab es solche Schiebereien nicht, sagte Vater. Das habe allein mit dem Geld zu tun, das man den Profis hinterherschmeiße. Was diese jungen Kerle in einem Monat verdienten, dafür arbeite er ein ganzes Jahr oder länger. Mit Ferraris und Porsches kämen die zum Training gefahren. Da höre der Spaß auf, und man müsse sich überlegen, auf die Bundesliga zu verzichten. So richtig ernst meinte Vater das nicht, aber dieser Skandal, das sei, wie er sagte, kein Kavaliersdelikt. Ein Wort, dessen Sinn ich nicht begriff. »Kleiner Kavalier«, das sagte Tante Carmen manchmal zu mir, wenn ich ihr etwas holte, und in der »Heilbronner Stimme« wurde alle paar Wochen ein »Kavalier der Straße« ausgezeichnet, das Gegenteil von Raser, Rowdy oder Verkehrssünder.

Von nichts kommt nichts

Im Deutschunterricht ging es nicht nur um Gedichte, Theaterstücke und alte Geschichten wie die »Judenbuche«. Wir lernten, Themen zu erörtern, sich Argumente für oder gegen eine Meinung auszudenken und am Ende zu einem Schluss zu kommen. Das war an den Haaren herbeigezogen, denn was nützte es, sich Argumente auszudenken, von denen man nichts hielt? Man tat beim Schreiben so, als teilte man diese Auffassung, und der Lehrer merkte sofort, wenn man sich dabei keine Mühe gab. »Soll man sich ein Leben ohne Arbeit wünschen?«, hieß eines dieser Besinnungsthemen. Natürlich durfte man darauf nicht sofort mit Ja antworten. Zum einen wäre der Aufsatz dann zu kurz gewesen, und zum anderen hatte ich das Gefühl, dass es bei der herrlichen Vorstellung, den lieben langen Tag zu faulenzen und nicht ins Büro oder in die Fabrik zu gehen, einen Haken gab. Die Wirtschaft müsse wachsen, sagte man, andernfalls könne unser Wohlstand nicht gesichert werden. Von nichts kommt nichts. Selbst der Bibelsatz, dass der liebe Gott sogar denen zu essen gebe, die weder säen noch ernten würden, zog als Argument nicht. Die Gewerkschaften forderten eine sinkende Wochenarbeitszeit und höheren Lohn, aber wo endete das, wenn das so weiterginge? Vielleicht bei zehn Stunden pro Woche und sehr hohem Gehalt? Dann wäre Vater nachmittags zu Hause. Wie das aber mit dem Wachstum zusammenpasste, war nicht zu sagen. Vielleicht wäre es für manche Menschen schrecklich gewesen, nicht zu arbeiten. Die langweilten sich, sobald sie nichts anpackten. Auch das ein Argument für die Erörterung.

Wie eine Hundehütte

Mein Bruder ging zur Bundeswehr. Um mehr Geld zu bekommen, verpflichtete er sich für zwei Jahre. Alles andere wäre bei dem Zusatzverdienst ein Jammer gewesen, und so hatte er danach fürs Ingenieursstudium gleich finanzielle Reserven. Der große Vorteil dabei war, dass ich in den dritten Stock zog, in unser Gästezimmer, das, da wir selten Übernachtungsbesuch hatten, als Jugendzimmer genutzt wurde. Endlich ein abgeschlossenes Reich, weit weg von der elterlichen Wohnung entfernt, zum Hausaufgabenmachen und zum Alleinsein. Mit einer Klingel, deren Schnur außen an der Hauswand entlangführte, rief mich Mutter zum Essen. Ansonsten himmlische Ruhe.

Auf dem Bettkasten stand mein neuer Radiowecker, eine Loewe Sweet Clock, in Orangerot, der letzte Schrei. Jede neue Minute wurde mit einem leisen Klacken der Ziffern angezeigt. Vor dem Einschlafen hörte ich Radio, vor allem am Mittwochabend, wenn sich Südwestfunk und Süddeutscher Rundfunk mit ihrem Wunschkonzert abwechselten. Am Mikrofon in Baden-Baden saß Heinz Siebeneicher, ein ölig sprechender Mann, der Witze für ältere Leute machte, während aus Stuttgart Fred Metzler die Wünsche erfüllte und munter mit den Anrufern plauderte. Der war witzig, und man merkte ihm an, welche Lieder ihm gefielen und was er quasi aus Höflichkeit spielte.

Über die französische Sängerin Françoise Hardy, die den traurigen Schlager vom Abendwind sang, sagte er, dass sie wie eine Hundehütte aussehe, in jeder Ecke ein Knochen. Gemein war das, aber lustig auch, denn Madame Hardy sah wirklich sehr mager aus. Das gefiel den Mädchen, die dieser Twiggy aus England nacheiferten, während mein Vater den Kopf schüttelte und sich über die Hungerhaken wunderte, an denen nichts dran sei. Wenn ich nach den Sportnachrichten um 22 Uhr das Licht löschte, ließ ich das Radio eine Weile an. Im Dunkeln Musik zu hören war anders als tagsüber. Meine Gedanken schweiften ab, zu dem, was am Tag passiert war, was morgen passieren würde, in der Schule, auf dem Nachhauseweg. Ich fertigte eine Überschlagsrechnung an, welche Mädchen auf meiner persönlichen Hitliste ganz oben standen, auf den Medaillenrängen. Ich legte, nach Prozenten geordnet, eine Reihenfolge fest, die sich änderte, je nachdem, ob ich mit einem der Mädchen gesprochen hatte oder nicht. Manchmal lächelte mir eine meiner Favoritinnen zu, was sie sofort zur Aufsteigerin der Woche machte. Solche Überlegungen im Bett gingen besser von der Hand, wenn Fred Metzler oder Heinz Siebeneicher passende Musik spielten. An manchen Mittwochen hatte ich Pech, und es folgten mehrere Volksmusikwünsche hintereinander, die Egerländer, die Oberkrainer oder der aufdringliche Heino, dessen Liebe zur Volksmusik sogar Vater übertrieben schien. Schwarzbraun ist die Haselnuss, das war nicht anzuhören, das beendete den Tag, und ich schob, um Heino und seine Anhänger zu bestrafen, den silbrigen Loewe-Riegel entschlossen auf die Weckposition. Umso schöner, wenn sich jemand Don McLeans »American Pie« wünschte oder »Ich fange nie mehr was an einem Sonntag an« oder »Der kleine Prinz« von Bernd Clüver, wo von einem Engel die Rede war, der Sehnsucht hieß und am Fenster stand. Darunter konnte ich mir etwas vorstellen, und damit schlief ich prächtig ein.

Un coca, s'il vous plaît

Französisch machte mehr Spaß als Englisch. Es war schwerer zu verstehen, vor allem wenn man es mit richtigen Franzosen zu tun hatte, die blitzartig die Wortenden mit den Anfängen zusammenzogen, sodass es mühsam war, alles auseinanderzuhalten. Englisch, das musste man halbwegs beherrschen, allein um die Popsongs zu verstehen. Aber Französisch machte mehr her, war elegant. Zum Glück hatte die Schule ein Partnergymnasium, das Lycée Champollion in Grenoble, dort, wo die Winterspiele 1968 stattgefunden hatten. Man meldete sich zum Austausch an – Mutter hatte kaum Bedenken –, was bedeutete, dass man selbst drei Wochen nach Grenoble fuhr und ein Gastschüler – ein heikler Punkt – drei Wochen zu uns nach Hause kam. Emmanuel hieß mein Austauschschüler, Emmanuel Jocteur-Monrozier. Das klang wesentlich besser als Rainer Moritz. Emmanuel machte sich leidlich; einer aus seiner Klasse verbrachte den Austausch bei einem Mädchen aus der Parallelklasse, bei Regina, die auf meiner Abendmädchenliste auf Platz eins stand. Wovon sie nichts wusste. Immerhin schien der Franzose, der bei

Regina wohnte, Versuche unternommen zu haben, sich ihr zu nähern, wie Emmanuel erzählte. Eine Frechheit, aber Gott sei Dank schien er keinen Erfolg gehabt zu haben und verkündete, dass Regina »frigide« sei. Was kühl hieß, weshalb die Franzosen zum Eisschrank »frigidaire« sagten. Dass Regina sich so verhalten hatte, freute mich. Jeder, der bei ihr abblitzte, war ein Widersacher weniger.

Es stimmte: Regina mit ihren dunklen, schulterlangen Haaren wirkte abweisend, als wisse sie genau, was sie wolle und was nicht. Mit Einschleimereien kam man bei ihr nicht an, das war zu sehen, und das hatte der Franzose nicht bemerkt. Die meinten wohl, bei jeder landen zu können, durch ein Fingerschnipsen. Reginas Vater war Bankdirektor, sie bewohnten ein großes Haus, nicht weit von uns entfernt. Als Emmanuels drei Wochen vorbei waren, fuhren wir mit dem Zug nach Grenoble, begleitet von Fräulein Glauser, einer Französischreferendarin, die wir nicht für voll nahmen. Emmanuels Vater war Rechtsanwalt, nach der Ankunft fuhren wir in ihr Chalet, das eine halbe Stunde von Grenoble entfernt lag. Zwei-, dreimal kamen wir in die Stadt, um Emmanuels Großmutter zu besuchen. Die lebte in einer düsteren Wohnung, mit dicken Teppichen und Samtvorhängen. Es roch nach langweiligen Sonntagen, nach verwelkten Blumen und schwerem Eau de Cologne. Ich wagte kaum, obwohl man mein Französisch lobte, laut zu sprechen; steif saßen wir beim Mittagstisch. Hühnchen gab es, und zum Nachtisch eine Melone, die parfümiert schmeckte. Emmanuels Mutter fuhr einen kleinen englischen Mini. Sie gab ruckartig Gas, prüfte, wenn wir an der Ampel warteten, im Rückspiegel ihr Make-up, das grell und feuerrot leuchtete, nicht so wie Mutters Lippenstift, den sie nur bei besonderen Anlässen auftrug. Sie ließ mir Zeit, um allein durch Grenobles Innenstadt zu streifen, einzukaufen und mich möglichst französisch zu bewegen. Dieses Land sprühte, hier fühlte ich mich frei und lässig. Nichts von dem, was zu Hause einengte, galt hier. Meine Francs und meine American-Express-Traveller-Schecks steckten im Brustbeutel, an sicherem Ort. Ich ging sparsam mit meinem Geld um, wollte es mir auf jeden Fall leisten, in einem der Straßencafés auf der Place Grenette einzukehren. Wer trank in Heilbronn draußen einen Kaffee? Wenn, dann saß man beim Reinecker und beim Romann drinnen. Hier in Frankreich genossen es die Menschen, sich eine Sonnenbrille ins Haar zu schieben und mit ausgestreckten Beinen in den Himmel zu schauen, ziellos. Wie unterschiedlich die Völker waren. Ich suchte mir, als sei das selbstverständlich, einen Platz, von dem aus die Passanten zu beobachten waren, und bestellte »un coca, s'il vous plaît«, was der Kellner mühelos verstand. Teurer als in Heilbronn war es allemal, aber das gönnte ich mir. Das Cola wurde mit Zitronenschnitz und Eiswürfel serviert. Ich hatte ein Buch dabei, »Rot und Schwarz«, von einem französischen Schriftsteller natürlich, der aus Grenoble stammte, begann zu lesen und nippte an meiner Cola. Mindestens eine Stunde wollte ich hier sitzen. Viel Umsatz brachte ich nicht. Im Café in Frankreich zu lesen und Coca-Cola zu trinken, das war ein neuer, ungeahnter Genuss. »L'addition, s'il vous plaît«, das klappte auch, und zufrieden wartete ich auf Emmanuels Mutter und ihren blauen Mini. So ein Auto hätten sich meine Eltern nie gekauft. C'est la douce France. Für Mutter und Vater brachte ich eine Flasche Chartreuse mit, einen dunkelgrünen Likör, der scheußlich roch, und drei Weichkäse. Die stanken vor sich hin, auf der Rückfahrt im Zugabteil, was Fräulein Glauser nicht behagte. Daran ließ sich nichts ändern, aus Frankreich führte man keine Scheibletten oder Schmelzkäseecken ein.

Was haben du gemacht?

Was für ein Scheiß, diese Mathearbeit! Von der ersten Aufgabe an spürte ich, dass kein Blumentopf zu gewinnen war. Mathearbeiten waren heikle Angelegenheiten, da fiel einem nichts in den Schoß. Hoffentlich ließ sich Montavan, unser spanischer Mathematiklehrer, mit dem Korrigieren Zeit. Nach der Rückgabe der Klassenarbeitshefte sehnte ich mich nicht. Ewig ließ sich das nicht hinausschieben. Eines Morgens stürmte Montavan ins Zimmer, legte sein rundliches Gesicht in Falten und lamentierte über unsere Dummheit, unser Versagen, über den Bildungsnotstand. Der Durchschnitt lag bei 4,5 – eine Katastrophe, das würde am Elternabend Aufsehen erregen. Einzeln gab Montavan die Hefte zurück, nicht so aufreizend wie Kübler, der alte Haudegen, der seinen Lehrerkalender zückte, die Schüler ihre Zensur erraten ließ, mit blitzenden Augen, und sich freute, wenn seine Benotung gütiger als die Selbsteinschätzung der Schüler ausgefallen war. Montavan warf mein Heft mit heruntergezogenen Mundwinkeln auf die Bank, legte seine Hand auf meine Schulter und schaute mich voller Mitleid an. Was haben du gemacht? Wie das passiert? Du gute Schüler, das ich nicht verstehe. An seinem Deutsch haperte es mehr als sonst. Enttäuschung legte sich über seine speckigen Falten. Ich warf einen Blick ins Heft, las »5–6«, eine Note, die ich noch nie bekommen hatte. Fiel nun das Kartenhaus in sich zusammen? Ging es zu Ende, musste ich mich darauf einstellen, dass mir nichts mehr gelang, nie wieder? »5–6«, ich stützte den Kopf in die Hände, stammelte dem seinerseits verzweifelten Montavan Halbsätze entgegen … weiß auch nicht … kann ich mir nicht erklären … ein Ausrutscher. Was das zu Hause, beim Mittagessen, für ungläubige Gesichter gäbe. Immerhin konnte ich auf den schlechten Klassendurchschnitt verweisen, das relativierte das Unglück. Schon jetzt fürchtete ich mich vor der nächsten Mathearbeit, obwohl Montavan sicher leichte Aufgaben stellen würde, um einen guten Schnitt hinzubekommen. Würde sich da meine Zukunft entscheiden? Ob es ein einmaliger Patzer war oder ob ich auf die abschüssige Bahn rutschte? Angst, es werde Schluss sein mit dem sorgenfreien Leben, machte sich breit. Wenige Wochen waren es nur bis zum nächsten Test, bis zum Ernstfall.

Kein billiges Vergnügen

Wer konfirmiert wurde, besuchte ein Jahr lang Konfirmationsunterricht. Die Konfirmation selbst war ein großes

Frisch konfirmiert.

Fest mit Verwandten, die zu Besuch und mit nicht zu kleinen Geschenken kamen. Zuerst feierlich in der Kirche und dann in einem Gasthaus, wohin alle Verwandten eingeladen wurden, kein billiges Vergnügen. Vermutlich zum Wagner in Neulautern, wo es aber kein Schnitzel gab, sondern gemischten Braten mit Spätzle und Kroketten, sodass sich jeder das Passende aussuchte. Die Feier in der Kirche hatte den Nachteil, dass man vor allen Leuten einen Spruch aufsagen musste. Das ging schnell schief, wie in der Schule, als ich beim »Ring des Polykrates« stecken geblieben war, obwohl mich Mutter am Abend zuvor abgehört hatte. Der Kirchenspruch würde kürzer ausfallen, das musste zu schaffen sein. Der Konfirmationsunterricht, Konfi, fand im Gemeindehaus an der Moltkestraße statt, und das Beste war, dass Regina mit mir konfirmiert wurde. Wie gut, dass sie nicht in Kirchhausen oder Frankenbach wohnte und dass sie evangelisch war. So verbrachten wir jede Woche mindestens eine Stunde in einem Raum. Meist saß sie schräg hinter mir, sodass ich mich manchmal, wie zufällig, umdrehte, zum Beispiel, wenn mir ein Bleistift zu Boden fiel. Zu oft wiederholte ich das nicht, das wäre aufgefallen, vor allem Pfarrer Tischler, der aufbrauste, wenn es ihm an religiöser Andacht fehlte. Die Kirche ist kein Fußballverein, das ist der Ernst des Lebens. Regina widersprach ihm, das imponierte mir. Sie ließ sich nichts gefallen, schüttelte energisch ihre langen Haare und zog die Stirn kraus. Ihre Freundin, Sabine aus der Semmelweißstraße, stammte aus Österreich und nahm es mit Regina auf. Eigentlich war sie schöner, vor allem, wenn sie lächelte und ihr Grübchen zeigte. Es schadete nichts, wenn Regina auf meiner Liste Konkurrenz bekam, dann verkrampfte ich nicht so. Sabine stand schnell auf dem zweiten Platz, Vizemeisterin sozusagen. Während der Konfirmationsfeier – ich quälte mich in einen Anzug, der weiße Rollkragenpullover darunter ließ mich wie eine Leberwurst aussehen – saß ich so günstig in der Jungsreihe, dass ich die ganze Zeit über Sabine im Blick hatte. Wo immer sich eine Gelegenheit bot, lächelte ich ihr zu, verständnisvoll und andeutend, dass ich diese Veranstaltung nicht so ernst nähme. Wir stehen da drüber. Sabine gab ein Grübchenlächeln zurück, mehrmals. Ich strahlte – Außenstehende mochten es für religiösen Eifer halten –, fasste es nicht, dass mich das schönste Mädchen unserer Konfirmationsgruppe anlächelte, und das nicht aus Versehen. Darüber war mit niemandem zu reden. Alles für sich behalten, die Feier und das, was Tischler mit bedeutsamem Gesichtsausdruck sagte, in Kauf nehmen.

Gnade uns Gott, wenn die Saudis nicht zur Vernunft kommen

Mit dem Fahrrad fuhren wir die Schlizstraße hinauf, über die Linné- zur Jägerhausstraße. Die Steigung schoben wir die Räder, und am Gasthaus ging es weiter bis zur Reisbergbrücke. Das musste man gesehen haben, darüber hatten die Zeitungen und das Fernsehen tagelang berichtet, über die Entscheidung der Bundesregierung, einen autofreien Sonntag einzuführen. Eine unvorstellbare

Sache: Weil die reichen Scheichs in Saudi-Arabien oder wo auch immer die Ölpreise diktierten und beschlossen, Westeuropa weniger zu liefern, drohte Gefahr für die Benzinversorgung bei uns. Freiwillig verzichtete niemand auf sein Auto, weshalb es einen Sonntag lang verboten war, den Wagen zu benutzen. Irgendwie war das lustig, diese Leere auf der Ost- und auf der Weinsberger Straße. Man lief quer über den Asphalt, und es war viel ruhiger als sonst, wenn sich der Ausflugsverkehr Richtung Wartberg schleppte. Für einen Sonntag ließ sich das aushalten, aber was geschähe, wenn die Araber ihr Spiel weitertrieben, wenn sie die westlichen Länder erpressten? Das durfte man sich nicht gefallen lassen, denn ohne Autos hätte es Deutschland nie so weit gebracht. Ohne Autos geht nichts bei uns. Dann schließen die in Neckarsulm ihre Werkstore, und die Bundesregierung muss betteln gehen bei den Ölquellenbesitzern. Mit unseren Bodenschätzen kamen wir nicht weit. Vielleicht würde es bald jedes Wochenende so aussehen: kaum ein Fahrzeug auf der Autobahn, keine Überholmanöver, keine Lichthupe. Da oben von der Reisbergbrücke wirkte es gespenstisch, wie sich die leere vierspurige Fahrbahn vor uns ausbreitete. Ohne Autos bräuchte man die Autobahn nicht. Der Hitler hatte die gebaut. Schön sah die sowieso nicht aus, wie sie die Wälder durchschnitt, aber ohne Autobahnen bräche alles zusammen, keine Frage. Gnade uns Gott, wenn die Saudis nicht zur Vernunft kommen, sagte Vater. Der Ami holt sich sein Öl notfalls mit Gewalt. Ich blieb neben meinem Fahrrad stehen, spuckte auf die Fahrbahn und spürte die Angst, dass es mit der schönen Zeit bald vorbei sein könnte. Eine so lange Zeit ohne Krieg hatte es in Deutschland nie gegeben; bald dreißig Jahre lag der Mai 1945 zurück. Wie es in einem Krieg vor sich ging, malte ich mir manchmal aus, doch das, was ich gelesen und gesehen hatte, reichte nicht, um sich einen Beinschuss vorzustellen. Eine Verletzung, die oft zur Amputation führte. Ein Leben ohne Bein, nicht auszudenken, viele kamen dennoch damit zurecht. Vater wollte vom Krieg nichts wissen und ließ auf die Bundeswehr nichts kommen. Im Kalten Krieg gehe das nicht anders, und der Ostpolitik solle man nicht zu früh trauen. Einer wie Wehner, der war ja selbst Kommunist gewesen. Aber, fragte mein Bruder, wie stehe es denn um die alten Nazis? Bis Mutter abwiegelte und allen Recht gab. Auf jeden Fall fühlte ich mich erleichtert, als am Montag die Autos wieder fuhren, wie immer, obwohl der Bundeskanzler die Bürger aufforderte, sparsam mit dem Benzin umzugehen und auf unnötige Fahrten zu verzichten. Die Deutschen taten so, als hätten sie unablässig Besitz zu verteidigen, mal gegen die Kommunisten in Russland, mal gegen die reichen Ölländer, mal gegen die Terroristen im eigenen Land, die den Kapitalismus im Westen bekämpften und die Unrechtsjustiz. Trübe Aussichten.

Du paffst ja nur!

Rauchen gehörte zum Erwachsenenleben. Wer rauchte, war erwachsen, auch wenn alle sagten, dass Nikotin gesundheitsschädlich sei. Ernst nahmen das die Raucher nicht, schon die alten Völker in Mesopotamien hatten geraucht. Sobald die Erwachsenen zusammensaßen, plotzten sie ordentlich, wie Vater das nannte. Eine Schachtel Ernte am Tag ging da schon weg. Mutter rauchte ab und zu, neuerdings gab es extra Zigaretten für Frauenhände. Schmale Dinger, über die sich die Männer lustig machten. Abgestandenen Zigarettendunst in der Wohnung mochten die Erwachsenen nicht, morgens, wenn sich der kalte Rauch im Esszimmer festgesetzt hatte. Alle paar Jahre gewöhnten sich die Eltern das Rauchen ab. Der Nachteil war, dass Raucher, die zu Nicht-Rauchern wurden, an Gewicht zulegten. Ohnehin trugen viele einen Wohlstandsbauch vor sich her. Wenn wir nach Schwandorf fuhren und die Tanten Vater als Erstes mit den Worten begrüßten, dass er aber kräftig zugelegt habe, herrschte Missstimmung. Es ging uns schließlich gut, das durfte man sehen, und Hunger gelitten hatte man im und nach dem Krieg genug. Graupensuppe hatte es damals bei Mutter in Mülheim gegeben, glitschiggraue Getreidekörner, die genauso schmeckten. Auf Graupen verzichte ich gern mein ganzes Leben, erklärte Mutter, aber wo gab es schon Graupen heutzutage? Das wollte keiner mehr essen.

Kinder durften nicht rauchen. Das sahen die Erwachsenen eng, und deshalb wollten alle Kinder ausprobieren, wie das mit dem Rauchen ist. An der Schule wurde heftig für ein Raucherzimmer gestritten. Das stehe den Schülern zu, natürlich nur den Oberstufenschülern. Mein Bruder rauchte Pfeife, das war außergewöhnlich. Mit Pfeife sah man sonst nur ältere Herren, Künstler oder politische

Aktivisten. Es roch gut, wenn mein Bruder rauchte, Tabak mit Pflaumengeschmack, angenehmer als Zigarettenrauch, aber mit der Pfeife umzugehen erforderte Übung. Ein kompliziertes Verfahren, die Pfeife mit weißen Reinigern sauber zu halten, sie zu stopfen und den Tabak mit einem Metallteil aufzulockern. Andernfalls zog sie nicht richtig oder ging aus.

Kurzum, beim Pfeiferauchen war viel falsch zu machen, weshalb ich lieber mit einer Zigarette anfing, heimlich in der Küche, als Mutter beim Einkaufen war. Das Fenster geöffnet, und rasch zwei, drei Züge genommen. Wie weit den Rauch einsaugen? Auf Lunge rauchen, wie die Erwachsenen sagten? Oder paffen, was nicht als richtiges Rauchen galt? Du paffst ja nur, das klang beleidigend. Ich übte, wie man die Zigarette elegant hielt. Die Asche unauffällig abklopfen, nicht gezielt in den Aschenbecher bugsieren. Vaters Aschenbecher war dafür nicht geeignet, dieses goldbeschlagene Stück mit einem Drücker, der die Asche ins Innere beförderte. So riecht es nicht nach Rauch, was nichts daran änderte, dass dieser Ascher, ein Weihnachtsgeschenk, das Vater von einem Geschäftskollegen bekommen hatte, viel Platz einnahm.

Als jugendlicher Raucher aschte man auf die Straße und sah dabei in die Ferne. Manche rauchten Filterlose, das war wie Zitronensaft pur trinken. Eklig, wenn die Tabaksfäden auf der Zunge zerbröselten. Sollte ich Raucher werden, kämen nur französische Zigaretten in Frage. Gauloises oder Gitanes, die hatten schwarzen Tabak und wurden von Hafenarbeitern und Schriftstellern geraucht, die ohne ihre Gauloises oder Gitanes gar keinen

Gedanken zu Papier gebracht hätten. Auch in Grenoble auf der Place Grenette hatte ich kaum eine andere Marke gesehen. Mit Ernte 23 machte man sich da lächerlich. »23« ... das klang hausbacken, wie Asbach Uralt oder Opel.

Woher kommen die kleinen Buben und Mädchen?

Lies das mal, sagte Mutter. Und wenn du Fragen hast, frag nur. »Woher kommen die kleinen Buben und Mädchen?«, hieß das Buch, geschrieben von einem Kurt Seelmann, der Erziehungsberater und Psychotherapeut war. So begann also die elterliche Aufklärung, ich hatte darauf gewartet, und vielleicht war das angenehmer, als wenn sich Vater oder Mutter mit mir an den Tisch gesetzt und über Fortpflanzung gesprochen hätten. Dieser Seelmann duzte mich ohne Weiteres, »Meine junge Leserin! Mein junger Leser!«, das fehlte noch. Fotos gab es in seinem Buch keine, stattdessen dezent gehaltene Zeichnungen von Kleinkindern, stillenden Müttern und Unterleibsanordnungen. Und von Blüten, die befruchtet wurden. Es dauerte ewig, bis der Autor vorankam. Offensichtlich meinte er, über alles sprechen zu müssen, über Reifezeit, über Körpergrößen, Höflichkeit gegenüber den Eltern, bis er zur Sache kam. Nein, doch nicht, denn die entscheidende Frage, wie man es miteinander machte, beantwortete er auf Umwegen. Als er am Schluss davon erzählte, wie das Glied das Vaters in die Scheide der Mutter eindrang, klang das wie eine Gebrauchsanweisung. Dieser Seelmann war der Ansicht, dass nur bei verheirateten Paaren Sex vorkommen sollte, was Männern schwerer falle, denn deren Geschlechtstrieb sei drängender und heftiger. Ich legte das Buch zur Seite. Was für ein vorgestriger Schinken.

In einem halben Jahr, sagte Erziehungsberater Seelmann, möge ich das Büchlein nochmals zur Hand nehmen. Das würde ich mit Gewinn tun. Von wegen.

Da sagen sich Fuchs und Hase gute Nacht

Montags lief im Radio die Schlagerskala, bei der die Zuhörer die Platzierung bestimmten, mit Postkarten, die man nach Stuttgart zum Sender schickte, versehen mit der Startnummer des Lieblingsliedes. Meistens spielten sie deutsche Schlager, aber gelegentlich traten ausländische Interpreten an, wie Olivia Newton-John mit »Banks of the Ohio«. Ich verpasste selten eine Ausgabe der Schlagerskala, die Günther Freund moderierte. Der verfügte über eine einschmeichelnde, sympathische Stimme, nicht zu ironisch und nicht zu schleimig. Ein Kochbuch hatte er auch herausgegeben. Für die, die mitmachten, gab es Schallplattenpreise, und der Hauptgewinner wurde ins Sendestudio eingeladen, durfte live dabei sein und neben Günther Freund sitzen. Einmal wurde meine Karte gezogen, und ich gewann vier Singles, nach freier Wahl. Sie kamen per Post, mit einem Schlagerskala-Aufkleber,

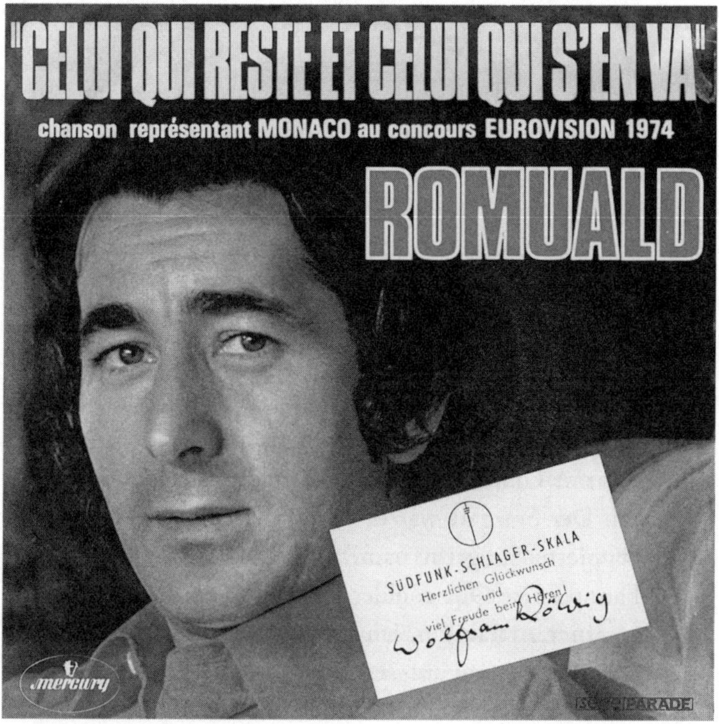

■ *Danke, lieber Südfunk!*

darunter ein Grand-Prix-Lied von einem Monegassen, das vom Trennungsschmerz handelte und davon, dass es in der Liebe ein Kommen und Gehen gebe, obwohl sich alle schworen, beisammenzubleiben bis zum Tod: »Celui qui reste et celui qui s'en va, celui qui part, et celui qui n'ose pas.«

Dann geschah das Unglaubliche: Günther Freund zog den Hauptpreis; man hörte, wie er eine Karte aus dem Stoß hervorkramte, und dann hörte man, hörten alle, wie er meinen Namen verlas. Ich hatte gewonnen, durfte in der Woche darauf zur Schlagerskala fahren. Leider stand diesmal ein sogenannter Überland- bzw. Vororttermin auf dem Programm, in einer Stadthalle irgendwo in der Pampa des Sendegebiets. Das war nicht so toll wie eine Reise ins Stuttgarter Funkhaus, aber immerhin. Wir fuhren in eine Gemeinde im Odenwald, mein Bruder nahm mich im Auto mit. Da sagen sich Fuchs und Hase gute Nacht. Dass ich in der Schlagerskala auftrat, sprach sich herum. Frau Meier stellte vor ihrem Laden eine Tafel auf und teilte allen mit, dass ich am Abend im Rundfunk zu hören sei. Vor der Sendung aßen wir mit Günther Freund und einem Redakteur im Hotel. Der Stargast war bereits angekommen, eine blondtoupierte Sängerin namens Eva-Maria, ob die jemand kannte? Die Odenwälder Turnhalle war ausverkauft, bei so einer Attraktion, ich saß anderthalb Stunden neben Günther Freund auf der Bühne, verhielt mich ruhig, bis er sich mit mir unterhielt. Beim Kurzdurchlauf am Ende erlaubte er mir, zwei Lieder anzusagen, von Juliane Werding und Jerry Rix, und beim Ermitteln der Plattengewinner mitzuhelfen. Unauffällig blätterte ich, während Günther Freund die Namen der Glücklichen verlas, in den Karteikästen voller Postkarten und erspähte eine mit Heilbronner Absender. Klar, dass ich nachhalf und Günther Freund mit Unschuldsmiene die Karte reichte. Ich tat überrascht, als er einen Gewinner aus Heilbronn verkündete. Zwischendurch sang Eva-Maria zwei, drei Lieder, die keine Hits wurden. Mein Bruder nahm alles gelassen hin.

Mit dem Kommunismus haben wir nichts am Hut

Nach dem Zweiten Weltkrieg war Deutschland geteilt worden, und nun gab es merkwürdigerweise zwei Länder, die sich Deutschland nannten. Der eine Teil, unser Deutschland, gehörte zum freien Westen, zur EG und zur Nato, und obwohl auf der anderen Seite von Berlin Brüder und Schwestern lebten, war das ein feindliches Land. Man unterschied genau zwischen den armen Menschen, die da lebten und nichts dafürkonnten, und deren Regierung, die eine Diktatur war mit Männern, die verbissener aussahen als unsere Politiker. Deutsche Demokratische Republik nannten die sich, was ein Hohn sei, denn von Demokratie war bei denen nichts zu sehen. Einige Zeitungen schrieben DDR in Anführungszeichen, so als gäbe es den Staat gar nicht. Unser Land bezeichneten wir nicht als BRD, weil das die Kommunisten in der DDR uns aufzwingen wollten. Wer in der DDR lebte, durfte nirgendwohin reisen, vielleicht nach Bulgarien, wenn es hoch kam. Bis auf Sonderfälle, wie Christian, dessen Mutter einen Westdeutschen heiratete und nach Heilbronn übersiedelte. Christian kam zu uns in die Klasse, beherrschte Russisch, was ihm nichts nutzte, holte das Fehlende aber in kürzester Zeit nach. Eine Regierung, die ihre Einwohner einsperrte und die glaubte, immer recht zu haben, war nicht akzeptabel. Trotzdem gab es im Westen, selbst in Heilbronn, Anhänger der DDR. Sich als solcher zu erkennen zu geben sorgte für heftigen Streit. Da nützte es nichts, wenn die DDR-Freunde erklärten, dass das in der DDR nicht der richtige Kommunismus sei. Es müsse erst eine Diktatur des Proletariats herrschen, ehe es am Ende die herrschaftsfreie Gesellschaft gebe, wo alle Menschen gleich seien und glücklich. Die im Osten sahen nicht so aus, als seien sie dieser Idealvorstellung nahe. Die Politiker im Westen debattierten darüber, wie man sich den Ulbrichts und Honeckers gegenüber zu verhalten habe, knallhart oder nachgiebig. Egal wie, alle betonten laut, dass sie die Staatsform der DDR ablehnten, zutiefst. Mit dem Kommunismus haben wir nichts am Hut. Wer etwas anderes sagte, wie die DKP, war unten durch. Von einer Vereinigung der deutschen Staaten sprachen die Politiker an Feiertagen wie dem 17. Juni, doch wer glaubte daran? Wir hielten uns von der DDR fern. Mutter hatte einen Onkel in Fürstenwalde, mit dem sie Weihnachtspost wechselte. Der war Pfarrer, was in der DDR nicht beliebt war, und schickte Mutter dünne Bücher, auf graubraunes Papier gedruckt, von Fritz Reuter oder Theodor Fontane. Ansonsten fiel die DDR bei Sportübertragungen auf, wenn sie im Schwimmen oder Rodeln Medaillen absahnte, ärgerlicherweise, und damit Werbung für sich machte, Propaganda. Im Fußball waren sie Nieten, das ließ sich nicht leugnen. Das sei, sagte Vater, ein Mannschaftssport, bei dem es auf den Mannschaftsgeist ankäme. So was lasse sich in kommunistischen Trainingslagern nicht einbläuen.

Die letzten Meter schaffst du auch noch!

Der Sportunterricht bot zahllose Quellen für Demütigungen. Wie konnte man sich da blamieren, wie gemein war es, am Stufenbarren wie ein nasser Mehlsack zu baumeln und den Felgaufschwung nicht hinzubekommen. Oder die Sprünge über den Kasten, bei denen Hilfestellung nichts nutzte. Manche Sportlehrer zogen mit grimmiger Miene in die Turnhalle, als wollten sie es den Stubenhockern zeigen. Überschläge beim Bodenturnen, Handstand, Strecksprünge – und erst im Sommer, wenn es ins Freie ging, auf den Schulsportplatz an der Karlstraße … Mit Kugelstoßen und Ballweitwurf ließ sich notenmäßig etwas wettmachen, doch die Laufdisziplinen waren eine Qual. Einem der Lehrer, Birner, machte es Freude, uns Runde um Runde auf die Aschenbahn zu jagen. Der sei in der DKP oder beim KBW hieß es, deshalb der sozialistische Drill. Ich hasste ihn, wie er dastand mit rotem Gesicht, Anweisungen brüllte und keine Verweichlichung duldete. Aufgeben wollte ich nicht, eine Bereitschaft, die Birners Kollege Adomski immerhin würdigte. Der war aus Polen nach Heilbronn gekommen, hatte 1948 und 1952 an den Olympischen Spielen teilgenommen, im Zehnkampf und im Stabhochsprung. Von Birner waren solche Leistungen nicht bezeugt.

Trotz seiner Vergangenheit zeigte sich Adomski nachsichtig und anerkannte, wie ich mich über 1000 Meter mühte, zweieinhalb elende Runden lang, in glühender Hitze. Schon nach 200 Metern wurden die Bewegungen langsamer, mein Blick klebte an der Innenseite der Bahn, ich versuchte an nichts zu denken, das Seitenstechen zu ignorieren, die Schritte zu zählen, mich aufzurichten, innerlich anzustacheln, wenngleich Füße und Kopf nicht in Einklang zu bringen waren. Obwohl meine Zeit kaum noch von einer Notenskala berücksichtigt wurde, feuerte mich Adomski auf der Zielgeraden an, wollte, dass ich mich nicht hängen ließ, mein Bestes gab, so dürftig das war. Die letzten Meter schaffst du auch noch!

Ganz anders, sobald ein Ball im Spiel war. Da bremste mich nichts, da ging ich in die vorderste Reihe. Völkerball zum Beispiel, wenn man sich mutig in den Schuss legen, den Ball festhalten musste. Oder sich in letzter Sekunde zu Boden schmiss und der Wurf des siegessicheren Gegners ins Leere ging. Als Torhüter machte es mir nichts aus, mich mutig auf den Boden zu werfen. Ich hielt einiges aus, auf ein paar Schwürfwunden und blaue Flecken mehr oder weniger kam es nicht an. Sportstunden mit Ball waren großartig, Sportstunden ohne Ball eine Zumutung – so einfach war das.

Adomski lehrte nur Sport beziehungsweise Leibesübungen, wie es im Zeugnis stand, während Birner und die anderen mindestens ein zweites Fach unterrichteten. Dennoch galten sie im Lehrerkollegium nicht viel, unsere Sportler. Abgesehen von Kerner, der Sport und Englisch gab, beides mit großem Einsatz. Er lachte selten, betrachtete Unterricht als todernste Angelegenheit. Geliebt wurde er nicht, aber respektiert. Und bestaunt, als er es wagte, mit einem gelben VW-Porsche vorzufahren. Kein anderer Lehrer besaß ein solches Fahrzeug. Gut, ein richtiger Porsche Targa war das nicht, eher so ein Volkswagenverschnitt. Immerhin aber ein Sportwagen, ein Zweisitzer, der Kerner eine 1-A-Ausstrahlung verlieh.

Lehrer waren undurchschaubar, sie wirkten steinalt, sahen das selber aber offenbar anders. Wie Kerner, der später eine Referendarin, Fräulein Winter, heiratete. Lehrer waren geschlechtliche Wesen.

Eine Sexshow haben Sie mit unseren Kindern besucht!

Klassenfahrt nach München. Raus aus dem Montag-bis-Samstag-Schultrott. Hartmann, der Klassenlehrer, begleitete uns, keine Aufgabe, um die ihn seine Kollegen beneideten. Da er Deutsch unterrichtete, blieb es nicht beim Besuch des Dachauer Konzentrationslagers und des Deutschen Museums. Ein Theaterbesuch kam dazu, keines der großen Schauspielhäuser, eine kleine Bühne, ein Off-Theater, wie das in der Großstadt hieß, dessen Plätze sich um eine runde Plattform gruppierten. Fünfzig, sechzig Besucher brachte man da unter, dank unserer Klasse war der Abend halb ausgebucht. Durch Zufall sei er, sagte Hartmann, auf diese kleine Truppe aufmerksam geworden. Gesehen habe er sie bislang nicht, aber das Stück, das »Jack the Ripper« hieß, würde uns vermutlich mehr interessieren als »Emilia Galotti«. Wir sahen verblüfft auf das, was sich da in dem Rund abspielte, wie die Geschichte des berühmten Massenmörders erzählt wurde, und wir waren fasziniert, als sich die Schauspielerinnen der Reihe nach auszuziehen begannen, zehn Meter von uns entfernt. Ich beugte mich vor, nichts sollte mir entgehen, aus den Augenwinkeln sah ich Hartmanns Profil, sein Gesicht schien blass zu werden, unauffällig versuchte er unsere Reaktionen auszumachen. Jetzt war es zu spät, jetzt kamen wir nicht mehr ins Freie vor Vorstellungsende. Hinterher in der Kneipe grölten alle, freuten sich über dieses überraschende Kulturerlebnis. Hartmann entschuldigte sich, als fürchte er die Proteste unserer Eltern. Eine Sexshow haben Sie mit unseren Kindern besucht, sie arglos mit Nacktheit konfrontiert, unschuldige Zehntklässler, ein Skandal, der zeige, wohin unsere Gesellschaft drifte. Ich redete auf Hartmann ein. Er wollte sich nicht beruhigen, er habe pädagogisch versagt, keine Frage.

Vielleicht gab es ja Außerirdische

Wenn man sich nach den anderen richtete und nicht weiter auffiel, hatte man keine Probleme. Die meisten Menschen ängstigten sich, wenn sie auf eigenen Füßen standen. Wie heldenhaft war es deshalb, auf seiner Meinung zu beharren und sich von niemandem einschüchtern zu lassen. Diese einsamen Kämpfer gefielen mir. So wie in »Zwölf Uhr mittags« oder in »Auf der Flucht«. Nach Richard Kimble kam bei mir gleich David Vincent, ein unbescholtener Amerikaner, der ein Erlebnis hatte, das ihn zum auserwählten Menschen machte, zum Außenseiter, den die anderen kleinkriegen wollten.

Eines Abends war David Vincent mit seinem Auto von der Strecke abgekommen, er hielt an und schlief ein. Bis er von Radau und hellem Licht geweckt wurde und zusah, wie eine Raumkapsel auf der Erde landete und Eindringlinge von der Wega ausstiegen. Die verkleideten sich als Menschen, nur an ihren kleinen Fingern erkannte man, dass ihre Konstrukteure die Arbeit nicht perfekt gemacht hatten. Wenn sie starben, verglühten sie in wenigen Augenblicken, was ungeschickt war, weil man den Polizisten oder wem auch immer hinterher wenig von diesen Wega-Leuten zeigen konnte. Vielleicht gab es ja Außerirdische, wie dieser Schweizer Erich von Dänicken behauptete. David Vincent war der Einzige, der wusste, was gespielt wurde und dass diese Fremden Amerika erobern wollten.

Jede Folge spielte sich als verzweifelter Kampf ab: Vincent, ein gewissenhafter Mann, suchte nach Beweisen für die Invasion, wohingegen die Eroberer nach seinem Leben trachteten. Das Schlimme war, dass die meisten Vincent für einen Verrückten hielten, der von fliegenden Untertassen träumte. Gern hätte ich ihm geholfen, das Unrecht vereitelt, das diesem Kämpfer für das Gute Folge für Folge angetan wurde. Für Außerirdische oder Marsmännchen interessierte ich mich normalerweise nicht, da diese ganzen Science-Fiction-Sachen kindisch waren. Mit »Invasion von der Wega« war das anders. Da wollte es einer allen zeigen und sich selbstlos für die Rettung seines Landes einsetzen – ein Held.

Wenn dahinter verwöhnte Boxer lauern …

Mit dem bisschen Taschengeld kam kein Mensch aus. Mutters Hinweis, es sich gut einzuteilen und nicht alles für Cola bei Schreibwaren Meier auszugeben, quittierte ich gleichgültig. Verdien dir doch was dazu, mit Zeitungaustragen. Große Lust dazu hatte ich keine, aber was blieb einem übrig, wenn man nicht ständig knapp bei Kasse sein wollte. Im Gemeindebüro der Wichernkirche suchten sie Schüler zum Austragen des Evangelischen Gemeindeblattes. Das hatten einige abonniert, obwohl das eine sterbenslangweilige Lektüre war. Dagegen lasen sich »Lukullus« oder die »Bäckerblume« wie Abenteuergeschichten. Mir konnte das egal sein. Mittwochs holte ich bei einer grau ondulierten Sekretärin einen Stoß Gemeindeblätter ab, so um die achtzig. Bis Samstagvormittag mussten sie ausgetragen sein. Die Leute warten darauf, sagte die Sekretärin, was ich nicht glaubte. Aufs Evangelische Gemeindeblatt warten, als sei das der »Kicker« oder der »Sportbericht«, ein lächerlicher Gedanke.

Meistens schob ich das Ausfahren bis Freitagnachmittag hinaus, je nach Witterung. Ein Vergnügen war das nicht, mit dem Rad das Gemmingstal hochzuschieben, an der Semmelweißstraße vorbei, dort, wo Sabine aus dem Konfirmationsunterricht wohnte, bis zur Dittmarstraße, wo die Tanzstundenpartnerin meines Bruders wohnte, und von dort über Seitenstraßen hinab bis zur Oststraße. Die Zeitungen falten, in den Kasten werfen, kein Problem. Bei manchen Häusern aber musste man erst die Gartentür öffnen, um zum Briefkasten zu gelangen. Und wenn dahinter Hunde lauerten, verwöhnte Boxer oder Schäferhunde, die, kaum hatte man sich in den Garten geschlichen, gemeingefährlich ums Eck stachen und den ungebetenen Gast stellten? Der Hinweis auf die gute Botschaft des Gemeindeblatts nützte da nichts. Sobald die verdächtigen Häuser in den Blick gerieten, verlangsamten sich meine Schritte. Genügte es nicht, die Zeitungen zwischen die Zaunlatten zu stecken? Doch dann regnete es, und schon beschwerten sich die Abonnenten im Gemeindebüro darüber, dass der Zusteller sich bitte bis zum Briefkasten bequemen möge.

Einmal im Vierteljahr durfte ich das Abo-Geld einkassieren. Eine verantwortungsvolle Aufgabe und eine mühsame, denn bis man alle zu Hause angetroffen hatte, das dauerte. Immerhin ließ sich dadurch der Zuträgerlohn steigern, denn die meisten Menschen waren nicht knauserig und rundeten den Quartalsbetrag auf. In der Dittmarstraße wohnten kaum Mittellose, die leisteten sich ein Trinkgeld. Hier standen Villen, vor allem in den Höhenlagen, mit schmiedeeisernen Eingangspforten und Limousinen dahinter. Warum manche Leute in Prachtbauten wohnten und andere in Sozialunterkünften, das hatte vermutlich doch nicht nur mit Fleiß oder Begabung zu tun. In der Dittmarstraße gab kaum einer die genaue Summe von 5 Mark 40. Sechs Mark, das erwartete ich insgeheim, dafür gab es ein herzliches Dankeschön. Ein älterer, hundeloser Mann in der Fichtestraße wurde von mir besonders zuvorkommend behandelt. Ohne mit der Wimper zu zucken, drückte er mir einen 10-Mark-Schein in die Hand und wollte kein Retourgeld. Das lohnte sich, da machte ich auf dem Heimweg bei Frau Meier Halt und genehmigte mir eine eiskalte Cola mit einem Fleischsalatweck.

Aus der Traum vom dritten Weg

Willy Brandt als Bundeskanzler zurückgetreten. Die Meldung schlug ein. Die DDR hatte einen Spion ins

Kanzleramt eingeschleust und unseren Regierungschef belauscht. Eine Blamage sondergleichen, die zeigte, wie man vor den Kommunisten auf der Hut sein musste. Die begnügten sich nicht damit, auf ihrem Gebiet zu herrschen und die Leute zu schikanieren, nein, die wollten den Westen dominieren und allen ihren Willen aufzwingen. Gerade mal fünf Jahre hatte Brandt regiert, doch die SPD blieb im Amt mit Helmut Schmidt als Bundeskanzler, der den Willy-Brandt-Anhängern zu kaltherzig war und zu wirtschaftsorientiert. Das mit den großen Reformen in Deutschland schien damit vorbei zu sein. Aus der Traum vom dritten Weg zwischen Kapitalismus und Sozialismus. Vater kam mit Helmut Schmidt besser zurecht, natürlich war der in der falschen Partei, aber Mumm besaß er, und reden konnte er auch. Erhard Eppler, der Heilbronner Bundestagskandidat, blieb nicht länger Minister. Aus Protest trat er zurück, was schade war, denn Eppler hatte schräg gegenüber von uns in der Hundsbergstraße gewohnt. Ein Bonner Minister adelte die Gegend gewissermaßen, selbst als linker Sozialdemokrat. Helmut Schmidt wirkte so, als wollte er sich auf das Wesentliche konzentrieren, sicher stand er auch für mehr Gerechtigkeit, ja, aber es schien so, als wolle er vor allem den Wohlstand verteidigen. Sich wehren gegen alle Seiten. Für Willy Brandt wäre das nichts gewesen. Bei den Leuten kam Schmidt an, wenn er sich beklagte, seine eigene Stromabrechnung nicht verstehen zu können.

Ich brauche diese Abenteuer!

Wie eine nackte Frau aussah, ließ sich, wenn man Glück hatte, im Fernsehen studieren, bei Salto mortale. Mutter und Vater zeigten sich nie nackt, und mit FKK, das jetzt in Mode kam, hatten wir nichts zu tun. Hinten am Köpfer, dem Trappensee gegenüber, gab es ein Lichtluftbad, was das wohl war? Mutters Reaktion zeigte, dass es dort anders als im Freibad zuging; wahrscheinlich liefen da alle splitternackt herum. Unbekleidete Frauen hingen an jedem Kiosk. »Praline« oder »Coupé« hießen die interessanten Blätter, die es zu Hause nicht gab. Auf der Vorderseite zeigten die Frauen mit nacktem Busen, was anständige Frauen nicht mit sich machen ließen. Wahrscheinlich war das gut bezahlt. Wollte man sich diese Fotos genauer ansehen, war Geschick vonnöten. Schließlich war es unmöglich, sich längere Zeit vor einem Kiosk herumzutreiben und auf die Ecke mit den Sexheften zu starren. Ich verlangsamte meinen Schritt, kaufte eine Kleinigkeit am Kiosk und tat so, als hätte ich im Moment nichts Wesentliches zu tun. Ein bisschen nach links und rechts schauen, hoffen, dass der Kioskbesitzer Kundschaft hatte und abgelenkt war von nichtsnutzigen Schülern, die sich jugendgefährdende Zeitschriftencover ansehen wollten. Immerhin gelang es gelegentlich, nicht nur die gut aussehenden Frauen zu taxieren, sondern auch einen Blick auf die Überschriften zu werfen. Von Sexbeichten war da die Rede oder von einer Frau, die Erfüllung nur bei Seitensprüngen fand. Ich brauche diese Abenteuer! Vom Kiosk oben an der Weinsberger Straße, nicht weit vom weißen Turm der Augustinuskirche, führte die Guido-Hauck-Straße hinunter zur Hundsbergstraße. Auf einer Bank am Bahngleis stapelten sich manchmal im Papierkorb »Praline«-Hefte, die ich vorsichtig hervorzog. Nach links und rechts schauend, blätterte ich rasch darin. Hoffentlich kamen keine Hundehalter daher, womöglich welche, die ich kannte. Dann warf ich das Heft in den Abfall zurück und sah auf die Armbanduhr, wie ein Junge, der zufällig auf einer Bank in der Guido-Hauck-Straße eine Verabredung hatte. Auch die Häuser auf der anderen Straßenseite galt es beim »Praline«-Lesen im Blick zu behalten. Aufsehen wollte ich nicht erregen, und wer weiß, welche eifrige Heilbronnerin sich beim Staubtuchausschütteln darüber empört hätte, dass ein Jugendlicher im Abfall nach zweifelhaften Magazinen kramte, vor ihrer Haustüre. Schlimm genug, dass solcher Schmutz verkauft wurde.

Listen and repeat

Ich ging auf eine moderne Schule. Das verkündete die Direktion lautstark beim Elternabend, man musste sich gegen die Konkurrenz, gegen das neue Mönchseegymnasium, wappnen. Deshalb bekamen wir ein Sprachlabor, eine famose, kostspielige Einrichtung, die, wie der Name verrate, auf dem aktuellen pädagogisch-technischen Stand sei und für den Fremdsprachenunterricht einen unbedingten Fortschritt bedeute. So ein Labor hatte mit Chemie nichts zu tun; es bestand aus Einzelkabinen wie in einer Telefonzentrale, man suchte sich eine Kabine aus, am besten nicht zu weit vorne, und setzte Kopfhörer auf. Sofern die nicht defekt waren, was häufig geschah. Wie beim Tonbandgerät spulte man vor oder zurück und sprach nach, was eine englische Stimme erzählte. Listen and repeat. Vorne in erhöhter Position, wie am Mischpult in der ZDF-»Hitparade«, saß Kerner, der Englischlehrer, und schaltete sich in die Kabinen zu. Heimlich hörte er mit, ob man die englische Aussprache gut getroffen hatte. Wenn nicht, korrigierte er über den Kopfhörer und forderte zu einem neuen Versuch auf. Nach den ersten Stunden im Sprachlabor legte sich die Aufregung. Mehr als zwei-, dreimal kam man in fünfundvierzig Minuten nicht dran; die restliche Zeit verplemperte man, schob dem Nachbarn Zettel zu oder griff ihm, unter den Trennwänden hindurch, in die Hose. Was Kerner davon mitbekam? Durch die Kabinenwände und die breiten Pulte waren wir gut versteckt, besser als im Klassenzimmer. Die große Revolution schien dieses Sprachlabor nicht zu sein; die Unterrichtsstunden, die dort abgehalten wurden, ließen sich bald an einer Hand abzählen. Trotzdem sei es ungeheuer wichtig, den Englisch- oder Französischunterricht von Eingeborenen, sogenannten »native speakers«, vermittelt zu bekommen. Unter denen gab es komische Figuren, wie den rotgelockten amerikanischen Austauschlehrer Millar, der sich verzweifelt abmühte, als Lehrer akzeptiert zu werden. Sein gutes Englisch nützte ihm da nichts. Mit Klassenbucheinträgen versuchte er Autorität zu zeigen. »Rickert beleidigt den Lehrer mit Goethes Götz«, stand da, was Rickert nicht störte und selbst vom Klassenlehrer mit kaum verborgenem Lächeln kommentiert wurde. Englischlehrer Mehl ließ Sätze aus dem Deutschen ins Englische übersetzen, in einem Ausscheidungswettbewerb, wie beim DFB-Pokal. Zwei Schüler traten gegeneinander an, postierten sich hinter den Tafelwänden und versuchten Mehls Aufgabe zu lösen. Der Gewinner zog in die nächste Runde ein, ein K.-o.-System bis zum Finale. Meistens siegte Kippler, der in Australien aufgewachsen war und deshalb einen unaufholbaren Vorsprung hatte, Heimvorteil sozusagen. Mehls Kollege Kerner, das ließ er durchblicken, fand diese Form des Englischunterrichts pädagogisch unter aller Kritik, da die, die es nicht einmal bis ins Achtelfinale schafften, nicht mehr aktiv an den Lerninhalten teilnähmen. Mir als Fußballfan machte das nichts aus.

Ist der Schweinsbraten für Sie?

Onkel Alfred sei tot, tot in seinem Volkswagen aufgefunden, in der Nähe des Schwandorfer Volksfestplatzes. Warum das, warum Alfred, der Maler unter den Brüdern, der bei der Stadt angestellt war und dennoch nicht wie ein Beamter wirkte? Anfang fünfzig, Herzinfarkt, Tante Burgl weinte am Telefon. Genaues wisse man nicht. Wir fuhren zur Beerdigung. Tante Burgl war nicht zu beruhigen. Immer wieder brach sie in Schluchzen aus, schüttelte sich vor Krämpfen. Was soll ich tun ohne meinen herzensguten Alfred. Ich will sterben.

Alles ist sinnlos. Hilflos versuchten Vater und Mutter sie zu trösten. Denk an deine Kinder, Burgl. Ja, meine Kinder, schrie Burgl und klammerte sich wehklagend an die beiden. Was sollte ich denen sagen? Schwer vorstellbar, den Vater zu verlieren, aus heiterem Himmel, ohne Ankündigung. Was sollte ich mit dem Cousin und der Cousine sprechen, die selbst nichts zu sagen wussten? Belangloses, aber ja nichts Heiteres. Als Großmutter starb, war ich zu jung, um zu verstehen, was da geschah. Jetzt der tote Onkel, der Wind auf dem Friedhof. Wir standen ratlos da, Tante Burgl und ihre offene Verzweiflung vor Augen. Der Priester erzählte aus Alfreds Leben. Die Brüder senkten den Blick. Wenn der Jüngere stirbt, weiß man, dass es für einen selbst bald Zeit sein kann. Es hing alles am seidenen Faden. Jeder Familienzusammenhalt brach im Nu auseinander, durch einen Unfall, einen Herzinfarkt. Und ich lebte jeden Tag so, als sei gesichert, dass ich unzählige künftige Tage erleben würde, als bliebe sich alles gleich, als würden Vater und Mutter nie sterben, als wäre ich unverletzbar, als würde man älter, ohne dass sich etwas änderte.

Wohin schaut man auf dem Friedhof, wenn man die anderen nicht mustern möchte? Ich stehe neben Mutter, verloren. Der unvermeidliche Leichenschmaus, in einer Oberpfälzer Wirtschaft, wie es sich gehört. Ist der Schweinsbraten für Sie? Alle essen, alle wollen zeigen, dass es weitergeht mit dem Leben, mit der Verdauung. Das Essen ist leichter zu ertragen als das Begräbnis, als sich Onkel Alfreds Sarg hinuntersenkte ins Kalte und Schwarze. Am nächsten Tag fahren wir zurück, tun so, als sei nichts Gravierendes geschehen. Ich weiß es besser, schweige, hinten im Wagen sitzend, und hoffe, dass wir rasch nach Hause kommen.

Einmal Füße im Feuer!

»Zwei Segel erhellend / Die tiefblaue Bucht! / Zwei Segel sich schwellend / Zu ruhiger Flucht!« ... So setzte das Gedicht ein, das wir interpretierten. Geschrieben von einem Schweizer, von dem »Füße im Feuer« war, eine Ballade, die Hartmann bevorzugt als Strafarbeit aufgab. Einmal Füße im Feuer abschreiben. Oder gleich zweimal. Die Segel waren anders, so friedlich. Man sah das Wellenspiel vor sich. Ich stellte mir das Meer vor, das Meer, das ich bislang nur aus Filmen und aus Geschichten kannte. Oder den Bodensee. »Wie eins in den Winden / Sich wölbt und bewegt, / Wird auch das Empfinden / Des andern erregt« ... Klang das nicht harmonisch, zu harmonisch, wie ein Liebesgedicht, das von keiner Krise, von keinem Sturm etwas wusste? Ging es der Literatur nicht ums Aufrütteln, ums Aufzeigen des Furchtbaren, des Hoffnungslosen? Wollten die Dichter nicht anklagen, die – wie hieß das? – »strukturelle Gewalt« aufzeigen, das, was die Menschen vom Glücklichsein abhielt?

Ich ging dem nach, traute den beiden Segeln nicht über den Weg. »Begehrt eins zu hasten, / Das andre geht schnell, / Verlangt eins zu rasten, / Ruht auch sein Gesell« ... Wo gab es so etwas, den völligen Einklang? War das nicht ein Zeichen von Schwäche, von Lethargie?

Gewiss, wer liebt, sucht die Verständigung, die Übereinstimmung, doch so glatt konnte das in dem Gedicht nicht gemeint sind. Die »Zwei Segel« symbolisierten vermutlich eine heimliche Anklage, einen Appell des Dichters, sich nicht zu früh mit Befriedung abzufinden, sich nicht in die Herde, in das Konzert gleich schwingender Segel zu integrieren.

So legte ich Eifer in meine Interpretation, unterstellte Conrad Ferdinand Meyer dies und jenes. Es gab keinen selbstverständlichen Einklang mehr in der Welt, nach den Erfahrungen des 20. Jahrhunderts. Das sagten alle in der Schule. Ich mühte mich ab, die drei Strophen gegen den Strich zu lesen. Hartmann sah das nicht so, gab mir eine Zwei minus, mit einem Minuszeichen, das er über fünf Zentimeter hinzog. Ich blieb unsicher. Waren diese Segel nicht abhängig voneinander, blinde Gefolgsleute diktatorischer Mächte, des Windes, der die Segel zur Einförmigkeit zwang? Strukturelle Gewalt, ja, die brach allen das Genick. Sie war schwer zu fassen, allgegenwärtig. Wie ging man gegen die an?

1. oder 2. Rang

Einen Film im Fernsehen oder einen Film im Kino zu sehen – kein Vergleich. Endlich war ich alt genug, allein ins Kino, ins Universum, zu gehen, ohne Begleitschutz des Bruders. Wenn auch nur in jugendfreie Filme, ab 12. Mutter und Vater gingen ohnehin selten ins Kino. Ach, das haben wir früher gemacht. Jetzt gibt es Fernsehen, ist doch viel bequemer. Im Kino ließ man sich ganz und gar auf das Kommende ein. 1. oder 2. Rang. Wenn die Lichter ausgingen, Tüten knisterten und ein Husten zu hören war, tauchte ich ab in Bilder, die mächtig wirkten, großformatig auf mich einprasselten. »Is' was, Doc?«, ein lustiger Streifen, eine Komödie, vermengt mit einer Liebesgeschichte. Barbra Streisand und Ryan O'Neal spielten ein Paar, das sich zufällig kennenlernte, in einem Supermarkt, und von da an ereigneten sich ständig komische Katastrophen, mitten in San Francisco. Natürlich war Liebe zwischen den beiden im Spiel. Herrlich, im Dunkeln zu sitzen, von niemandem gestört, keine Kommentare. Kino war ein Raum für sich, eine Fluchtkapsel.

Warum starben die alle?

Moderner Schulunterricht berücksichtigte moderne Medien und triviale Kunstformen, deren Täuschungen und Tricks wir entlarven sollten. Werbetexte besprachen wir und untersuchten literarischen Kitsch, wobei es nicht leicht war, den vom Nicht-Kitsch zu unterscheiden. Und wir sahen Filme, manche mehrfach wie »Die Brücke«, der vom Krieg zeigte, was ich mir nicht vorstellen konnte. Wie auch sich ein Bild machen von Schützengräben, Querschlägern, Maschinengewehrsalven und Bombenabwürfen? Von der Zerstörung Heilbronns im Dezember 1944, an die Jahr für Jahr erinnert wurde und die dennoch denen nicht plastisch wurde, die sie nicht erlebt hatten, in den demolierten, ausgebombten Häusern. Ja, in Krimiserien und Western wurde auch geschossen, und Menschen gingen drauf. Doch der Krieg war echt, Vater hatte ihn als junger Mann durchgemacht, ohne später jemals davon zu erzählen, von einer Erfahrung, die ich nicht kannte, die alle Jüngeren nicht kannten. Wie lange würde das dauern, diese Friedenszeit, die manche immer noch Kalter Krieg nannten? Es müsse alle paar Jahrzehnte einen Krieg geben, sagten einige; so sei der Mensch, und dazu treibe die Großmachtpolitik automatisch hin. Wie hätte ich mich verhalten, wenn ich einer von den Jungen in Wickis »Die Brücke« gewesen wäre? Hätte ich mitgemacht? Wäre ich davongelaufen? Wie groß wäre meine Angst gewesen? Von kriegerischem Heldentum hielt ich nichts, aber wusste ich, was ich aufs Spiel gesetzt hätte, um mich dem Krieg, den Nazis zu entziehen? Natürlich sagten alle, die sich für politisch bewusst hielten, dass sie die Ideologie früh durchschaut und sich dem Widerstand angeschlossen hätten. War das das Gerede von Besserwissern, die es bislang bequem gehabt hatten? Was verstand man von der Zeit, in der man selbst lebte? Was durchschaute man? Das wusste ich auch nicht, nachdem ich »Die Brücke« zwei-, dreimal gesehen hatte. Es war still im Klassenzimmer, als der Film abgespult war. Darüber sprechen? Die sinnlose Ernsthaftigkeit der Jungen, kämpfen, verteidigen, um sich erwachsen zu zeigen. Grausame, brutale Szenen, von durchfetzten Leibern, von Blutlachen, von dreckverkrusteten Gesichtern, von Jungen, die kaum älter waren als ich. Einer nach dem anderen verreckte, Fritz Wepper, den ich als Assistenten aus »Der Kommissar« kannte, spielte mit. Warum starben die alle? Die Bilder blieben haften, obwohl ich mich dagegen wehrte. Welche Schlüsse zog man daraus? Gegen ein sinnloses Sterben wie in »Die Brücke« waren alle. So wie alle den hungernden Kindern in Afrika helfen wollten. Wie kämpfte man konkret dagegen an, in Heilbronn am Neckar? An der Schule existierte ein »Politischer Arbeitskreis«, PAK genannt. Die waren für Abrüstung, für Sozialismus, freiheitlich natürlich, für Chancengleichheit, gegen den baden-württembergischen Kultusminister Hahn – mitmachen wollte ich da nicht. Nicht aus Opposition, es fehlte mir an der Entschlusskraft zu eindeutigen Urteilen. Mit wem ich keine gemeinsame Sache machen wollte, war klar, aber das reichte nicht aus, um mich politisch auf eine Seite zu schlagen. In den Romanen, die ich las, in Daniel Defoes »Moll Flanders«, Hermann Hesses »Unterm Rad«, Friedrich Torbergs »Der Schüler Gerber«, ging es um Opposition gegen alte Normen, gegen Scheinheilige, gegen Ausbeuter, und doch blieb das in der Literatur offen, schwang etwas mit, was sich nicht auf einen Nenner bringen ließ. Um diese Lücke ging es mir.

Annabelle, ach, Annabelle, du bist so herrlich unkonventionell

Im dritten Programm des Südwestfunks lief nicht die Musik, die ich mochte. Manchmal, am Sonntag, kam eine Hitparade, die Karlheinz Kögel moderierte, der mit der Schlagersängerin Paola liiert war und der Sachen von Liedermachern spielte. Reinhard Mey und sein »Annabelle«, das vielen SWF3-Hörern nicht gefiel. Der Sender ließ es darauf ankommen, und Kögel erklärte die Fremdwörter, die es enthielt: destruktiv, unkonventionell, progressiv, Non-Konformisten-Uniform – Wörter, die eine junge Frau auf der Höhe der Zeit beschrieben. Darüber machte sich Reinhard Mey lustig, und das durfte man nicht. Er denunziere die Frauenbewegung, die Aufklärung, spiele der Reaktion in die Hände. Überhaupt galt den Linken Reinhard Mey, dieser nette Junge mit Gitarre, nicht als richtiger Linker. Das war keiner wie Süverkrüp, Degenhardt – der mit den Schmuddelkindern – oder Wader, der lief Gefahr, mit den Spießern gemeinsame Sache zu machen, die eine wie Annabelle ablehnten, mit denen, die in Kneipen oder auf den Fußballplatz gingen, anstatt sich über die Zustände in der Dritten Welt weiterzubilden. »Annabelle« war ein vertracktes, ein tückisches Lied, weil es sich mit denen verbrüderte, die Ekelpakete waren. Da war mir Ulrich Roski lieber, der »Des Pudels Kern«, »Der kleine Mann von der Straße« und »I'm a lonesome rider« sang, wo englisch und deutsch vermischt wurden: »Mann, die Cow is über'n Fence gejumpt und hat dann deinen Benz gerammt.« Witzig war das, rief aber nicht gerade zum politischen Handeln auf. Den ganzen Tag konnte man nicht mit Revolte zubringen.

Wie er mit dem Ball umging und leichtfüßig über grätschende Beine sprang

Heilbronn war nicht der Nabel der Welt, daran hatte ich mich gewöhnt. Immerhin kannten viele die Autobahnabfahrt und das Weinsberger Kreuz. Fußballerisch konnte sich Heilbronn sehen lassen, denn der VfR mischte in der Regionalliga mit und wollte aufsteigen in die neu gegründete zweite Bundesliga. Meistens ging ich allein ins Stadion an der Badstraße, stellte mich oben auf den Stehwall zu einer Gruppe von Männern, die ich nicht kannte. Zwischen den groben Steinstufen wuchsen Gras und Moos. Man sah hinüber auf die Tribüne, wo die Großkopfeten saßen, die besonders laut schrien, wenn ihnen etwas nicht passte. Ich wollte bei Erwachsenen stehen, mit denen meine Kommentare zu Schwalben und gelben Karten ernsthaft erörtern. Der beste Platz war auf der Höhe zwischen Mittellinie und Eckfahne, sodass man strittige Abseitsentscheidungen beurteilen konnte und von beiden Spielhälften etwas mitbekam. Die Heilbronner schlugen sich gut, einmal verloren sogar die Augsburger bei uns, obwohl die Nationalspieler Haller in der Mannschaft hatten, der, der 1966 bei der WM im Endspiel mit dabei gewesen war. Jetzt sah er fülliger aus und vermochte gegen die VfRler und die 16000 Zuschauer nichts auszurichten. Und die Offenbacher, der Bundesligist, verloren sogar im Pokal. Was für Glücksmomente, wenn ein Tor zu erahnen war, wenn die Arme von Tausenden in die Höhe schnellten, bis zum befreienden Schrei, der den Treffer feierte! Ich sprang hoch, bejubelte die Offenbacher Nie-

■ *Mein VfR Heilbronn.*

derlage, 2 : 0, schlug fremden Männern auf die Schulter, Männern, die mich im Bus oder auf der Sülmerstraße keines Blickes gewürdigt hätten. Nicht alles erkannte man im Stadion so genau wie zu Hause vor dem Bildschirm, aber hier war ich mittendrin, zitterte gemeinsam, bis der unfähige Schiedsrichter endlich abpfiff, und ich sah die Pokalhelden als reale Wesen, nicht als Namen in einer gedruckten Aufstellung.

Was der VfR Heilbronn für tolle Spieler hervorbrachte, den Torwart Werner Pfeifer etwa, der sogar für die Stuttgarter Bundesligaspiele absolviert hatte, ein souveräner Keeper, der keine Sperenzchen machte. Oder Hansi Hägele im Sturmzentrum, der schlitzohrige Torjäger, einer wie Gerd Müller, wuselig im Strafraum und Sekundenbruchteile schneller als die gegnerische Abwehr. Und Gallo Hagner, einer aus der Region, ein bulliger Mittelfeldspieler, der die Granaten in die Maschen hämmerte und in regelmäßigen Abständen vom Platz flog. Karl-Heinz Frey, der langhaarige, schlaksige Außenstürmer, der alle schwindlig spielte und von Schalke 04, ja, den Schalkern in der ersten Liga, abgeworben wurde. Wie er mit dem Ball umging und leichtfüßig über grätschende Beine sprang. Ausländer spielten auch mit, ein langsamer Österreicher, der Hohenwarter hieß, die Jugoslawen Illic und Micic. Und Alber, Seyffer, Griesbeck, Kubasik, Grimm, Herz, Haaga, Weil, Racky, Hrynda. Klangvolle, schöne Namen. Ich ließ sie auf der Zunge zergehen, und wenn ich sie zehnmal hintereinander herunterrasselte, erhielten ihre Silben einen unwirklichen Klang, als hätten sie sich von ihren Trägern gelöst. Im Fußball konnte sich Heilbronn wirklich sehen lassen.

Nach Spielschluss ging es eilig nach Haus, um schnell wegzukommen, in den Einserbus zu steigen, der bis zum Karlstor fuhr. Wenn Vater ins Stadion ging, brach er zehn Minuten vor Ende auf, weil er Staus vermeiden wollte. So konnte man sich nie darauf verlassen, welches Endergebnis er mit nach Hause brachte. Seine Aussagen glichen einer vagen Hochrechnung. Ja, es schien eine Garantie dafür zu geben, dass Tore fielen, sobald Vater das Stadion durch das Drehkreuz verlassen hatte. Ich blieb bis zum Abpfiff, bis zu dem Moment, da tiefe Enttäuschung oder helle Begeisterung amtlich bestätigt war. Zum Glück gab es die Hoffnung, dass kommende Woche alles anders aussieht.

Sein wie dieser Karl Moor, wenn man sich trauen würde

»Die Räuber«, von unserem großen schwäbischen Dichter Friedrich Schiller. Der mit Goethe befreundet war, in Weimar, das heute DDR war, und in jungen Jahren gestorben war. Goethe, hieß es, sei etwas für die reiferen Leser, obwohl er im Sturm und Drang geschrieben habe, den Werther, wo sich einer aus Liebeskummer umbringt, an Weihnachten. Später sei Goethe, der trotz Böll bedeutendste Dichter deutscher Zunge, Staatsmann geworden, und als er endlich gestorben war, wussten die jungen Dichter nichts mit ihm anzufangen. Schiller hingegen gefiel mir, sein Stück von den Räubern, die gegen die Herrscher aufstanden, hatte etwas Rebellisches. Sein wie dieser Karl Moor, wenn man sich trauen würde. Es ging um den Konflikt zwischen Gesetz und Freiheit. Um die Frage, was erlaubt sei, um ein bestimmtes moralisch gerechtfertigtes Ziel zu erreichen. Schwierig zu sagen, zumal im Unterricht sofort Parallelen gezogen wurden zu den Taten der Baader-Meinhof-Leute. Vielleicht wurden die ja vom Osten bezahlt, um unseren freiheitlichen Staat zu untergraben und um uns den Wohlstand zu nehmen. Karl Moor sei ein irregeleiteter Idealist, das seien die Schlimmsten. Aber ohne Idealismus sei alles nur materialistisch, was dem Menschen nicht entspreche. In Heilbronn habe sich Schiller aufgehalten, ohne Begeisterung an den Tag zu legen.

Die Tanzstunde schadet niemandem

In die Tanzstunde gingen fast alle, obwohl kaum einer Lust hatte, in die Tanzstunde zu gehen. Was sollte man da? Lächerliche Standardsätze – darf ich um diesen Tanz bitten? – einüben und das Gesicht verziehen, wie die professionellen Tänzer, die sich ab und zu in eine Sportsendung im Fernsehen verirrten. Künstlich grinsende Gestalten, die das Kreuz durchbogen und wie winselnde Hündchen auf die Wertungen der Richter warteten. Die Tanzstunde schadet niemandem, sieh deinen Bruder an, der hat es auch überlebt. Später bei Einladungen und Feiern bist du froh, wenn du nicht in der Ecke stehst, sondern weißt, wie ein Foxtrott oder Tango geht. Ja, mein Bruder war auch bei Vöhringer-Fenske gewesen, in der führenden Tanzschule, gleich hinter der »Heilbronner Stimme«, und für den Abschlussball hatte er sogar eine ansehnliche Partnerin abbekommen, deren Familie eine Villa in der Dittmarstraße bewohnte. Das Ehepaar Vöhringer-Fenske sah aus wie ein billiges Abziehbild der Fernsehtanzpaare. Sie trug das Haar arrangiert wie Tante Carmen, während ihm niemand geraten hatte, die Anzüge zwei Nummern größer zu kaufen. So sah er aus wie eine schimmernde Rügenwalder, die drohte, jeden Moment aufzuplatzen. Mit gefrorenem Lächeln führten sie Zwischenschritte und Drehungen vor, auf die man sich höllisch konzentrieren musste. Mühsam versuchten sie den Glanz des Tanzes zu vermitteln, doch ich hatte den Eindruck, dass sie einander verachteten. Das war keine angenehme Tätigkeit, halbwüchsigen Jugendlichen mit ungelenken Gliedmaßen und fehlgeleitetem Gehör die große Welt der Rumba nahe zu bringen. Ich mühte mich redlich, litt darunter, dass mein musikalisches Unvermögen es schwer machte, den Einsatz zu finden. Ja, beim Wiener Walzer ging das, da hörte selbst ich heraus, wann mit den kreiselnden Drehbewegungen zur schönen Donau zu beginnen sei. Auch der Tango warf, zumindest mit den ersten Takten, keine Probleme auf. Aber wie um Gottes willen schaffte man es, einen Slowfox von einem Langsamen Walzer oder einer Rumba zu unterscheiden? Ängstlich blickte ich nach links und rechts, hielt mich an die, die so taten, als besäßen sie das absolute Gehör und wüssten genau, welcher Musikakkord welche Bewegung nach sich zu ziehen hätte. Ein paar unter uns schienen an diesem Tanztraining Gefallen zu finden, wirbelten durch den Saal und schreckten selbst vor einem hektischen Jive nicht zurück. Beim Tanzen konnte man viel falsch machen. Den Rhythmus finden, als Mann die Führung übernehmen, was immer das bedeutete, die Füße der Partnerin und die eigenen im Blick behalten, keine Kollisionen mit anderen Paaren heraufbeschwören, starke Transpiration vermeiden und die Hand auf dem Rücken der Partnerin so platzieren, dass nichts Zweideutiges geschah und gleichzeitig ein erotisches Kribbeln entstand, wenn die Hand kühnerweise dem Po entgegenstrich und nicht in der neutralen Rückenzone verweilte.

Das verlangte Konzentration, von der ersten Minute an, wenn sich die Teilnehmer, nach Geschlecht getrennt, aufreihten und man auf dem Sprung war, Herrn Vöhringers Startsignal nicht zu verpassen. Ich musterte die Rei-

Sie und ich.

he der Mädchen, wusste, was ich vorhatte. Mit manchen wollte ich auf keinen Fall auf die Tanzfläche, geschweige denn, sie als Partnerin zum Abschlussball haben. Andererseits fielen nicht wenige der Mädchen unter die Rubrik »Eine Nummer zu groß«. Ich wollte mein Glück dennoch probieren. Einen Korb zu bekommen war erniedrigend, eine Aufforderung zum Tanz – »Wollen wir?« –, die abgelehnt wurde ... was konnte es Demütigenderes geben als das Sich-Davonschleichen mit einem Gesichtsausdruck, der versuchte, den Schmerz zu verbergen, und mit sofort sich einstellenden Überlegungen, die der peinlichen Abfuhr Positives abgewinnen wollten? Dass das nichts zu bedeuten habe, dass das ohnehin eine blöde Schnepfe sei und ich mich froh schätzen könne, der entkommen zu sein. Aber ich hatte großes Glück und bekam Marion ab, ein Mädchen mit langen dunklen Haaren, schlanker Figur und einem zurückhaltenden Lächeln, das der Veranstaltung Vöhringer-Fenske keinen zu großen Ernst beizumessen schien. Marion sprach wenig, im Gegensatz zu ihrer blonden Zwillingsschwester – zweieiig waren die! –, um die sich ein Klassenkamerad kümmerte und die, fand ich, nicht so gut aussah wie Marion. Ab und zu blieb mein Arm länger an ihrer Hüfte liegen, länger, als es der Tanz erforderte. Aufpassen musste man dabei, damit es nicht wie eine plumpe Annäherung aussah. Nichts schlimmer als die Vorstellung, einen Satz wie »Nimm deine Hände da weg« um die Ohren gehauen zu bekommen. Marion wehrte sich nicht gegen meine zarten Kontaktaufnahmen, vielleicht registrierte sie die gar nicht, war selbst froh, wenn die Tanzstundenzeit, diese

Vorbereitung aufs Erwachsenenleben, bald abgeschlossen wäre. Erwachsen zu sein bedeutete offenkundig, Dinge zu tun, die man widerwillig tat, oder sich einzureden, sie gern zu tun. Eine Schau, die man da abzog, die auch Vater abzog, wenn er Tag für Tag ins Büro ging, die Miene geschäftsmäßig seriös ausgerichtet, die Krawatte akkurat gebunden. Ach ja, um eine Krawatte, um einen Binder kam ich nicht herum. Für den Abschlussball war das vorgeschrieben, eine Herausforderung, denn wie gelang es einem, sich dieses Stück Seide kunstgerecht um den Hals zu schnüren, einen Windsor-Knoten zu fixieren? Vater versuchte, mir die Kniffe beizubringen, begann bald zu schimpfen, da es etwas ganz anderes sei, ob man sich die Krawatte selbst vor dem Spiegel binde oder einem anderen zur Hand gehe. Zum Glück gab es vorgeknotete Krawatten, die man in den Hemdkragen steckte, ein Trick, den Kenner allerdings durchschauten.

Besser sah ich mit diesem Binder nicht aus. Aber da half nichts, ich ging mit Mutter in die Stadt, um mich für den Abschlussball in der »Harmonie« einzukleiden. Modisch modern sollte der Anzug sein, nicht so langweilig wie die Erwachsenenanzüge. Und nicht zu teuer. Wer weiß, wann du die Sachen wieder trägst, wahrscheinlich hängen die danach monatelang im Schrank. Wir wurden fündig, ich trug einen schwarzen Cordanzug, ein gelbes Hemd und eine grasgrüne Krawatte, was mir eine auffällige Note verlieh. Dazu das längere, fast lange Haar, das nach zwei, drei schweißtreibenden Tänzen an meiner Stirn klebte. Marion ertrug auch das, sah schön aus in ihrem langen, schlichten Kleid, das ihr gut stand.

Weil es regnete, strahlte für Lia Manoliu die Sonne

Manche Bücher waren unerschöpfliche Fundgruben, man las sie immer wieder und fand immer wieder Neues. Das sei, sagte der Deutschlehrer, ein Qualitätsmerkmal von Büchern, das zeige, dass es sich nicht um eindimensionale Trivialtexte handele. Er meinte dabei vor allem Romane wie Fontanes »Effi Briest« oder Goethes »Leiden des jungen Werther«, die wir parallel zur Version eines DDR-Autors lasen, der Plenzdorf hieß und eine Art modernen Werther geschrieben hatte, eine Fassung, die, wiewohl ein DDR-Produkt, bei uns im Unterricht vorkam. Für mich beschränkte sich die Qualität der Vielschichtigkeit nicht auf literarische Werke, die Jahrzehnte auf dem Buckel hatten. Heribert Meisels Geschichte der Fußballweltmeisterschaft 1966 fand ich nie langweilig, obwohl ich den betrüblichen Ausgang – Deutschland verlor nach einem Linienrichterbetrug das Endspiel gegen die blöden Engländer – gut genug kannte. In den Geschichten zu den einzelnen Spielen, den Zeichnungen und den Schwarz-Weiß-Fotos gab es immer etwas zu entdecken, und manche Ereignisse bewegten mich wie eine Fernsehserie, wie eine Folge »High Chapparal«. Dass vor dem Turnier der Weltcup, diese Trophäe, die alle haben wollten, gestohlen und von einem schlauen Hund aufgespürt wurde, nicht zu glauben! Und das Gesicht des deutschen Schiedsrichters Kreitlein, der sich mit den argentinischen Spielern, berüchtigten Raubeinen, angelegt hatte und mit Polizeischutz in die Kabine begleitet wurde. Kreitlein war Schneidermeister aus Stuttgart, und ich wunderte mich, warum er ein Schiedsrichterhemd trug, das eine Art Blouson war mit Reißverschluss, der nach dem Abpfiff offen stand, als müsse Kreitlein sich auslüften und den Schweiß, den Angstschweiß, loswerden. Und Uwe Seeler, dieser tadellose Sportsmann, den auch Vater mochte, obwohl er ansonsten zu den süddeutschen Vereinen hielt, der von einem uruguayischen Spieler – die waren nicht besser als die Argentinier! – geohrfeigt wurde, nachdem dieser vom Platz gestellt worden war. Der niederträchtige Uru hatte darauf spekuliert, dass Uns Uwe sich wehrte und dann notgedrungen mit vom Platz flöge. Doch da kannte er unseren Uwe nicht, der die Ohrfeige in Empfang nahm, einen Moment lang stutzte und sich abwandte. Männlich war das nicht, sich von einem anderen schlagen zu lassen, biblisch vielleicht, die andere Wange hinhalten. Uwe machte das nichts aus, und sein Ansehen als Mann litt darunter nicht, im Gegenteil. All das las ich in Meisels dickem Buch nach, das ich auch mitgenommen hatte, als ich beim Stadtentscheid des Vorlesewettbewerbs teilnahm. An der Schule hatte ich mich dafür qualifiziert, nun galt es: Mein Lesestück aus Meisels WM-Geschichte kam nicht bei allen Punktrichtern gut an. Einige von ihnen fanden es unpassend, aus einem Fußballbuch vorzulesen, warum nicht Astrid Lindgren oder Otfried Preußler, so wie die anderen. Auf Platz 5 kam ich immerhin, das reichte nicht für die Meisterschaft, war aber eine ordentliche Platzierung. Davon zehrte ich.

Meisels Buch nahm es nur mit einem zweibändigen Werk auf, das ich aus der Stadtbücherei entlieh. Ekkehard zur Megedes »Geschichte der olympischen Leichtathletik«, auf dessen gelb-schwarzem Schutzumschlag

Der Gold-Werfer.

das olympische Feuer loderte. 1896 setzte das Buch ein, mit der Neuauflage der Olympischen Spiele in Athen. Es enthielt alle Siegerlisten, die Vorlaufergebnisse und bot großartige Möglichkeiten, Zeiten und Weiten zu vergleichen. Es schilderte die Ereignisse, als handele es sich um Heldensagen, um Gustav Schwabs Geschichten vom betrogenen Odysseus, vom Riesen, der Niemand hieß, von den Sirenen und von blinden Sehern. Was für einen Unterschied machte es da, ob es um Agamemnon ging oder um den Schafhirten Spiridon Louis, der, nachdem er sich mit einem Viertelliter Wein gestärkt hatte, das Marathonrennen von 1896 gewann. »Das Drama um Bengt Nilsson«, »Der Wind half Egil Danielsen«, »Weil es regnete, strahlte für Lia Manoliu die Sonne« – mit solchen Überschriften machte dieser zur Megede aus Läufern und Werfern Helden des Stadions, an deren Glück und Leid ich inbrünstig Anteil nahm. Der italienische Sprinter Livio Berutti, der eine Sonnenbrille trug, die Weitspringer Igor Ter-Owanesian, Lynn Davies und Ralph Boston, der Hindernisläufer Gaston Roelants, der Barfußläufer Abebe Bikila aus Äthiopien, die US-Sprinter Carlos und Smith, die 1968 für »Black Power« demonstrierten und aufs Übelste dafür beschimpft wurden, und der australische Langstreckler Ronald Clarke, der mich an Richard Kimble erinnerte, nicht zuletzt, weil ihn Tragik umschattete. Hinweggefegt hatte Clarke mehrmals die Weltrekorde und war als Erster die 10000 Meter unter 28 Minuten gelaufen, eine fabelhafte Leistung. Bei Olympischen Spielen spielte das Schicksal dem Tempoläufer mit. Der schlechte Spurter Clarke versuchte vergeblich, seine Widersacher mit schnellen Antritten zu zermürben, und wurde in der Schlussrunde überrannt. Leidend blickte er den Fersen seiner Gegner hinterher, mehr als eine Bronzemedaille, 1964 in Tokio, blieb ihm nicht, und in der grausamen Höhenluft von Mexiko City 1968 rangierte Ronald Clarke, mein fataler Held, weit abgeschlagen, ohne jemals mehr auf Gold hoffen zu dürfen.

Wie anders dagegen der Amerikaner Al Oerter, dessen Erfolge Ekkehard zur Megede in wärmsten Worten beschrieb. Ein sympathischer Mann, dieser Diskuswerfer, der – darauf kam es an – im richtigen Moment in Bestform war und sich nicht von den Weltrekordwürfen seiner Konkurrenten Ludvík Danek oder Jay Silvester aus der Ruhe bringen ließ. Viermal hintereinander, von 1956 bis 1968, gewann Oerter die Goldmedaille, ohne Spektakel, ruhig und sachlich, als ginge er zur Arbeit und bestätigte abends seiner Familie die erfolgreiche Verrichtung. Wer wollte es Al Oerter gleichtun, dem hoch konzentrierten Diskuswerfer, dessen Anwesenheit die anderen zappelig werden ließ? So weit musste man es bringen, sicher auftreten, kaum Worte verlieren, die Sache erledigen, den Sieg davontragen.

Dass so einer fürs Fernsehen drehen durfte

Deutschlehrer Renner gehörte den Sozialdemokraten an, das war kein Geheimnis, zumal er am Anzugrevers eine Anstecknadel trug, die mit der SPD oder mit der Gewerkschaft zu tun hatte. Er war ein kleiner Mann, der Eleganz ausstrahlte und trotz seiner von Krankheiten angegriffenen Statur Eindruck machte. Er gab sich nicht als wilder Revolutionär, der die Produktivkräfte freisetzen wollte, trug hellgraue Anzüge, als hätte er immer hellgraue Anzüge getragen, und lenkte vorsichtig das Augenmerk auf ihm wichtige Dinge. Auf eine Serie zum Beispiel, die nicht dem entsprach, was üblicherweise im Fernsehen kam, die auch nicht mit den »Unverbesserlichen« zu vergleichen war. »Acht Stunden sind kein Tag« hieß sie und stammte von Rainer Werner Fassbinder, einem Filmemacher, der einen angefressenen Bart hatte, ungesund aussah und schwul sein sollte. Dass so einer fürs Fernsehen drehen durfte. In der Serie ging es anders zu als bei uns zu Haus, wilder, heftiger und aufwühlender. Arbeiter kamen darin vor, einer davon mit einer erschreckend breiten Nase, Arbeiter, die aufstanden gegen die Geschäftsführung und Verbesserungsvorschläge machten. Und ein altes Liebespaar, das Vater nicht leiden konnte, weil der Mann von Werner Finck gespielt wurde, einem Kabarettisten, dessen stotternde Auftritte er unmöglich fand. Wie normale Großeltern traten Finck und Luise Ullrich nicht auf, lebten in wilder Ehe, in dem Alter, und ließen sich von den Jungen nichts gefallen. Vater nörgelte an diesem und jenem herum, ich bestand darauf, dass das Fernsehgerät nicht ausgeschaltet werde, weil wir darüber, bei Renner, einen Deutschaufsatz zu schreiben hätten. Mir gefiel die Serie, obwohl ich den Eindruck hatte, der Regisseur lenke die Sympathien des Publikums zu eindeutig. Was von den Arbeitern und den Bossen zu halten war, stand von vornherein fest. Andererseits zeigte »Acht Stunden sind kein

Tag« Menschen, die handelten, wenn ihnen etwas nicht passte, sich widersetzten und Lösungen fanden, die ihnen keiner zugetraut hätte. Das sei, schrieb ich im Aufsatz, ehrlicher als die »penetranten edlen« Serien, die das Fernsehen sonst ausstrahle. Renner strich zwei Buchstaben, sodass es sich um »penetrant edle« Serien handelte, und gab mir eine gute Note.

Uralte Bäume, seltene Gewächse

Der Alte Friedhof war mein Urfriedhof. Übersichtlich am Rand des Stadtzentrums gelegen, konnte ich ihn von zu Hause gut erreichen. Seine Ausmaße ließen sich überschauen, und vor allem besaß er, nachdem er Ende des 19. Jahrhunderts in eine Art Museumspark umgewandelt worden war, historische Distanz zum Gegenwärtigen: Hier gab es keine Beerdigungen; hier vergoss kaum jemand Tränen; hier wurde kein Eichensarg in die Grube gelassen, und hier griff niemand zum Sandschäufelchen, um den Toten einen Gruß nachzuwerfen.

Mir war diese Entfernung vom realen Sterben recht. Ich schob den Tod beiseite, verklärte ihn im Moosgrün der verwitterten Monumente und verknüpfte ihn auf diese Weise leichter mit den eigenen schwermütigen Anwandlungen. Zu Fuß unterwegs in die Innenstadt hätte ich leicht kürzere Wege nehmen können, doch wo immer sich eine Möglichkeit bot, wollte ich den Alten Friedhof durchqueren – meist vom Nordosten, von der Weinsberger Straße her. Den schmalen, unscheinbaren Einlass hinter mir, war ich gefangen in diesem von niedrigen Mauern umschlossenen Geviert. Der Autoverkehr blieb zu hören, aber ich fühlte mich sofort aufgenommen in einen Park voller Merkwürdigkeiten. Uralte Bäume, die zum Teil von Granatenspuren aus dem Zweiten Weltkrieg gezeichnet waren, seltene Gewächse, düster-unheimliche Ecken vor allem nahe der Mauerbereiche, Sonderlinge, die mit Einkaufsnetzen ziellos die Wege kreuzten, im Sommer die Rasensprengler, die Regenbögen im Sonnenschein hervorzauberten, und das Kreischen vom Spielplatz, das keine Feierlichkeit zwischen den Grabmalen aufkommen ließ.

Wichtig war der diagonale Gang durch den Friedhof an Heiligabend, wenn es das Familienzeremoniell vorschrieb, die 17-Uhr-Messe in der Kilianskirche zu besuchen. Während sich die Eltern mit dem Auto aufmachten, wollte ich mich, begleitet von Bruder oder Schwester, über den Friedhof langsam der Christvesper nähern. Nicht die quälend langweilige Predigt, nicht die Lesung der Weihnachtsgeschichte, nicht die Lieder, bei denen ich als unbegabter Sänger höflich mitsummte, waren es, die mir diese Stunde in der Kilianskirche wichtig machten. Nein, ich wollte mich an diesem Abend »sammeln«, wollte den Weg zur Kirche nutzen, die Gedanken einzukreisen und auf das bevorstehende Jahr zu konzentrieren. Während sich die Pfarrer redlich mühten, die Weihnachtsbotschaft und das politische Weltgeschehen aufeinander abzustimmen, dachte ich an das vergangene Schuljahr, an die Aussicht auf kommende Küsse, wo auch immer, daran, dass sich vieles ändern und vieles gleich bleiben sollte.

Hoffnungen und Vorsätze kamen zusammen, die Atmosphäre in der strahlenden Kilianskirche bot einen guten Rahmen, das Gewöhnliche hinter sich zu lassen – insbesondere in jener kurzen Phase, die sich dem Pfarrerwort »Wir beten in der Stille weiter« anschloss. Waren es mehr als dreißig Sekunden, die dieses »Stille Gebet« einnahm? Eine halbe Minute, in der kein Hüsteln zu hören war und in der ich alle anderen Kirchenbesucher insgeheim dazu zwang, sich auf mein inneres Jahresresümee einzulassen. Wenn danach die Stimme des Geistlichen das Innehalten beendete und die Bänke knarzten, fühlte ich mich gestärkt für das Kommende – und das Ende des Gottesdienstes mit »O du fröhliche« war nicht mehr fern, die Bescherung nah.

Der Marsch hin zur Kirche stimmte mich auf dieses Procedere ein. Dämmerung breitete sich zwischen den Friedhofssektionen aus. Im Dickicht an der Südmauer war kaum mehr zwischen Steinfiguren, ausladenden Sträuchern und menschlichen Schattenumrissen zu unterscheiden. Das pompöse Denkmal im Zentrum sah im Zwielicht weniger martialisch aus, die Züge Kaiser Wilhelms I. verschwammen vor dem Grünschwarz der alten Kastanien und Robinien. Außer uns waren wenige Spaziergänger unterwegs, in diesen aus der Zeit gefallenen Nachmittagsstunden des Heiligen Abends. Wenn die geheimnisvolle Strecke hinter uns lag, wenn wir in der Schillerstraße Richtung Allee weitergingen, spürte ich schon die weihnachtliche Gottesdienstabgeklärtheit in mir. Kurz darauf, gegen halb fünf kamen wir an – später hätte man mit den ungeliebten Stehplätzen vorliebnehmen müssen –, und ich würdigte den großen, leuchtenden Weihnachtsbaum, der sich in all den Jahren nie veränderte, erinnerte mich flüchtig an das Wissen um die Höhe des Kiliansturmes (62 Meter!) und hielt Ausschau, ob nicht, unwahrscheinlicherweise, eines der von mir angeschwärmten Mädchen (Sabine! Regina!) brav wie ich gemeinsam mit den Eltern in den Heiligabendgottesdienst ging.

Während das Schummrige des Alten Friedhofs die blaue Stunde der Dezembernachmittage illuminierte, rief es zu anderen Zeiten andere Eindrücke hervor. War diese Anlage, inmitten von soliden bürgerlichen Wohnblöcken, nicht abends ein Ort der Verführung, des Lasters und gänzlich unsolider, unbürgerlicher Machenschaften? Wurde da nicht mit Drogen gehandelt? Eignete sich der Frauenweg an der Westmauer, im Volksmund Frauenmörderweg genannt, nicht als Schauplatz für neblig graue Edgar-Wallace-Streifen? Trafen sich in den unzugänglichen Ecken des Friedhofs nicht Schwule? All dies machte den Alten Friedhof zu einem magischen Ort, zur Stätte des Verruchten. Worin allerdings die Gefährdungen bestanden, die da im Unterholz lauerten, blieb im Ungefähren. Die mütterlichen Warnungen, den Alten Friedhof – wie den Pfühlpark – zu bestimmten Zeiten zu meiden, waren unscharf begründet.

Neugier und Furcht bekämpften sich in meinem Inneren. Wenn ich zu unerlaubter Zeit die Plätze des Verbotenen aufsuchte – Mutter musste nicht alles wissen –, gehorchten mir die Beine nicht: Wie schnell sollte ich gehen? Betont langsam schlendern, um genügend Zeit zu haben, Verdächtiges hinter den Säulen und Grabfiguren zu erspähen? Oder tief einatmen, den Blick starr nach vorn gerichtet, und sich schnell in Sicherheit bringen, zu den beruhigenden Straßenlaternen in der Schillerstraße, dorthin, wo ein Arbeitskollege meines Vaters wohnte und wo das Böse folglich nicht sein konnte? Kleine Mutproben, Fluchten aus der Elternwelt, die mit »Sittenstrolchen« und arbeitsscheuen »Hippies« nichts zu tun hatte, nichts zu tun haben wollte.

Der Alte Friedhof stemmte sich gegen den Lauf der Dinge; er machte den Eindruck, als tue sich hier nichts, als alterten lediglich die Bäume unmerklich um ein paar Jahresringe, als habe man allenfalls für den Spielplatz eine neue Schaukel angeschafft.

Wollt ihr euch hier für 50 Pfennige stundenlang aufwärmen?

Hohlstunden wurden würdig begangen. Im Schulhaus sich herumzutreiben wäre trübsinnig, sich die ganze Zeit bei Schreibwaren Meier aufzuhalten fad gewesen. Wir verließen das RMG zum Hauptportal, wo Abiturienten einmal zur Feier ihres Abschlusses meterhoch Mist, frisch vom Bauernhof, abgeladen hatten, und zogen durch die Titotstraße, die nicht nach dem kommunistischen Staatsführer in Jugoslawien hieß, auf die Allee, ins Stehcafé Janssen. Kaffee war ein gewöhnungsbedürftiges Getränk, schmeckte bitter und benötigte Zucker oder Milch, um halbwegs erträglich zu sein. Kaffee war ein Erwachsenengetränk; wer Kaffee trank, hatte sich vom heißen Kakao, von Kaba und Nesquick verabschiedet und gehörte zu den Großen, für die der Alltag ohne eine Tasse Kaffee, von Hand aufgebrüht, nicht denkbar war. Kaffee, das genussvolle Platznehmen am Ess- oder Wohnzimmertisch, den Geruch des Getränks einsaugend, und das Durchatmen nach dem ersten Schluck, dieses Aufseufzen, als vertreibe der Kaffee alle Missliebigkeiten. 50 Pfennige kostete die Tasse Kaffee im Janssen. Wenn man langsam trank, hielt das für eine Hohlstunde, zum Ärger des Besitzers, der, wenn er nicht im Hauptgeschäft in der Sülmerstraße zugange war, mit heruntergezogenen Mundwinkeln zusah, wie diese Schüler, die rätselhafterweise keinen Unterricht zu haben schienen, seine Tische abnutzten und mit ihren schmutzigen Schuhen den Fußboden verdreckten. Wollt ihr euch hier für 50Pfennige stundenlang aufwärmen? Seine Mitarbeiterinnen waren gnädiger mit uns, so lange, bis der Chef kam und sie sich einen verbissenen Gesichtsausdruck zulegten. Vom Janssen aus sah man auf die Allee, die Bushaltestellen, da ließ sich einiges beobachten und an den Stehtischen diskutieren. Ich kam mir gut vor, hinter der Kaffeetasse, über Lehrer herziehend, die Bundesligaergebnisse erörternd. Den Kaffee ganz schwarz zu trinken, das wäre beeindruckender gewesen, existenzialistisch, aber das schaffte ich nicht, ein Zuckerstück musste es sein, das sah man nicht. Manchmal, wenn zwei Hohlstunden zusammenkamen, ging ich in die Allee-Post in der Titotstraße, ein verschlafenes Café, wo Damen mit silberblauem Haar verkehrten, die bei Feinkost Müller ums Eck ihre teuren Einkäufe getätigt hatten. Samstags in der Innenstadt freilich kam nur das Romann in der Sülmerstraße infrage, keine moderne Lokalität, in Grün- und Orangetönen gehalten und mit merkwürdig verschlungenen Stühlen. Nein, das Romann veränderte sich nicht, die wenigen Tische mit Blümchen drauf sahen aus wie immer, Garderobenhaken im Eck, eine Butterbrezel und Bedienungen, deren Frisuren tapfer abbildeten, was in den Frauenzeitschriften ausgerufen wurde. Mir war das lieber als die vielen Lokale, die sich dem Trend anpassten und nach zwei Jahren so aussahen, als seien sie Jahrzehnte zuvor eingerichtet worden. Wo alles gleich blieb, höchstens behutsam aufgefrischt wurde, bestand diese Gefahr nicht. Durchhaltewillen zeigen, sich an den Fluss setzen und warten, bis die Leichen der Modernisierer vorbeitrieben. Wer stehen bleibt, rückt weit vor in der Zeit. Eine schwierige Situation, eine Gratwanderung, denn wenn man ins Romann ging, hieß das ja nicht, sich auf die Seite der Erzkonservativen, der Freiheit-statt-Sozialismus-Propagandisten, zu schlagen. Ins falsche Lager, ins Filbinger-Eck geriet man leicht, sogar beim Café-Besuch.

Ein unerfahrener Senator wie McGovern

Wahlen in den USA. Wie kompliziert dieses System mit den Wahlmännern war. Wie ungerecht, dass nicht unbedingt derjenige Präsident wurde, der die meisten Stimmen bekam. Fast so wie in England, wo sich der Premierminister den Wahltermin aussuchte. Nixon gegen McGovern hieß die Alternative in Amerika. Gemeinschaftskundelehrer Hamberger ging mit uns die Wahleinzelheiten durch, diskutierte den Vietnam-Krieg, von dem mein Bruder gesprochen hatte, und wollte wissen, was wir von diesem George McGovern, einem Linken für amerikanische Verhältnisse, hielten. Ja, votierten wir in einer Abstimmung, es wäre gut, wenn McGovern Präsident würde und nicht dieser Nixon, dem man die Verschlagenheit von weitem ansah. Für die weltpolitische Lage, widersprach Hamberger, könne das verheerend sein, wenn ein unerfahrener Senator wie McGovern an die Regierung käme. Er setze ganz auf Nixon, womit er recht behielt. McGovern fiel mit Pauken und Trompeten durch, trotz unseres Votums.

I felt the blood go to my feet

Nicht immer ging es bei Vöhringer-Fenske steif zu, nicht immer musste man Zwischen- und Wechselschritte üben. Samstagabend und Sonntagnachmittag gab es Party in der Tanzschule, endlich die Möglichkeit, sich ungezwungen zu bewegen und vielleicht Mädchen aus anderen Kursen kennenzulernen. Es wurde offen getanzt, da war es gleichgültig, welche Verrenkungen man machte. Aber aufpassen, nicht lächerlich zu wirken! Also die Beine und Arme schlenkern, mit dem Oberkörper wippen, sich gelegentlich umdrehen und der meterweit entfernten Partnerin zulächeln. Die Bewegungsabfolge hatte ungefähr zur Melodie zu passen, zu dem, was der Discjockey auflegte, zu Sweet, den Rubettes, Suzi Quatro, George McCrae. Die Lichtorgel flackerte, daran gewöhnte man sich. Meistens war es rappelvoll beim Vöhringer, Menschenschlangen quälten sich zum Eingang, verteilten sich langsam auf die verschiedenen Etagen. Alle schienen vertraut miteinander und seit Jahren hier zu verkehren. Ich kannte kaum jemanden, hatte mich, wie ich fand, lässig hergerichtet, das hier war ja keine offizielle Tanzstunde, sondern Party. Da, die Blonde mit den kurzen Locken, die kannte ich. Ob die mit mir tanzen wollte? Ich gab mir Mühe, ihr unauffällig zu folgen, von einem Stockwerk ins andere, bis in den schummrigen Kellerraum. Die Blonde sollte auf keinen Fall das Gefühl bekommen, ich liefe ihr hinterher oder so. Erfolg hatte ich damit nicht. Es war zum Verzweifeln. Ich zog ab, Richtung Hundsbergstraße, wie sollte ich es anstellen, mit einem Mädchen, das mir gefiel, Verbindung aufzunehmen, von anderen Dingen ganz zu schweigen? Es war früh am Samstagabend, in der Goethestraße brannte Licht in den Fenstern, Menschen saßen vor dem Fernseher, Wünsch dir was, aßen Salzbrezelchen, während ich hadernd Kieselsteine kickte und einen Schmerz des Alleinseins empfand, der nicht nur unangenehm war. Beim nächsten Mal würde es besser klappen, bei Mädchen durfte man nichts erzwingen. Diejenigen kamen am ehesten zum Zug, die drauflospreschten und so taten, als sei es selbstverständlich, jemanden auf die Tanzfläche zu ziehen. Sogar für die langsamen Sachen, bei denen sich die Mädchen zurückhielten. Wenn man eine dazu gebracht hatte, einen Stehblues mit einem zu tanzen, konnte man sich beglückwünschen. Je länger die Nummer, desto besser. Don McLeans »Vincent« zum Beispiel. Oder »Bridge over troubled water«, »Nights in white satin«. Oder das von einer toten Frau handelnde »Honey« von Bobby Goldsboro. Und Lobo selbstverständlich, mit der Leichenbittermiene, der wie ein Indianer aussah, der seit zehn Jahren in schmuddligen Großstadtvierteln herumstreunte und in »Disco« mit einem Hemd auftrat, das jede Südseemode in den Schatten stellte. Von einem Hund namens Boo sang Lobo, und vor allem dieses Lied, das in einer »Kommissar«-Folge als tragische Hintergrundmusik gelaufen war: »I'd love you to want me«. Ein Stehblues, wie er nicht besser hätte sein können, über vier Minuten lang, über einen Mann, der sich die Liebe eines Mädchens wünschte. Schwer zu verstehen war das nicht, Sätze wie »I felt the blood go to my feet« und »Something in my soul just cried« begriff ich mühelos. Wieder und wieder spielte ich die Single ab, die ich bei Elektro Weber gekauft hatte, für fünf Mark immerhin, und träumte mich fort. Beim Stehblues galt es, vorsichtig zu agieren, wohin mit den Händen, wohin mit dem Kopf. Man wollte nicht aufdringlich wirken, nicht zu offensichtlich die enge Körper-an-Körper-Situation ausnutzen ... ein wenig schon, mit sanftem Druck zog ich sie heran, meine Hände überlegten, ob sie ganz dezent bis zum Po hinuntergleiten durften. Um den Kopf an ihre Schultern zu legen, bedurfte es zustimmender Signale, das machte man nicht einfach so. »If you'd only let it be«, sang Lobo, bis die vier Minuten vorbei waren, die Musik verstummte und man sich wohl oder übel voneinander löste. Ein entscheidender Moment: Wie war ihr Blick? War sie froh, dass Lobo Ruhe gab und sie an ihren Platz zurückgehen durfte? Oder blieb sie lächelnd stehen, bereit weiterzutanzen, die nächste schnelle Nummer, denn zwei Stehblues hintereinander, das kam selten vor. Diese fortgesetzte Nähe wollte der Discjockey nicht jedem zumuten, dann lieber »Nutbush City Limits«, wo sich alle auf die Tanzfläche trauten.

Dann nahmen sie sogar noch Butter

Im Fernsehen wurde darüber berichtet, die Zeitungen, nicht nur die Kulturseiten, strotzten vor Hinweisen und Warnungen. Alles wegen eines Kinofilms, eines Skandalstreifens aus Italien: »Der letzte Tango in Paris«. Um Sex ging es darin, aber intellektuell aufbereitet, also keines von den Filmchen, in die man sich schlich. Diesen Tango mit Marlon Brando und einer schmächtigen Dunkelhaarigen musste ich sehen. Wer in den »Tango« ging, zeigte, dass er sich für Neues interessierte und vor scharfen, ungeheuerlichen Szenen nicht zurückschreckte. Wie reinkommen in diesem Film, der natürlich erst ab 18 freigegeben war, wie die Kassiererin übertölpeln? Wir zogen im Pulk dorthin, an einem Nachmittag, ins Kino neben der Tanzschule. Ein paar der Großen, ein paar Durchgefallene, die deshalb älter waren, schickten wir voraus, die Jüngeren mischten sich dazu, ich schob mein Geld über die Drehplattform. Natürlich blickte die Frau an der Kasse auf, natürlich misstraute sie mir, sie zögerte, aber dieser Film war ein Kassenschlager, den wollte jeder sehen, na, nicht jeder, Mutter und Vater interessierten sich nicht für dieses Zeugs, die Frau an der Kasse zögerte immer noch, dann endlich schob sie mir das Retourgeld zu, und wir breiteten uns in den hinteren Reihen aus.

Knallvoll war es, und ich staunte, was da in Paris, meiner Traumstadt, geschah. Ein alter, am Boden zerstörter Mann, Amerikaner vermutlich, traf zufällig in einer Wohnung, die er anmieten wollte, auf eine viel jüngere Frau. Plötzlich hatten beide Sex, ohne Ankündigung, und nicht so zahm wie im »Bravo«-Heft. Mit Liebe hatte das nichts zu tun, das schien kein Problem zu sein, Sex ohne Liebe funktionierte, war aber brutaler, schmerzvoller.

Dann nahmen sie sogar noch Butter. Was sie damit genau machten, verstand ich nur halb. Sie ließ es mit sich machen, mal im Stehen, mal im Liegen, sie erzählten sich nichts voneinander, es ging um ihre Körper, ums Besitzergreifen. Was für ein Film. Danach liefen wir auseinander. Darüber zu sprechen, über die Butterszene zum Beispiel, war unmöglich. Mit sich selbst machte das jeder aus, denn zu Hause, beim Abendbrot, brachte man den Filmbesuch und dessen Details nicht auf den Tisch. Ich nahm die Butterdose in die Hand, bewusster als sonst, prüfte die Konsistenz des Südmilch-Stücks.

Man konnte froh sein, 40 Stundenkilometer zu schaffen

Das Konfirmationsgeld vermehrte sich auf der Bank, vom Austragen des Gemeindeblattes legte ich einiges zurück, und auch die Nachhilfe, die ich Unterklässlern in Englisch gab, brachte etwas ein. Mit dem Fahrrad unterwegs zu sein war ein unhaltbarer Zustand. Ich sparte auf ein Mofa, das man ohne Führerschein fuhr. Endlich war es so weit. Händler Lechler in der Gartenstraße verfügte über eine schöne Auswahl, mit großen Preisunterschieden. Es musste ein Fahrzeug sein, mit dem im Schulhof nicht jeder vorfuhr, das Eindruck machte, ohne protzig zu wirken. Ich gehörte ja nicht zu den Bastlern, die ihr Mofa frisierten und den Auspuff ansägten, bis jeder Start von einem Dröhnen begleitet war. Eine Kreidler, eine Hercules, eine Zündapp? Auf keinen Fall ein Mars-Mofa von Quelle, damit blamierte man sich ja. Im Versandhaus zu bestellen war eine zweischneidige Angelegenheit. Gewiss, es war billig und kam direkt ins Haus. Eigentlich gehörte es sich aber, in den Fachgeschäften in der Innenstadt, bei Zimmermann, Kachel oder Barthel, einzukaufen. Wenn Mutter per Post etwas orderte, dann nur bei Mona, einem Bekleidungsversand, der die Sachen, die einem nicht gefielen, zurücknahm.

Ich zählte mein Erspartes, die Eltern legten etwas drauf, und entschied mich für ein Peugeot-Mofa, in Dunkelgrün. So eine französische Marke besaß Flair, auch wenn sie für Motorradfachleute kein Brüller war. Den Firmennamen sprach nicht jeder korrekt aus. Schade, dass es von Citroën keine Mofas zu kaufen gab. Da hätte sich das Frankophile sofort gezeigt. Mein Bruder, der sich mit Fremdsprachen gequält hatte, beharrte auf seiner Zitrön-Aussprache. Schnell fuhren die Mofas von Peugeot nicht, man konnte froh sein, 40 Stundenkilometer zu schaffen. An der Tankstelle füllte ich einen Mix ein, der nicht zu teuer kam. Öfters spendierte Vater eine Tankfüllung.

Diese neue Unabhängigkeit, die Haustür in der Hundsbergstraße hinter sich zu werfen, aufs Mofa steigen und irgendwohin fahren, es stolz aufbocken und verschließen, kurz über den Sattel streichen! Das war der erste Schritt.

Na, das werden die drüben feiern

Deutschland musste Fußballweltmeister werden. Wenn man nicht Brasilianer war, erlebte man das höchstens einmal im Leben. Und jetzt im eigenen Land, mit Heimvorteil! Vater war schon mal Weltmeister geworden, 1954, als er mit Mutter und meinem Bruder in Fürth lebte. Mit dem Kinderwagen seien sie damals, während des berühmten Endspiels in Bern, spazieren gegangen – erst zur zweiten Hälfte zurückgekehrt in die Wohnung, ans Rundfunkgerät. Schleierhaft, wie man bei einem Finale, in dem Deutschland zum ersten Mal Aussicht hatte, Weltmeister zu werden, durch die Straßen bummelte und sich Schaufensterauslagen ansah, anstatt vor dem Radio mitzufiebern und den Schützen schreiend auf die Sprünge zu helfen. Jetzt, 1974, waren wir alle dabei. Hoffentlich würde es nicht wieder Anschläge geben, von Terroristen, so ein großes Ereignis, auf das die Welt sah, wie Vater sagte, bot eine Plattform für Bombenwerfer. Ob es Helmut Schön und seine Mannschaft schaffen würden? Zwei Jahre zuvor, bei der Europameisterschaft, war die Mannschaft besser in Schuss gewesen, hatte die Gegner, sogar die hochnäsigen Engländer in ihrem eigenen Stadion, in Grund und Boden gespielt, mit Günter Netzer vornedran, dem langmähnigen Mittelfeldregisseur aus Mönchengladbach, der einen Ferrari fuhr, Hermann Hesse las und mit einer schwarzhaarigen Boutiquenbesitzerin liiert war. Ein Typ, der sich von Trainern nichts sagen ließ. Jetzt allerdings war Netzer, der für Madrid spielte, nicht in Bestform, Helmut Schön hielt keine großen Stücke auf ihn. Overath oder Netzer – das war eine Grundsatzentscheidung. So wie Rolling Stones oder Beatles. Brandt oder Barzel. Die meisten hielten zu Netzer, ich zu Overath, der wirkungsvoller spielte, nicht so launisch wie Netzer. Beide zusammen, wie Seeler und Müller 1970, das ging nicht gut, und so favorisierte ich Overath, der die Fußsohle mitten im Spiel auf den Ball stellte, sich provozierend langsam umsah und dann mit dem Außenrist einen Pass schlug, der die gegnerische Abwehr durcheinanderwirbelte. Mit Overath werden wir Weltmeister, ungeachtet der unvermeidlich vielen Spieler von Bayern München. Von meinen Sechzigern lief natürlich keiner auf, nicht einmal Ferdi Keller, der Torjäger, der es mit Gerd Müller aufnahm, beinahe. Dass die DDR in einer Vorrundengruppe mit uns spielte, war ein Knüller. Das Spiel durfte auf keinen Fall verloren gehen, doch die Schön-Truppe spielte jämmerlich, schien gelähmt von der Last, Weltmeister werden zu müssen. Nicht zu glauben, was da auf dem Fernsehschirm zu sehen war. Die DDRler nutzten ihre Chance, und einer, der Sparwasser hieß, schoss den Siegtreffer, in Hamburg. Na, das werden die drüben feiern, als hätten sie den Krieg gewonnen, sagte Vater resigniert. Wie wollen wir ins Endspiel kommen, wenn wir nicht mal die schlagen? Aber wir sind eine Turniermannschaft, versuchte ich ihn zu beruhigen, und in der Tat ging es danach voran. Beckenbauer, dieser Schnösel, der als junger Spieler fast bei den Sechzigern gelandet wäre, habe, stand in der Zeitung, auf den Tisch gehauen, und sofort lief es besser. In der Schule wurden die WM-Spiele ausführlich besprochen, sogar Lehrer interessierten sich dafür, Englischlehrer Mehl, der zum VfB Stuttgart hielt, verzichtete auf Vokabeltests.

Noch wenige Tage bis zum Endspiel gegen die Holländer, die blasiert auftraten, als hätten sie den Titel in der Tasche. Deutschland gegen Holland, in dieser Paarung steckte Feuer, meinten die Reporter. Das hatte mit dem Krieg zu tun, mit der deutschen Besatzung der Niederlande. Das vergaßen die nie, obwohl betont wurde, wie sehr sich die Beziehungen entspannt hätten. Wenn es aber hart auf hart käme, würde es giftig werden auf dem Spielfeld. Und dann im Finale. Ich war nervös, lenkte mich ab, zählte die Stunden. Familie Gärtner hatte uns zum Endspiel eingeladen, in ihr Haus nach Sülzbach. Mein Bruder war mit Gärtners Sohn befreundet, und Vater hatte mit dem Gärtner-Vater, der eine Allianz-Vertretung besaß, beruflich zu tun. Geschäfts- und Privatverbindungen sollte man trennen, sagte Vater, da kommt selten Gutes dabei heraus. Im Fall der Gärtners galt das nicht, und wir fuhren rechtzeitig hinaus nach Sülzbach. Ein eigenes Haus hatten die, immerhin, mit Garten. Anpfiff, mein erstes deutsches WM-Endspiel! Kaum hatten wir es uns in den Sesseln bequem gemacht, stand mir der Atem still: Der hünenhafte englische Schiedsrichter entschied auf Elfmeter für die Holländer, nach nicht mal einer Minute, das gab es nicht, unglaublich, und Neeskens, dieser Holländer, der die Stutzen so nachlässig wie Breitner trug, knallte den Ball ins Netz, mitten rein, während Maier, der Depp, sich fallen ließ. Ja, wäre er stehen geblieben, doch welcher Torhüter hatte schon die Nerven dazu beim Strafstoß und rührte sich nicht vom Fleck? 1 : 0 für die Holländer, schlimmer konnte es nicht kommen, die fühlten sich als Sieger, das sah man Cruyffs Gesichtszügen an, die sich schmerzhaft verzerrten, als Vogts ihm in die Beine trat. Die Holländer unterschätzten den deutschen Kampfeswillen, und allmählich griffen wir forscher an, bis Hölzenbein, dieser raffinierte Fuchs, in den Sechzehner eindrang und, als sich ihm ein Bein in den Weg stellte, das Richtige tat: Er fiel klagend zu Boden, wie von einem Hieb niedergestreckt, und der Referee kam nicht umhin, wieder auf den Elfmeterpunkt zu zeigen. Die Holländer protestierten wild, als ließe sich so ein Pfiff zurücknehmen. Breitner machte das Ding rein, und wir lagen uns in Sülzbach in den Armen. Sogar Mutter stieß einen Schrei aus. Ja, so ein Endspiel interessiere sie schon. Und zum guten Glück Gerd Müller vor der Pause, mit einem Drehschuss, wie ihn nicht einmal Ferdi Keller hinbekam. Die Holländer begriffen nicht, was da passierte. Das geschah denen recht, Schadenfreude kam auf. Vater Gärtner holte Kognak, echt französischen, und die Männer stießen zur Halbzeit an, während Cruyff, dieser elegante Spieler, den Schiedsrichter anging und auf dem Kabinengang mit der gelben Karte bestraft wurde. Nerven behalten, 45 Minuten, und es blieb tatsächlich beim 2 : 1, obwohl sich die Deutschen schwertaten. Maier hielt gut, das musste man zugeben, endlich, endlich, der Schlusspfiff, wir waren Weltmeister, mit Hängen und Würgen, aber dennoch. Es zählt das Ergebnis, das sagten alle, nach dem Wie fragt in zehn Jahren niemand mehr. Gute Ergebnisse brachten die Deutschen meistens hin, selbst wenn die anderen schöner spielten. Geschafft.

Am nächsten Tage strotzten die Zeitungen vor Nachberichten und Kommentaren. Jedes Detail studierte ich, jeden Artikel, so ein Spiel durchlebte man völlig anders, wenn man wusste, wie es ausgegangen war. In der Schule gab es kein anderes Thema. Deutschlehrer Hartmann griff das Spiel am Montagmorgen auf, zeigte sich empört darüber, dass der englische Schiedsrichter nach ein paar Sekunden Elfmeter gegeben hatte. Das gehöre sich nicht in einem Endspiel, da gehe es ja nicht um die Blechschale einer Zabergäumeisterschaft, da könne man nicht am Anfang derart drakonische Maßnahmen ergreifen, da habe es Herrn Taylor an Fingerspitzengefühl gefehlt. Ich meldete mich, widersprach. Es komme bei einem Elfmeter nicht auf die Spielminute an, ob in der ersten oder neunzigsten, das sei ohne Belang. Es gehe um die Frage, ob die Entscheidung richtig oder falsch gewesen sei, und da gebe es wohl keinen Zweifel, wie Uli Hoeneß' Tritt zu ahnden gewesen sei. Hartmann wand sich, beharrte auf der psychologischen Verantwortung des Unparteiischen, der die Wichtigkeit eines Spiels berücksichtigen müsse, während ich die Gerechtigkeit anrief, die nicht auszulegen sei, wie es einem gerade in den Kram passe. Eine Strafzumessung erfolge nicht nach Gutdünken. Wenn ein elfmeterreifes Foul vorlag, müsse es zu jedem Spielzeitpunkt Elfmeter geben, egal, in welcher Minute. Warum schrieben wir darüber keinen Besinnungssaufsatz? Da hätten sich Seiten füllen lassen, stattdessen erörterten wir Heinrich Heines »Wer Bücher verbrennt, verbrennt auch Menschen«. Da stand das Fazit von vornherein fest.

Ich bin ein Clown und sammle Augenblicke

Buchhandlungen waren keine Hosen- oder Lebensmittelgeschäfte. Da kam es auf die Kleinigkeiten an, auf die Auslage, auf die Beratung, auf die Möglichkeit, nicht sofort angesprochen zu werden und dieses oder jenes aus den Regalen zu greifen. Der Heilbronner Markt teilte sich für mich auf: Bei Stritter an der Ecke Gymnasiumstraße kaufte ich Schulbücher und Reclam-Bändchen, das Nötigste. Fünfzig Meter entfernt, kurz vor der Allee und dem Rauchwarengeschäft Floeren, dessen Inhaber sich wie ein Pfau spreizte, hatte Carmen Tabler ihren kleinen Laden. Eine politische Buchhandlung, für Heilbronn eine ungewöhnliche Sache. Hier kauften die, die für Willy Brandt waren, für die Frauenbewegung oder noch weiter links standen. Das Marx-Engels-Sortiment interessierte mich weniger, eher die neuen Titel, die von Umweltproblemen handelten, wie »Ein Planet wird geplündert« von Herbert Gruhl, einem CDU-Mann, der seinen Parteileuten in die Suppe spuckte. Und die »Grenzen des Wachstums«, ein amerikanisches Buch, dessen Titel mich erschreckte. Wenn Deutschland die letzten knapp dreißig Jahre auf Wachstum gesetzt hatte, wie sollte es ohne Wachstum weitergehen? Ja, manchmal hatte man davon gelesen, dass sich Bodenschätze erschöpften und der Glauben an ein fortwährendes Wachstum irrig sei.

In der Politik taten alle so, als käme es darauf an, die Wirtschaft in Schwung zu bringen, dann würde sich der Rest, die Arbeitsplätze, die soziale Sicherheit, von allein ergeben. Was, wenn dieser Club of Rome recht hätte und wir umdenken mussten? Wer aber wollte umdenken? Die Industriebosse nicht, und die Arbeiter waren keine richtigen Arbeiter mehr, die sparten auf ein Häuschen, für das sie sich am Wochenende abrackerten. Die wollten nichts abgeben. Verzicht üben, das sagte sich leicht. Haben oder Sein. In der Literatur gab es Beispiele, Heinrich Bölls »Ansichten eines Clowns«, das lasen wir in der Schule. Dem reichen Elternhaus Adieu sagen und sich dem Kapitalismus entziehen. Als Clown und Pantomime schlug sich diese Böll-Figur Hans Schnier durch, die von Doppelmoral und katholischem Getue genug hatte. Leicht kam der damit nicht durch. Ich mochte diesen absteigenden Helden, einen Satz wie »Ich bin ein Clown und sammle Augenblicke«, den merkte ich mir. Eine Verfilmung gab es bald danach, ich sah sie mit Hans-Ulrich, einem Mitschüler, im Kino auf der Allee. Helmut Griem spielte den einsamen Clown. Wir sagten nichts, als wir danach auf die dunkle Straße traten, gingen schweigend nach Hause. Das mit den Augenblicken verriet eine Trauerhaltung, hatte nichts mit Regierungsplänen oder Wachstumsprognosen zu tun. Die standen sowieso auf tönernen Füßen, den Optimismus glaubte keiner, selbst wenn ihn Helmut

Schmidt formulierte. Vieles schien nicht mehr zu gehen wie früher. Da hatte man geglaubt, dass es jedes Jahr zweistellige Lohnerhöhungen gäbe und alle Menschen in Deutschland bald nicht mehr als 30 Stunden zu arbeiten hätten. Jetzt zerplatzten diese Aussichten.

Carmen Tabler verkaufte nicht nur Bücher mit gesellschaftskritischem Ansatz. Fontane kaufte ich da auch. Ja, manchmal erstand ich ein Taschenbuch nur, um bei ihr vorbeizuschauen. Ich wartete ab, bis die anderen Verkäuferinnen beschäftigt waren, wollte allein von ihr bedient werden, von ihr, die leider zu alt war für mich, eine Frau von einem fernen Stern, mit zarten grauen Strähnen, die ihre kräftige schwarze Haarpracht durchwoben. Es gab Frauen, da empfahl es sich, im Vorhinein Realismus zu zeigen, sich nicht lächerlich zu machen. Frauen mit grauen Einsprengseln sahen interessant aus, nicht mehr jung, aber so, als hätten sie viel erlebt und wollten mehr erleben.

Ich ging zu Carmen Tabler, um Atmosphäre einzusaugen, während es in der Kirchbrunnenstraße in der Buchhandlung Determann, beim Platzhirsch sozusagen, neutraler zuging. Hier kauften die Volkshochschulkundinnen, die Bildungsbürger, die sich nicht in die Carmen-Tabler-Höhle wagten. Determann organisierte Lesungen, zu denen ich hin und wieder ging, auch um für die Schülerzeitung darüber zu schreiben. Über Manfred Bieler und seinen Roman »Der Mädchenkrieg«, eine ausladende Familiengeschichte, ziemlich altbacken. Beckett hatten wir kurz zuvor im Deutschunterricht gelesen, da sollte man mir nicht mit so etwas kommen. Die Literatur musste modern sein, vom Scheitern erzählen, in einer Sprache, die an sich selbst zweifelte, und kritisch, aber nicht so, dass man sie mit einem Leitartikel verwechselte. Bei Carmen Tabler verkehrten, so mein Eindruck, Leute, denen es gleichgültig war, wie ein Roman geschrieben war; denen kam es auf Gesinnung an, wie in Bölls »Katharina Blum«, eine Geschichte, die ich ermüdend fand, weil man wusste, worauf sie hinauslief. Lesen wollte ich das nicht.

Siehst du nicht aus wie diese Rose?

Im Fernsehen liefen Verfilmungen von Hedwig Courths-Mahler, der Erfolgsschreiberin aus dem 19. Jahrhundert, über die sich alle lustig machten, obwohl keiner etwas von ihr las. Die Filme ertrug man, sofern man ihren Schmalz nicht ernst nahm. Mutter mahnte zur Ruhe, wollte »Die Kriegsbraut« ansehen. Entspannung stehe ihr am Sonntagnachmittag zu, nach Spaziergang und Mittagsschläfchen, das kein Mittagsschläfchen war, sondern, wie sie betonte, ein kurzes Sich-von-innen-Begucken, und da kämen ihr solche Filme recht. Wir feuerten Volker Kraefft an, der mit zuckendem Mund einen Flieger namens Hasso von Falkenried spielte – was für ein Name, so hieß hier ums Eck niemand. Er liebte ein einfaches Mädchen, die Waise Rose von Lossow. Mutter, siehst du nicht aus wie diese Rose? Eine Spionin kam auch vor, doch Rose von Lossow durchschaute deren hässliches Spiel, was Hasso gefiel und ihn seine Liebe zu dem schüchternen Waisenkind entdecken ließ. Das Ganze ging sehr gut aus, mit einer glanzvollen Heirat, was alle erleichterte. Ich beschloss, Mutter von da an Rose von Lossow, kurz: Rose, zu nennen, was sie zu ignorieren versuchte. Steter Tropfen höhlt den Stein, und wer Tag aus, Tag ein Rose genannt wird, akzeptiert das allmählich. Mutters Replik »Ich heiße Eva« fruchtete nicht. Hedwig Courths-Mahlers Romanfigur gehörte von da an zu unserer Familie.

Ob die etwas im Kopf hatte?

Vor dem Tischtennis oder nach dem Gemeindeblattaustragen machte ich bei Schreibwaren Meier Station. Als Stammgast, der nichts anschreiben ließ und nicht randalierte, genoss ich Privilegien, nahm einen Hocker, der gleichzeitig als Leiter fungierte, im hinteren Ladenteil in Beschlag, orderte eine kalte Cola und einen Fleischsalatlaugenweck. Auf dem Hocker sitzend, Getränk und Brötchen auf eine Vitrine platzierend, überzeugte ich Frau Meier, wenn sie nicht auffällig schlecht gelaunt oder ihr Mann in der Nähe war, davon, mir die neueste »Bravo« zu geben, leihweise gewissermaßen. Vorsichtig schlug ich die Seiten um, darauf bedacht, sie nicht mit Mayonnaise oder Gurkenstückchen zu bekleckern, und las die Fragen, die die Leser einem Arzt namens Dr. Jochen Sommer stellten. Es ging um Selbstbefriedigung, Petting und den ersten Geschlechtsverkehr. Auch der »Bravo«-Fotoroman handelte vom Kennenlernen, von frühen Erfahrungen, ab und zu war ein nackter Busen zu sehen. Daneben gab es Artikel über das Privatleben der Hitparadensänger. Bernd Clüver zum Beispiel, der mit den sauber geföhnten Haaren und dem Mundharmonikajungen, schien mit einer Ute Kittelberger zusammen zu sein, einem »Bravo-Girl« des Jahres. Die sah aus, wie schöne Mädchen aussahen, lange Haare, kurzer Rock und Beine in weißen Stiefeln. Nett anzuschauen, aber wie aus dem Katalog. Ob die etwas im Kopf hatte oder nur an Make-up und Nagellack dachte? Mit Bernd Clüver angelte sie sich einen gut verdienenden Sänger. Sicher hielt das mit den beiden nicht lang, davon las man in der »Bravo« jede Woche, vom Auseinandergehen, von lautstarken Trennungen. Keine Seite der »Bravo« ließ ich aus, eine Cola lang. Dann in die Schulturnhalle, zum Tischtennis, sich mit Schmetterbällen schwertun, versuchen, den Ball anzuschneiden, ihm Effet zu geben, übers Netz zu bugsieren, von links nach rechts, mit dem grünen Noppenschläger, der eine Schaumstoffauflage besaß, ein Weihnachtsgeschenk.

And you want to travel with her and you want to travel blind

Weil es im Englisch- oder Französischunterricht mit literarischen Texten so schwierig war – wer wollte Steinbecks »The grapes of wrath« am Stück lesen? –, kamen manche Lehrer auf die Idee, Popsongs im Unterricht durchzunehmen. Damit zeigten sie, dass sie nicht von gestern waren, ernteten trotzdem mitleidige Blicke. Immerhin waren die Stunden interessanter als die mit dem Klett-Englischbuch, mit Hastings, Independance Day und Martin Luther King. Mit Kerner, dem VW-Porsche-Fahrer, zogen wir ins Sprachlabor, um Leonard Cohens »Suzanne« abzuhören. Häppchenweise entzifferten wir den Text, schlugen Vokabeln nach. Zurückspulen, vorlaufen, zurückspulen. Cohen war ein Sänger aus Kanada, der, hätte Vater gesagt, nicht sang, sondern monoton vor sich hin brummte, zur Gitarre. Seine Lieder schleppten sich dahin, klangen so, als müsste er zahllose Schicksalsschläge verarbeiten. Cohen lachte nie, was ihn faszinierend machte, dieses Beklemmende, diese Beschwörung des Abgründigen. Ich hörte ihn abends in meinem Zimmer, im Dunkeln, die Pfeife meines Bruders in der Hand, aus dem Fenster blickend, obwohl man da kaum etwas sah, den Giebel des Nachbarhauses, ein Stück Abendhimmel. Cohen-Lieder beruhigten, schläferten ein. Selbstmordmusik sei das, hatte einer aus der Klasse gesagt. Aber weil Cohen auch Gedichte verfasste, bezog ihn Kerner in seine Englischstunden ein.

»Suzanne« war ein schwer verständliches Lied, das von einer halb verrückten Frau handelte, die am Fluss lebte, Orangen aus China speiste und Heilsarmeesachen auftrug. Irgendetwas machte sie anziehend ... and you want to travel with her and you want to travel blind ... das verstand man gut, selbst ohne Sprachlabor, aber warum da plötzlich Jesus als Seemann auftauchte, erschloss sich nicht. Aus dem Liebesgemurmel wurde mit einem Mal ein religiöses Lied, wofür selbst Kerner keine einleuchtende Erklärung aus dem Ärmel schüttelte. Ein paar neue Vokabeln lernte man mit Cohen, »garbage«, »rags« ... und dass Wellenlänge mit »wavelength« problemlos zu übersetzen war. Und dieser wunderbare Satz, über den Kerner hinwegging, diesen Satz, der spiegelte, was ich täglich tat ... »and you know that she will trust you, for you've touched her perfect body with your mind«. Cohens träge Stimme, die gelassene Musik, gedankenweise war alles möglich, alles erlaubt. Like a bird on the wire.

Nur halb voll das Glas bitte!

Alkohol ist nichts für Kinder. Für Jugendliche auch nicht, aber besser, sie lernen langsam, mit ihm umzugehen, um nicht beim ersten Bier einen Vollrausch zu bekommen. Vater ließ sich das Bier anliefern, Riegele aus Augsburg. Er als Bayer brauchte nach der Arbeit sein Bier, im Krug mit Deckel, wie es sich gehörte. Im Esszimmer, der Bauernstube, mangelte es nicht an Seideln und Krügen, die meisten hatten dekorative Funktion. Fürs abendliche Export kamen wenige davon infrage. Zu seinem Bierkrug baute man eine persönliche Bindung auf, da schmeckte es gleich anders. Aus der Flasche trank man bei uns nicht, das war ungehörig. Auf dem Bau gehörte das dazu, vielleicht auch auf dem Sportplatz, das strahlte Freiheit aus, Ungezwungenheit, die in den eigenen vier Wänden unpassend gewesen wäre. Bier schmeckte mir nicht, das Bittere, der scharfe Geruch, kein Vergleich mit eiskalter

Sinalco oder einem Spezi. Mutters Rhabarersaft war keine Alternative, selbst eingekocht, mit einem roten Gummipfropfen luftdicht verschlossen. Mutter schwärmte für das säuerliche Getränk, wobei ich mir nicht sicher war, ob es ihr wirklich schmeckte oder ob sie es uns als preiswerten Sinalco-Ersatz andiente.

Wein ging eher als Bier, aber nur wenn man ihm das Saure nahm, als Schorle weiß-süß, wie beim Radler, halb mit Zitronensprudel aufgefüllt. Mutter trank das im Sommer; einen guten Stiftsberg-Riesling mit Limo zu panschen, das ging nicht, allenfalls zur Not. Oder für mich, denn als süße Schorle schmeckte der Alkohol angenehm. Ausländische Weine gab es bei uns nicht, abgesehen von Vaters Firmenpräsenten, da verirrte sich ein Bordeaux oder Chianti zwischen den Trollinger oder den TL, den Trollinger mit Lemberger. Gewürdigt wurden die nicht. Ich bleibe beim TL, erklärte Vater, obwohl reiner Lemberger höheres Ansehen genoss. Von dem fallen mir die Augendeckel zu, sagte Mutter und verlangte nach Riesling, nur halb voll das Glas, bitte. Lambrusco war die beste Gewöhnung an Wein, der kostete nicht viel, in den Pizzerien schenkten die den aus großen Flaschen aus. Der schmeckte nicht wie Trollinger, süßlich, bonbonartig, war aber richtiger Alkohol. Wie Apfelkorn, ein teuflisches Getränk. Fast zu verwechseln mit Apfelsaft und dabei über 30 Prozent Alkohol. Nicht zu vergleichen mit Obstler und dem bei uns nach Weihnachten vorrätigen Schladerer-Himbeergeist. Apfelkorn brannte nicht auf der Zunge und im Rachen. Schneller konnte man kaum betrunken werden als von diesem Gesöff. Vater hatte nie Apfelkorn im Haus, allenfalls einen Likör für die Damen oder einen Cognac, den man in ausladende Schwenker füllte, ja nicht zu viel, den man kreisen ließ und daran roch, so als ersetzten die Duftnoten das Trinken. Alle Spirituosen hatten ihren festen Platz in der Schrankwandbar, die mit einer Klappe verschlossen war. Schnaps offen herumstehen zu lassen wie in den »Kommissar«-Folgen verbot sich von selbst, wie sah das denn aus, wie bei Alkoholikern, oder wollten die angeben mit ihren teuren französischen Cognacs und irischen Whiskeys?

Wie gut ihr es habt

Wenn es Fliegeralarm gab, stand das morgens in der Zeitung, fett gedruckt. Damit die Älteren nicht zusammenfuhren vor Schreck und dachten, es sei wieder Krieg. Die Sirenen dienten unserer Sicherheit und mussten in regelmäßigen Abständen getestet werden, damit sie im Ernstfall funktionierten, wenn der Russe käme. Zwischen den einzelnen Alarmtönen, die Unterschiedliches bedeuteten, gab es Pausen. Bis es wieder lautstark losging. Wie früher im Krieg sei das, sagte Mutter, damals, als die Bombenangriffe geflogen wurden und alle in den Keller stürzten. Um sein Leben habe man gezittert, und froh könnten wir sein, dass uns das erspart geblieben sei. Eine schreckliche Zeit, noch heute schlucke sie ängstlich bei den Sirenentönen. Wie gut ihr es habt. Eine schöne Unterbrechung der Schulstunden, dieser Sirenenalarm.

Der Kapitalist behandelt den Arbeiter als Ware!

Je mehr Referendare an die Schule kamen, desto deutlicher verschoben sich die politischen Gewichte im Lehrerkollegium. Nicht alle neuen Lehrer waren links, manche, wie Sport- und Biologielehrer Vogelsinger, dessen Haar zottig auf den Hemdkragen hing und der Brot in seinem Lehrerfach verschimmeln ließ, gehörten nirgendwohin, galten als Spinner, die in ihrem Beruf nie glücklich werden würden. Wie sich einer politisch zeigte, hing von seinen Fächern ab. Naturwissenschaftler gaben sich selten eine Blöße, versuchten auch mal zu provozieren, wie der bärtige Schmitz. Ihm als Physiker sei es egal, in welchem Gesellschaftssystem er arbeite, seine Forschungen belaste das nicht, er käme unter jedem Regime zurecht. Deutsch- und Gemeinschaftskundelehrer standen eher links, auf der helmut-schmidt-abgewandten Willy-Brandt-Seite. Manche, wie Renner, hielten sich zurück, andere wurden deutlicher und gaben sich als Gewerkschaftler, als GEWler, zu erkennen oder solidarisierten sich, wie Mehl, der Englisch- und Geschichtslehrer, mutig mit der CDU. Vor einer Landtagswahl ließ er verdeckt abstimmen, und als dabei herauskam, dass die Klasse der SPD zu einer absoluten Mehrheit verholfen hätte, stieß er mit einem Seufzer hervor, dass ihn ein solches Ergebnis in die Auswanderung triebe.

In Gemeinschaftskunde wurde der Marxismus durchgenommen, von einer langhaarigen, langweiligen Lehrerin, die spürte, wie die Schüler sie belächelten, und mit

Leidensblick zum Unterricht kam. In einer Klassenarbeit hatten wir Begriffe wie Produktionsverhältnisse, Produktionsmittel und Histomat zu bestimmen; mit Rotstift korrigierte sie meine eng beschriebenen Blätter und ergänzte meinen gut gelernten Satz »Ein Arbeiter stellt nun seine Arbeitskraft als Ware hin« mit dem Zusatz »Das macht er nicht freiwillig: Der Kapitalist behandelt den Arbeiter als Ware!«. Erst im Sozialismus, erfuhren wir, werde dieser Zustand überwunden, sei es mit der Ausbeutung vorbei. Wobei es nicht zu einem Determinismus wie in der UdSSR kommen dürfe. Wie das in der Realität, bei NSU oder beim Knorr, umzusetzen sei, war nicht rasch zu beantworten, da das Klassenbewusstsein der ausgebeuteten Arbeiter nicht optimal ausgebildet sei und er mit ideologischen Tricks, mit Opium fürs Volk, eingelullt werde. Welche Stellung mein Vater als kaufmännischer Angestellter in dieser historischen Entwicklung einnahm? Gehörte er zu den Arbeitern, von denen er sich distanzierte? Oder zu den Kapitalisten, den Ausbeutern und Bonzen, die sich an der Arbeit anderer bereicherten? Immerhin konnte man nichts gegen die Vorstellung sagen, dass es gerechter in der Gesellschaft zugehen müsse. Manche wie dieser Reeder Onassis besaßen Yachten und Flugzeuge, leisteten sich alles, und das sicher nicht nur, weil sie tausendmal intelligenter oder strebsamer waren als die, die sich jeden Tag in der Fabrik abrackerten. Ein Einheitseinkommen mit geringen Abstufungen, warum gab es das nicht? Warum gierten die meisten danach, mehr und mehr zu bekommen? In der Bibel standen Sätze, die sich gegen die Reichen richteten. Dass das eine Partei, die sich christlich nannte, nicht kümmerte, wunderte mich.

Nicht mehr als 3000 Schuss

Überhaupt fanden sich in der Heiligen Schrift Passagen, die im Religionsunterricht übergangen und von Schülerhand zu Schülerhand weitergereicht wurden. Die von den zuchtlosen Schwestern Ohola und Oholiba, die sich an die Brüste fassen ließen und schlimme Hurerei trieben, was immer das sein mochte. Und die von Onan, der es fallen und verderben ließ, was man nicht tun sollte.

Jeder, munkelte man, habe in seinem Leben 3000 Schuss, nicht mehr. Wenn man es wie Onan machte, ging man also ein hohes Risiko ein. Aus die Maus. Zu Rückenmarksschwund führe es, wenn man sich selbst befriedige. Mich beeindruckte das nicht, vermutlich gehörte das zu den Finten derjenigen, die Onanie unreinlich fanden und alles Zweideutige für Teufelswerk hielten. Ideologiekritisch geschult, durchschaute ich den Trick, wenngleich ein Anflug von schlechtem Gewissen blieb, wenn ich nach dem Mittagessen in mein Zimmer ging, mich auf den Bauch legte und meinen Schwanz so lange knete, bis ich ins Handtuch kam, das ich vorsorglich über dem Betttuch ausgebreitet hatte. Beim ersten Mal hatte ich es im Wohnzimmer der Eltern gemacht, auf dem Sofa, aus Langeweile. Warum sollte ich damit aufhören?

An besonderen Tagen, Heiligabend oder so, beherrschte ich mich, es schien mir unpassend, als entweihte dieses Handansichlegen einen religiösen Festtag. Manchmal nahm ich mein Stöhnen mit dem Kassettenrecorder auf, spielte es mir beim nächsten Mal vor, als Anregung. Zu Hause fragte niemand, ob ich mich selbst befriedigen würde. Das war kein Wort, das ausgesprochen wurde, das war kein Thema.

Denen verschimmelt 's Brot noch in d'r Gosch'

Die Zeitungen überschlugen sich, wenn dieser Obstbauer aus Geradstetten, der »Remstal-Rebell«, gegen alles und gegen jeden loszog. Auf den Wochenmärkten stand er mit seinem Laster, schimpfte auf die Hausfrauen, die nach einer Plastiktüte für ihren Salat fragten oder Früchte kaufen wollten, obwohl die im Moment bei uns gar nicht wuchsen. Er wetterte gegen sinnlose Reglementierungen und gegen Beamte: Denen verschimmelt 's Brot noch in d'r Gosch'. Beinahe hätte es dieser Helmut Palmer geschafft, Oberbürgermeister in Schwäbisch Hall zu werden.

Vater verfolgte seine Auftritte mit Sympathie. Das ist einer, der reden kann, der die Leute mitreißt, keiner von den Politikern, die an ihre Karriere denken. Erst im zweiten Wahlgang hatten sich alle – wie es hieß – bürgerlichen Parteien in Hall zusammengetan, um Palmer zu verhindern. Über 40 Prozent wählten ihn trotzdem, und zur Verkündung des Ergebnisses strömten Tausende auf den Haller Marktplatz. Unfasslich, wie dieser schimpfende, die Fäuste schwingende Mann aus dem Remstal die

Menschen aufstachelte, wie er in Heilbronn vor dem Rathaus stand, gegen die bürokratischen Sesselfurzer wetterte, alte Nazis gegen sich aufbrachte und gleichzeitig keine Sympathie für revolutionäre Nichtstuer hatte, die einen Apfel- nicht von einem Birnbaum zu unterscheiden wüssten. Ein Populist sei er, stand in der Zeitung, doch damit wurde man ihm nicht gerecht. Die Parteipolitiker fürchteten ihn; wen Palmer direkt angriff, der bekam sein Fett ab und wurde zum Gespött.

Links oder rechts, diese Orientierungsmarken, die so wichtig waren, um zwischen den »Richtigen« und den »Falschen« zu untertscheiden, griffen nicht bei diesem Obstbauern, der die Politik allein aufmischen wollte. Wenn er Ansprachen hielt, wussten die Leute, dass da einer sagte, was er dachte. Nicht so wie bei Filbinger, dem Ministerpräsidenten, dem das süßsaure, scheinheilige Lächeln ins Gesicht gegraben war wie den Figuren von Wilhelm Busch, die hohe Moral predigten und hinterrücks Dienstmägden auf den Hintern klatschten oder einen Schoppen Wein nach dem anderen leerten. Da war dieser Palmer ein anderes Kaliber, obwohl man nicht wusste, was passieren würde, wenn er wirklich zum OB gewählt würde. Alle Beamten ließen sich schwerlich auf einmal entlassen. Sein Obst sei ausgezeichnet, sagten selbst die, die ihn nicht wählten, und nach einer Weile hatte man Übung darin, auf dem Wochenmarkt seinem Zorn zu entgehen. Mit einem alten Weidenkorb daherkommen und ein Kilo Gewürzluiken, diesen dunkelroten, kräftigen Apfel, verlangen, ja keine Modeäpfel!, damit fand man Gnade vor Palmers Augen.

Vater gab zu, bei den Heilbronner OB-Wahlen für Palmer gestimmt zu haben, allein war er damit nicht. Wenn man den Mächtigen eins auswischen wollte, zählte eine Palmer-Stimme doppelt. Oder sie war verloren.

Da sieht man am Ende, was man geschafft hat

Auto und Führerschein, das, Junge, musst du dir selbst verdienen. Wir werden schon etwas dazutun, aber erwarte nicht, dass wir dir ein Auto vor die Tür stellen. Mit Nachhilfe und dem Austragen des Gemeindeblatts kam ich nicht weit, deshalb musste ein Ferienjob her, mindestens zwei Wochen, Geld verdienen. In der Baufirma zum Beispiel, für die Vater arbeitete. Am liebsten im Magazin, wo ich morgens die Zimmerleute und Maurer, die zu den Baustellen fuhren, mit Materialien versorgte, mit Latthämmern, Nägeln oder Zollstöcken. Ich trug alles in ein Ausgabeheft, protokollierte es mit meiner Unterschrift und verhielt mich unauffällig. Danach wurde es ruhig, ich saß an einem kleinen Schreibtisch, sah durch ein Fenster auf die Werksstraße, die durch das Gelände führte. Sobald sich jemand näherte, gab ich mir einen geschäftigen Gesichtsausdruck und ließ das »Kicker«-Heft verschwinden Richtige Arbeit war das nicht, die Zeit verstrich langsam, bis es Mittag wurde, ich mit dem Mofa die Fertigessen für die Kantine holte und die Getränkeautomaten auffüllte. Irgendwann wurde es Nachmittag, und ich durfte nach Hause. Der Magazinerjob – 8 Mark die Stunde – war begehrt, im Jahr darauf gab es lediglich die Möglichkeit, in der Zimmerei zu arbeiten. Bretter schleppen, Schubkarren beladen und in die Neckarwestheimer Turnhalle fahren, die die Firma fertigstellte. Die Gnadenfrist morgens im VW-Bus, wenn wir zur Baustelle fuhren, für jede rote Ampel war ich dankbar. Wie hielt man das aus, sein ganzes Leben auf dem Bau zu verbringen, Bretter festzunageln, Schalungen anzubringen und die Mittagspausen in die Länge zu ziehen, wenn es der Polier nicht mitbekam oder frühzeitig in die Gaswerkstraße zurückkehrte? Mutters Vesperdose brachte Abwechslung, mittags ein Bier, aus der Flasche mit Bügelverschluss. Echte Männer trinken ihr Bier so, das sei, sagte ein Schulkamerad, ein Gefühl von Freiheit. Dieses Zupacken, dieses Ansetzen der Flasche, dieses Sich-den-Mund-mit-dem-Ärmel-Abwischen, nicht zu vergleichen mit Vaters Zinnkrug zu Hause, dem bürgerlichen Biertrinken. Baustellenbier ist Baustellenbier. Was ich werden wolle, fragte mich der Vorarbeiter, ein gutmütiger Dicker im Blaumann. Lehrer? Na, das sei nichts für einen Mann, den Tag über drinnen, da könne ich auch Finanzbeamter werden. Er müsse im Freien sein Geld verdienen, Turnhallen oder Festsäle bauen. Da sieht man am Ende, was man geschafft hat, mit den eigenen Händen. Nicht wie bei den Stubenhockern. Ich widersprach nicht, was sollte ich antworten, anmerken, wie schrecklich ich es fand, Nägel in Bretter zu schlagen und auf den Feierabend zu warten? Wenn der kam, wenn wir auf ein Zeichen in den VW-Bus stiegen, jubilierte ich. Geschafft, ein Tag herumgebracht, zu Hause geduscht, die Kopfhörer aufgesetzt und eine halbe Stunde Musik gehört. Schneller, als ich dachte, wurde es Abend. Plötzlich verstand ich, warum diejenigen, die ihr Arbeitsleben auf dem Bau oder in der Fabrik zubrachten, dauernd ans Wochenende und an den Urlaub dachten. Nannte man das entfremdete Arbeit?

Für dich war es nur Firlefanz

Zu Hause gab es die »Heilbronner Stimme«, montags den »Kicker«, den ich bei Frau Linse am Karlstor besorgte, und ab und zu eine Fernsehzeitschrift, die »Hör zu«, obwohl Mutter das nicht einsah. Wir haben die Programmübersicht in der Wochenendbeilage der Zeitung, das reicht. Den »Spiegel« kauften sich einige aus der Klasse, ich entschloss mich, zum »Zeit«-Käufer zu werden, donnerstags, bei Schreibwaren Meier, eine Menge Papier. Die »Zeit« im Arm, das machte Eindruck, obwohl kein Mensch alle diese langen Artikel las. Das ist ja wieder ein Schwung Altpapier, stöhnte Mutter, wer das wohl wieder wegbringen muss? Darum ging es nicht. Wer »Die Zeit« las, kümmerte sich nicht um solche Sachen. Vorne blätterte ich schnell weiter, diese Leitartikel hörten nie auf. Hinten im Feuilleton las ich mich fest, und dort, wo es um modernes Leben ging. Bis zu den Bekanntschaftsanzeigen, die weitschweifig formuliert waren und die Vorzüge der Heiratswilligen herausstellten. Wie manche Leute sich selbst anpriesen. Attraktive Akademikerinnen, Ende dreißig, mit Sinn für klassische Musik und fürs Wandern, suchten in der »Zeit« den Partner fürs Leben, auf keinen Fall eine flüchtige Bekanntschaft, für unmoralische Annoncen war in der »Zeit« kein Platz. Wenn sich nie ein Mädchen für mich interessieren würde, bestünde die Chance, hier fündig zu werden. Manchmal wandten sich die von der »Zeit« an Jugendliche und schrieben einen Gedichtwettbewerb aus. Etwas Altersgemäßes sollte man einschicken, in einer Form, die frei zu wählen war. Ich setzte mich an den Schreibtisch, abends im Halbdunkel, und begann ein Sonett zu dichten, wie Andreas Gryphius oder Georg Trakl, mit sauberen Reimen. Ein Mädchen beschrieb ich, das sich von mir beziehungsweise von dem Gedicht-Ich nach langem Hin und Her abwandte. Zu konkret sagte ich das nicht, nannte weder Namen noch Wiedererkennbares, alles ändern, verstecken, wegen Regina oder Sabine. Die Stimmung ausdrücken, bis die Sachen satt-traurig gerieten. Für dich war es nur Firlefanz, für mich war es der letzte Tanz – so endete das Gedicht. Firlefanz war ein Wort, das nicht bei Trakl oder Gryphius vorkam. Vielleicht hätte ich die Verse mehr verrätseln sollen, sodass man nicht genau verstand, um was es ging. Die Redaktion bedankte sich für meine Einsendung.

Lass jucken, Kumpel

Unten in der Dittmarstraße, fast am Ende meiner wöchentlichen Gemeindeblatttour, war ein Kino, das Sexfilme zeigte. Von denen war viel die Rede. Manche gaben vor, die verklemmte Bevölkerung aufzuklären und ihr zu ungeahnter sexueller Erfüllung zu verhelfen. Vor dem Kino in der Lenaustraße wies ein Schaukasten mit Fotos auf die neuesten Filme hin, auf »Lass jucken, Kumpel« und die »Schulmädchenreports«. Ich schob mein Mofa unauffällig in Richtung Kino, blickte mich um, ob Bekannte oder einer meiner Gemeindeblattempfänger in der Nähe waren. Manchmal wartete ich, bis ein paar Rentner sich von den Schaukästen entfernten. Viel war da nicht zu sehen, nackte Mädchen, mit Zöpfen manchmal, vor der Tafel oder mit kurzem Rock in der Schulbibliothek. Ich musterte die Brüste, die Hintern, nicht zu lange, auf keinen Fall auffällig werden. Ab 18 Jahren waren diese Filme, hier in der Lenaustraße wäre es zu riskant gewesen, sich in den Eingang zu schleichen und auf eine verschlafene Kinokassiererin zu hoffen. Vielleicht besser im Shopping-Haus auf der Allee, mit dem Sexkino im ersten Stock? Minutenlang kreiste ich vor der Rolltreppe, mal schneller, mal langsamer, schaute gelangweilt vor mich hin, nur nicht den Eindruck erwecken, ich würde mich für die Filme interessieren. Soll ich, soll ich nicht. Und was, wenn die Kassiererin nach dem Alter fragt, wenn ich zu stammeln anfange, wenn sie einen Ausweis sehen will? Mutig sein, einmal musste ich so einen Film sehen, den Kopf gedreht, reine Luft und die Rolltreppe hoch. Ein schummriger Eingang, kaum Leute im Flur, wieder nur ein paar Alte, einmal, bitte, die Frau an der Kasse blickte ins Leere, sah mich kaum an, riss eine Karte ab (die durfte ich nicht in der Jackentasche vergessen!) und schob sie durch das Wechselfach. Ich griff hastig danach, senkte den Kopf und bog eilig um die Ecke, zwängte mich durch einen dunkelroten Samtvorhang in den kleinen Kinoraum mit gerade mal fünfzehn Reihen.

Im Halbdunkel saßen ein paar Besucher, weit voneinander entfernt. Ich drückte mich in eine der letzten Reihen, nach außen, um schnell verschwinden zu können. Gebannt starrte ich auf die Leinwand, wo sich Lehrer an Schülerinnern heranmachten, wo auf Klassenfahrten gemeinsam geduscht, mit Gurken hantiert wurde. Nackte Mädchen gab es Dutzende zu sehen, alle paar Minuten, die dürftige Handlung steuerte auf das immergleiche Ziel zu. Genaues sah man nicht, Körper in rhythmischen Bewegungen, und nach einer Weile stöhnten die Schülerinnen wild.

Mit mir hatte das nichts zu tun. An unserer Schule gab es so etwas nicht, glaubte ich, nicht weil wir kaum Mädchen hatten, sondern weil es unvorstellbar war, dass sich in den Biologieräumen oder im Zeichensaal dergleichen abspielte. Ob sich manche einbildeten, dass es bei ihnen nach dem Unterricht so zuginge? Länger als eine halbe Stunde blieb ich nicht, dann hatte ich genug gesehen, das hielt eine Weile vor, jetzt musste ich mich nur aus dem Kino schleichen, niemandem in die Augen sehen und auf der Rolltreppe ja keinem begegnen. Wenn man unten auf der Allee war, gab es Antwortmöglichkeiten, für den Fall der Fälle. War im Fotoladen. Bei Reinecker in der Konditorei eingekauft, Makronentörtchen.

Draußen sah ich mir die Mädchen auf der Straße genauer an, die Schulmädchen, verglich sie mit denen, die ich auf der Leinwand angestarrt hatte.

Dass wir diese Kriminellen füttern auf Staatskosten!

Einer der Terroristen starb nach einem Hungerstreik, Holger Meins. Sein ausgemergeltes Gesicht flimmerte tagelang durch die Nachrichtensendungen. Wenn der nichts essen wolle, brauche man ihm nichts zu geben. So weit ist es gekommen, dass wir diese Kriminellen füttern, auf Staatskosten! Seit Jahren hingen überall Plakate mit den Anführern der Terroristen, auch im Postamt in der Weinsberger Straße. Nach Heilbronn würde es die wohl nicht verschlagen, obwohl ... konspirative Wohnungen gab es vielleicht auch hier. Baader-Meinhof-Bande sagte man nicht, weil das hieße, die Leute vorab zu verurteilen. Erst hatten sie sich vor Gericht zu verantworten. Mit den Tätern zeigte man kein Mitgefühl, sonst galt man als Sympathisant, wie Heinrich Böll. Seit den Olympischen Spielen in München machte sich Nervosität breit, man begann sich vor Anschlägen und Schießereien zu fürchten. Wofür hatte jemand gelebt, der auf einen Schlag ausgelöscht wurde? Ständig entführten sie hochrangige Politiker und Wirtschaftsbosse und erschossen sie. Wenn das so weitergehe, müsse der Staat eingreifen, da helfe nur die Todesstrafe. Für mich war die Sache klar: Wer andere erschoss, war ein Verbrecher. Oder war die Bundesrepublik eine Diktatur, die es rechtfertigte, ihre Repräsentanten niederzustrecken? Dass der Kapitalismus im Westen ungerecht war, ließ sich nicht leugnen. Wie richtete man es besser ein? In Italien gab es Kommunisten, die sich lockerer zeigten, denen man abnahm, zumindest aus der

Ferne, dass sie nicht auf der Honecker-Linie lagen. Enrico Berlinguer hieß einer von denen. Baader und Meinhof waren Verbrecher, vielleicht hatten sie politische Motive gehabt, am Anfang, und Eindruck gemacht auf diejenigen, die von Revolution und Widerstand schwärmten, in Frankfurt oder Berlin. Dann entführten sie den Politiker Lorenz, ein Foto zeigte ihn, wie er in eine Kellerecke gezwängt wurde, mit einem Pappschild um den Hals. Die Regierung gab nach und ließ Terroristen frei. Mit zwanzig müsse man rebellieren, sagte ein Lehrer, mit vierzig Vernunft annehmen. Ein blöder Spruch, als hätte man sich im fortgeschrittenen Alter mit allem abzufinden. Vater war nie Revolutionär gewesen. Mit zwanzig kam er aus der Kriegsgefangenschaft zurück.

Ein ungemein wichtiges Stück für die Entwicklung des modernen Theaters

Ecke Karlstraße/Allee ging es in ein kleines Kammertheater, wo wir mit Französischlehrer Wittstein eine Vorstellung besuchten, gemeinsam. Samuel Becketts »Endspiel« sei, neben »Warten auf Godot«, ein ungemein wichtiges Stück für die Entwicklung des modernen Theaters, sagte Wittstein. Es passierte herzlich wenig auf der schmalen Bühne, zwei Alte saßen in einer Mülltonne, hoben den Deckel hin und wieder, und einer, der Hamm hieß, schikanierte seinen Diener, der sich nicht wegzugehen traute. Eine Welt außerhalb dieser Szene gab es nicht. Was hatten diese elenden, sich gegenseitig quälenden Figuren mit mir zu tun? Langsam folgte ich den Sätzen, den Monologen, wollte sie nachfühlen, an den symbolischen Bildern teilhaben. Das war größer und bedeutsamer als alles, was ich zuvor gedacht hatte. Der Wille, sich Dinge zu kaufen, sein Abitur zu machen, an die Karriere zu denken … was für einen Sinn besaß das, wenn man diese Mülltonnenexistenzen sah? Offenbar gab es eine Dimension, die vom Wohlstand nicht zu beeinflussen war. Atombomben, Krieg, Hunger – so war die Realität, und Beckett zeigte es, schmerzhaft und eindeutig. Wie lebte man nach einem solchen Theaterstück weiter? Wie bisher im »Rädle« oder in der Weinstube Weingand einkehren, ein Viertel Trollinger bestellen und an die Mathematikarbeit in der kommenden Woche denken? Wenn man Beckett ernst nahm, musste man sein Leben ändern – oder Sandra Paretti und Michael Burk lesen. Wie bei Camus war das, obwohl mir dessen »Pest« zu sozialkritisch, zu engagiert war, gewissermaßen. Wir diskutierten im Deutschunterricht, ob Camus ein Philosoph, ein Moralist oder ein Schriftsteller sei. Den meisten gefielen Romane oder Gedichte, wenn sie deren Inhalte mochten, wenn sie fanden, was sie selbst dachten. Wie bei Hermann Hesses Gedichten »Im Nebel« oder »Stufen«, die sich zitieren ließen, weil sie auf viele Situationen passten und weil jeder mit dem Kopf nickte, wenn er diese Verse hörte. Bei Dichtern wie Beckett lief das anders, ja, und auch in Camus' »Der Fremde«, der mir besser als die »Pest« gefiel. Eine Frau stirbt, die Mutter des Helden Meursault, der später im heißen Sonnenlicht einen fremden Araber tötet, mit mehreren Schüssen. Ich verstand nicht gleich, warum das geschah, welche Gründe Meursault antrieben. Er hatte genug, einfach genug, sein Hass richtete sich gegen nichts Konkretes, er rauchte, empfand nichts, selbst neben der Leiche seiner Mutter. Dass er zum Mörder wurde, schien zu seiner Biografie zu gehören und keiner Erklärung zu bedürfen. Beckett und Camus lesend, geriet ich in einen anderen Bereich, der mit dem Leben meiner Eltern und Geschwister nichts zu tun hatte, weit weg von ihnen, von »Dalli, dalli«, Uli Hoeneß, von Urlaubsplänen, Versicherungsschäden, Helmut Schmidt. Oben in meinem Zimmer sitzen, Becketts »Molloy« lesen, versuchen, ihn zu verstehen, und sich mit Camus eine Situation vorstellen, in der ich für mein Handeln nicht zur Verantwortung zu ziehen wäre, wo ein Rausch einträte, der die Sinnlosigkeit der Welt akzeptierte. Tagsüber so tun, als sei die Welt eine Selbstverständlichkeit, und dabei zu wissen, wie trügerisch alles war, wie es in Mülltonnen endete.

Der Schluss ist dir zu versöhnlich geraten

Ich schrieb für die Schülerzeitung, Artikel über Schulveranstaltungen, Fußballspiele, wollte Kritisches aufdecken, Missstände anprangern. Selber zu schreiben und zu wissen, dass andere das Geschriebene lesen, war ein gutes Gefühl. Geleitet wurde die Zeitung von einem Oberstufenschüler, der alles straff organisierte, Anzeigen beschaffte und die Zeitung zu einem 200-Seiten-Heft machte. Wer schrieb, gewann Einfluss, obwohl die meisten Lehrer die Schülerzeitung belächelten, es sei denn, sie wurden darin aufs Korn genommen. Dann forderten sie, das Blatt zu verbieten. Ich schrieb für den Unterstufenteil.

Als der Direktor eine Schulordnung durchsetzen wollte, um alten Werten wie Disziplin und Sauberkeit wieder zu ihrem Recht zu verhelfen, verfasste ich einen Kommentar, einen mutigen, wie ich fand, der die Ideen des Direktors kritisierte. Der erklärte später, es handele sich um eine Schulordnung aus der Sowjetunion, die er habe übersetzen lassen, um den aufsässigen Schülern der Oberstufe zu zeigen, wie es bei den richtigen Kommunisten zugehe. Ich war stolz auf meinen kleinen Artikel, und nach Schulschluss sprach mich Regina an – Regina, die Unerreichbare, die, so hörte ich, inzwischen mit einem drei Jahre älteren Oberstufenschüler ging – und lobte mich für meine Glosse. Endlich. Der Schluss ist dir zu versöhnlich geraten, sagte sie, den hättest du weglassen sollen. Natürlich gab ich ihr recht. Ja, Regina, das stimmt, dann wäre der Text härter und kritischer geworden. Im nächsten Heft vielleicht. Wir winkten uns zu, vor dem Schulportal. Ich lachte hell auf, als ich mit dem Mofa in die Schubartstraße einbog. Na, heute muss es ja toll gewesen sein in der Schule, rief Mutter mir zu, trug Gulasch mit Spätzle auf. Auch das ließ sich sehen

We had joy, we had fun

Wieder ein trauriges Lied, das vom Sterben handelte, im Sonnenschein. Gesungen von einem Amerikaner mit

Putzwollelocken. Ursprünglich ein Jacques-Brel-Lied, »le moribond«. Die Melodie der englischen Fassung erinnerte entfernt daran, war wie in Cremeschokolade getaucht. So wie die Stimme des Sängers Terry Jacks, während Jacques Brel ruppig und abgehackt klang. Ein Lied, das ich oft hörte. Bei Elektro Weber war die Jacks-Single ausverkauft, sodass ich mit der Fassung eines anderen Amerikaners, Bobby Wright, vorliebnehmen musste. Der trug pomadiges Haar und ausladende Koteletten, länger als die von Trampas aus der Shiloh-Ranch. We had joy, we had fun, we had seasons in the sun ... sangen Jacks und Wright, von einem jungen Mann, der sich von allen brav verabschiedet, ehe er in den Tod geht. Er spricht zu seinem Vater und zu seiner Freundin Michelle, mit der er glücklich gewesen war. But the wine and the song like the seasons have all gone ... und der bald Tote – warum er im Begriff war zu sterben, ließ sich nicht verstehen – wunderte sich, dass die Welt sich um ihn nicht im Geringsten kümmerte. Die Sonne schien weiter, die Vögel zwitscherten, auf dem Wartbergturm wehte die Fahne, im Pfühlpark tranken die Penner ihr Bier. Niemand scherte sich um den da, der krank war oder an Selbstmord dachte, the black sheep of the family. Für die Partys bei Vöhringer-Fenske eignete sich das Lied vorzüglich, ein Stehblues von fast vier Minuten, bei dem sich die Lichtorgel zurückhielt und nicht mehr alle Ecken ausleuchtete. You gave me love and helped me find the sun.

Wie ich es im Fernsehen hundertmal gesehen hatte

Vielleicht war das die Gelegenheit. So ging es nicht weiter, den anderen aus den Augenwinkeln zusehen, wie sie auf Feten herumknutschten und was weiß ich taten, während ich auf den Sankt-Nimmerleinstag wartete. Das Gartenfest zum Schuljahrsende war die Gelegenheit; Jungen und Mädchen aus anderen Klassen kamen dazu, anfangs ein paar Lehrer, die sympathischen, es wurde gegrillt, Bier und Wein getrunken, anfangs in Maßen. Ein Wort gab das andere, ich saß neben Kerstin, deren Mutter in der Sülmerstraße eine Modeboutique hatte. Sie war zwei Jahre jünger als wir, ging, so hieß es, mit einem aus meiner Klasse, sie gefiel mir, wiewohl kein Vergleich mit Regina. Na, du würdest Kerstin wohl gern küssen?, rief mir einer zu. Wir frotzelten uns, mit halbem Ernst, ich nahm einen Schluck Wein, Lehrensteinsfelder. Ja, klar, erwiderte ich übermütig. Umsonst gibt's das nicht, musst was dafür tun, so mit Wetteinsatz. Was denn? Siehst du da hinten die alte Badewanne, die mit dem Regenwasser? Ich blickte hinüber zu dem schmutzigen, rostigen Trog, in dem brackiges Wasser vor sich hin gammelte, vermutlich seit Wochen. Blätter trieben auf dem braunen Sud. Wer weiß, was für Tiere unter der schleimigen Oberfläche schwammen. Wenn du da reinsteigst, in voller Montur, dann darfst du Kerstin küssen, richtig küssen. Sie macht mit. Was wohl stimmte, denn sie sah mich lächelnd an, zweifelnd, wahrscheinlich hatte sie einiges getrunken. Ich überlegte kurz, stand auf und ging langsam durchs halbhohe Gras auf die Wanne zu, deren Emaille abbröckelte. Die anderen folgten mir, es sprach sich wie ein Lauffeuer herum. Hey, der steigt in die Brühe, um die Kerstin zu kriegen, das macht der wirklich. Ich hörte die Rufe wie durch Watte, blickte mich nach Kerstin um, am Wetteinsatz bestand kein Zweifel. Ein Zurück gab es nicht mehr. Ich grinste vor mich hin, tat so, als sei es normal, sich auf diese Weise einen Kuss zu ergattern, den ersten Kuss, der zählte. Nicht schlappmachen, nein, ich zögerte nicht, als ich die Wanne erreicht hatte, stieg übergangslos in das muffige Wasser und legte mich hinein, bis zu den Achselhöhlen. Der Jeans würde es nichts ausmachen, dem Hemd auch nicht. Mutter war Testerin für Henkel, an Persil fehlte es nie. Alle johlten, begafften mich, als hätten sie mir das nicht zugetraut, ausgerechnet der. Fünf Sekunden etwa hielt ich es in der kalten Suppe aus, kletterte hinaus, tropfte vor mich hin, schüttelte mich und sah mich um. Wo stand sie? Kerstin schien von meiner Entschlossenheit nicht überrascht. Jetzt der nächste Schritt, jetzt die Sache zu Ende bringen, wenn schon, denn schon. Ich nahm sie in den Arm, sie kam mir entgegen, ich beugte mich vor, sie kam mir entgegen, ich küsste sie, wie ich es im Fernsehen hundertmal gesehen hatte, mit Zunge, richtig. Kein Firlefanz. Kerstin hörte nicht auf, ich zögerte den Kuss hinaus, so lange es ging. Dass alle zusahen, störte mich nicht. Manchmal musste man sich trauen.

Dein erster Pfiff im Spiel muss auf dem Marktplatz zu hören sein

Bei einem Schulturnier fehlte der Schiedsrichter. Pfeif doch du. Ich nahm das Blechding, nickte und gab mich neutral. Es gefiel mir, über Foul oder Nicht-Foul zu entscheiden. Als Mittelstürmer oder Torwart würde ich es nicht zur Weltkarriere bringen. Man soll seine Grenzen kennen. Einige Wochen später meldete ich mich bei der Turngemeinde Heilbronn, hinterm Pfühlsee. Was ich tun müsse, um Schiedsrichter zu werden, mit Prüfung und so. Die freuten sich, einen Verrückten auf dem Präsentierteller serviert zu bekommen. Wer meldete sich freiwillig als Schiedsrichter, wer wollte Wochenende für Wochenende den Idioten der Nation abgeben und sich beschimpfen lassen? Mir würde das nichts ausmachen. Obwohl Schiedsrichter als faschistoide Säcke galten, die ihre Macht genössen und zu Hause oder im Büro nichts zu sagen hätten. In einer antiautoritären Gesellschaft bräuchte man keine Schiedsrichter mehr, vermutlich, dann würden sich alle über die Berechtigung eines Elfmeters verständigen, mühelos. Bis dahin, dachte ich, ist es trotz sozialliberaler Koalition eine Weile hin, und ich meldete mich zum Lehrgang an. Jeden Sonntag kutschierte mich ein Rentner des Vereins in seinem klapprigen Fiat 126 nach Offenau, wo im Vereinsheim die Regelschulung stattfand. Wie so Clubheime aussahen ... braune Wirtshaustische, deren Maserung abfiel, wacklige Stühle, Wimpel an den Wänden, Bierschwaden am Morgen und vorne ein herbeigekarrtes Stehpult. Die Regelfragen machten mir nicht zu schaffen. Ja, deren Spitzfindigkeiten packten mich, wie juristische oder kriminalistische Fragestellungen. Wortlaut und Logik der Regel beachten und den richtigen Schluss ziehen. Ob aus einem Anstoß, aus einem Abschlag direkt ein Tor erzielt werden darf. Wann ein Stürmer in einer Abseitsstellung ins Geschehen eingreift. Welche Äußerungen eines Spielers als Beleidigung, welche als Unsportlichkeit anzusehen sind. Wann ein Elfmeter, besser: Strafstoß, zu wiederholen sei. Ich bestand die Prüfung problemlos, wusste, dass ich an meiner Kondition zu arbeiten hatte. Ein-, zweimal pro Woche auf den Trimm-dich-Pfad am Gaffenberg, ach herrje. Eisern einige Runden drehen, obwohl ich Laufen um des Laufens willen sinnlos fand. Immerhin, ich war geprüfter und vereidigter Schiedsrichter des Württembergischen Fußball-Verbands, bestellte bei einem Versand die nötige Ausrüstung. Da gab es weltanschauliche Unterschiede. Ob man ganz in Schwarz antrat. Oder mit weißen Umschlägen an den Stutzen. Oder gar mit weißem Hemdkragen, was affig, konfirmationsmäßig aussah. Bei den Pfeifen schworen die einen auf britische Modelle aus Metall; ich entschied mich für eine spanische Hochtonpfeife aus Plastik, ein kleines Gerät, das markdurchdringende Töne von sich gab. Dein erster Pfiff im Spiel, sagte mir ein Lehrwart, muss auf dem Marktplatz zu hören sein. Bei den gelben und roten Karten, die ich vorerst nicht benötigte, bestand ich auf fluoreszierenden Farben, nicht diese mattgelben und mattroten Töne. Das musste leuchten.

Von nun an war ich im Einsatz, meistens samstag nachmittags, bei E- und D-Jugendspielen in Meimsheim, in Böckingen oder Neckargartach. Von Spiel zu Spiel wurde ich sicherer, ignorierte die schreienden Fußballväter am Rand, die alles besser sahen und wussten. Ich ließ mich nicht provozieren, manchmal warf ich einem Vater einen verächtlichen Blick zu. Mühsamer wurde es bei den Älteren, wenn mit Abseits gespielt wurde. Das ohne Linienrichter zu erkennen war nahezu unmöglich, hing von der Tagesform ab, vom Standort, von der Laufstärke. Ausgerechnet bei einem Freundschaftsspiel der B-Jugend der TG Heilbronn ging alles daneben. Von den ersten Minuten an wusste ich, dass ich auf wackligem Posten stand. Knifflige Abseitssituationen zuhauf, ich ahnte beim Pfiff sofort, wenn ich danebenlag. Die Spieler beschwerten

■ *Als Linienrichter im Einsatz (in Ellhofen).*

sich, ich ermahnte sie, wissend, dass sie mit ihren Beschwerden nicht unrecht hatten, an diesem Nachmittag. Bis einer mir »Du Arschloch!« zurief. Da blieb keine Wahl. Ich pfiff ab, sprintete los, auf den Spieler zu – ja nicht zu hektisch, war mir eingeschärft worden –, zückte die Spielnotizkarte, schrieb mir die Rückennummer auf und teilte dem Spieler mit, er sei wegen Schiedsrichterbeleidigung des Platzes verwiesen. Aufruhr setzte ein. Ich blieb unbeweglich stehen, deutete mit dem Zeigefinger in Richtung Kabine. Es dauerte eine halbe Minute, bis sich der Spieler trollte, begleitet vom wütenden Geschrei der Betreuer, das mir galt. Athanasios Karaiannides hieß der Arschloch-Rufer, Athanasios Karaiannides. Zu Hause verfasste ich einen detaillierten Bericht und beschrieb, was zu meiner Entscheidung geführt hatte. Das würde eine Sperre geben für den Griechen, keine Frage. Obwohl ich einen rabenschwarzen Tag erwischt hatte. Blödes Abseits.

Das gehört zum Daseinskampf

Allein verreisen in den Sommerferien, ja. Nein, nicht ganz allein, vielleicht in einer Gruppe und vor allem nicht mehr in die Berge, zu Gipfelkreuzen, Jagertee und Speckbrot. Einmal ans Meer, das ich nur aus Büchern, Zeitschriften und vom Fernsehen kannte. Aus der »Haifischbar« oder vom »Ohnsorg-Theater« aus Hamburg, das für Heilbronner am Meer lag. Heidi Kabel, Hilde Sicks und vor allem Henry Vahl, diesen schlitzohrigen Alten, ließ Vater gelten, obwohl er den »Komödienstadl« bevorzugte, mit Maxl Graf, Erni Singerl und Michl Lang. Immerhin hatte man bei den Ohnsorg-Theater-Stücken den Eindruck, man höre die Wellen rauschen und rieche den Fisch. Nord- oder Ostsee dennoch lieber nicht, eher der warme Süden, schließlich besaß Heilbronn eine Städtepartnerschaft mit Béziers in Südfrankreich, das definitiv am Meer lag. In der Zeitung las ich, dass die Jungen Europäischen Föderalisten eine Reise dorthin organisierten, zwei Wochen lang mit dem Bus. Was die taten und was für Ziele die hatten, war mir gleichgültig. Verdächtig schienen die nicht zu sein, und nach der Reise konnte man den Verein sofort wieder verlassen. Das war die Chance, ich erklärte Mutter die Notwendigkeit meiner Gebirgsabstinenz, zog abends in die Stadtbücherei zum Vorbereitungstreffen und bekam den elterlichen Segen. Zwei Wochen unterwegs – welche Aussicht!

Auf nach Frankreich, diesmal nicht Grenoble, sondern das Mittelmeer. Die Reisegruppe war gemischt, etliche in meinem Alter, Berufstätige, ein paar Mädchen, das ließ hoffen, darunter eine verschrobene Streberin, die Reingunde hieß und zum Gespött der anderen wurde. Ich hielt mich zurück, wollte den Süden spüren, trank gekühlten Rotwein, aß gegrillte Sardinen am Strand, hörte Grußworte der Stadtverwaltung von Béziers, hielt Distanz zu den anderen, insbesondere zu einem Haudrauf aus Böckingen, der alle Weiber anmachen wollte und Reingundes Türklinke ein Kondom überzog, ein gebrauchtes, wie er betonte. Wollte ich da wirklich mittun? Mit der großen Liebe würde es, das überblickte ich nach drei Tagen, in Béziers nichts werden, aber wie herrlich war es, am Strand zu liegen, in die stechende Sonne zu blinzeln, ins Straßencafé zu schlendern, ein Buch in der Hand, und darauf zu spekulieren, dass ein französisches Mädchen – schwarze, kurze Haare musste sie haben – mich entdecken und ansprechen würde. Da wart mal schön, gab mir der Böckinger zu verstehen, an die Weiber musst du rangehen, die tun nur so, als hätten sie es gern kuschelig. Tatsächlich wies er Erfolge auf, und das bei Mädchen, denen ich nie zugetraut hätte, sich so einem an den Hals zu werfen. Arm in Arm zog er mit denen in ein Stadion, wo wir einem stierkampfähnlichen Schauspiel zusahen. Neben mir saß keine Frau, aber immerhin einer der Organisatoren der Béziers-Reise, ein CDU-Stadtrat, der Landtagsambitionen hatte und mir die Reize des Stierkampfes erläuterte. Ich mochte es nicht, wie die Tiere mit Lanzen gereizt wurden, wie das Blut zu tropfen begann. Das gehört zum Daseinskampf, führte mein Banknachbar aus, der am Ende der zwei Wochen den Stauraum unseres Reisebusses mit Weinkisten auffüllte, um sie unbemerkt über die Grenze zu bringen. Ich begnügte mich mit zwei Flaschen Muscat de Frontignan, einem Süßwein, den wir bei einer Kellereibesichtigung kosteten. Der hatte fünfzehn Prozent Alkohol, was ich merkte, als ich ihn eisgekühlt in mich hineinschüttete. Ein Dessertwein, goldgelb funkelnd, damit war zu Hause kein Staat zu machen, eher mit den schokoladenüberzogenen Nüssen aus Carcassonne, die die Hitze halbwegs überstanden. In Frankreich leben, eine famose Vorstellung.

Spöri wähl i

Volljährig. Achtzehn, erwachsen, auf dem Papier, sich von niemandem mehr etwas sagen lassen. Ich machte den Führerschein, bei Behringer in der Schillerstraße auf einem BMW1502, das machte etwas her. Endlich war ich wahlberechtigt, kurz zuvor hatte man das geändert, bis einundzwanzig musste niemand mehr warten. Zum Glück gab es im Herbst gleich eine Bundestagswahl, mit Helmut Schmidt als Kanzlerkandidat. An die Revolution glaubte keiner mehr, an den Kommunismus noch ein paar, auch in Heilbronn. Denen war die SPD, vor allem seitdem Willy Brandt nicht mehr in der Regierung saß, zu reformistisch. Wer hat uns verraten – Sozialdemokraten! Vater wartete darauf, dass sich die CDU/CSU endlich für einen Kanzlerkandidaten Strauß entschiede. Der sei der klügste Kopf, der beste Redner, ließ sich nichts gefallen und kam zudem aus Bayern, wo die Wahlen immer gleich ausgingen.

In Heilbronn gab es keine Christsozialen zu wählen, was Vater bedauerte. Er entschied sich für Egon Susset, einen Bauern und Wengerter aus Wimmental, der im Bundestag auf den hinteren Bänken Platz nahm und für alles Ländliche zuständig war. Das war keiner, der in Betracht kam. Ich wählte SPD, das kleinere Übel, wie viele sagten. In der Politik schien es überhaupt nur Übel zu geben. So recht über den Weg traute man denen in Bonn nicht. Jetzt, da es mit dem Wirtschaftswunder haperte und die Terroristen das Land bedrohten, bekamen die Rechten Oberwasser; die freuten sich, dass sich die Studenten und Demonstranten in Grüppchen zersplitterten und resignierten. Erhard Eppler, unser Nachbar von schräg gegenüber, kandidierte nicht mehr für den Bundestag. Dr. Dieter Spöri hieß der neue SPD-Mann, der nicht in der Hundsbergstraße wohnte und es mit dem Wimmentaler Landwirt Susset aufnahm. Vor allem bei Frauen kam der an, sah fast so gut aus wie Neckarsulms Oberbürgermeister Klotz, der eine aparte französische Frau hatte. Auf meiner Schultasche prangte ein knallroter Aufkleber »Spöri wähl i«. Außerhalb Schwabens verstand das keiner, warum auch.

Es tat gut, eine politische Meinung zu haben, ich fühlte mich erwachsen, und niemand brachte mich davon ab, das zu wählen, was ich wollte. Auch Vater nicht, der bei seinen Söhnen in dieser Hinsicht jede Hoffnung hatte fahren lassen. Mutter hielt sich bedeckt, suchte politischen Streitgesprächen in der Familie vorzubeugen und pochte aufs Wahlgeheimnis. Ob sie diesmal F.D.P., die Genscher-Partei mit den affigen drei Punkten, wählte? Nicht auszuschließen.

Die einzige Wahrheit ist im heutigen Weltzustand die eigene Wirklichkeit

In Büchern stand viel, das sich aufzuschreiben lohnte. Ich legte eine Sammlung mit Stellen an, die ich großartig fand, mit Gedanken, die ich zu meinen machte. Daraus zitierte ich, meine persönliche Hitparade, frei von den gängigen Weisheiten, über die man im Deutsch- oder Religionsunterricht diskutierte. Für 85 Pfennige hatte ich mir ein kariertes Heft in türkisgrünen Flowerpowerfarben gekauft. Da hinein kamen die Fundstücke. Aus Max Frischs Tagebüchern oder Erich Fromms »Die Kunst des Liebens« zum Beispiel, wo darüber geklagt wurde, dass die ihm vorgeschriebenen Tätigkeiten dem Menschen verwehrten, sich als Individuum zu fühlen mit seiner »Sehnsucht nach Liebe«. Oder Hans Erich Nossack: »Die einzige Wahrheit ist im heutigen Weltzustand die eigene Wirklichkeit. Sich zu ihr zu bekennen ist eine revolutionäre Tat.« Oder Adalbert Stifter: »Das ist doch eine eigene Gattung, welche immer von dem öffentlichen Wohle spricht. Das sind die, welche mit ihren eigenen Angelegenheiten in Unordnung sind.« Oder Fritz Zorn: »Je deprimierter ich im Grunde meines Herzens war, desto mehr lächelte ich nach außen.« Oder Ernst Bloch: »Hoffnung ist deshalb die menschlichste aller Gemütsregungen und nur Menschen zugänglich, sie ist zugleich auf den weitesten und den hellsten Horizont bezogen.«

Zitate kräftigten, als sei es mit ihnen an der Seite leichter, sich ein anderes Leben vorzustellen, ein gerechteres, ein humaneres. Abends im Zimmer oben blätterte ich in meinem Heft, dachte über die Sätze nach, versuchte mir vorzustellen, wie die Papierworte in die Wirklichkeit umgesetzt würden, ohne ihre Reinheit zu verlieren. Eröffnet wurde die Sammlung von der Schriftstellerin Gertrud Leutenegger. Über deren Roman »Vorabend« veröffentlichte »Die Zeit« einen großen Artikel. Ein gebundenes Buch, nicht billig, ich kaufte es, las von einer jungen Frau, die am Abend vor einer Demonstration die Straßen abgeht, von politischen Themen abschweift hinüber zum Persönlichen: »Immer, ich darf das gar nicht laut sagen, wenn direkt über mir Spruchbänder geschwenkt werden und sich die Lautsprecher wie ein prasselndes Hagelwetter entladen, irritiert mich auf einmal ein ungemeines Interesse für die Straße.« Das waren meine Sätze, Gertrud Leutenegger, die mich auf dem Umschlagfoto als schöne, ernste Frau ansah, sprach für mich. Wie eindeutig musste man sich geben, um in politischen Diskussionen aufzutrumpfen, was verleugnete man, von sich und von der Realität? Gertrud Leuteneggers nächstes Buch, »Ninive«, suchte ich mir als Buchprämie aus, für einen Schulpreis in der 13. Klasse, der mir für »gute Leistungen, Fleiß und Wohlverhalten« verliehen wurde. Von dieser Schriftstellerin, sagte der Deutschlehrer, als er mir das Buch in die Hand drückte, habe er nie gehört. Es ging um einen präparierten Wal, der in der Schweiz ausgestellt wurde, und um die Liebesbeziehung zwischen einem Fabrizio und der Erzählerin. Wie sich beide kennenlernten ... »Wir waren noch nie hierher zurückgekehrt, wo wir aufgewachsen sind, um hier die letzten, grausamsten und krausesten Abweichungen unseres Lebens miteinander zu versöhnen, sondern um die Strenge unserer geheimen Geschichte wiederzufinden.«

Abschaum ist das, randalierender, besoffener

Nichts war mehr wie früher, alles dem Untergang geweiht. Der VfR Heilbronn versuchte vergeblich, den Abstieg aus der zweiten Bundesliga zu verkraften; da hatten die es so weit geschafft und scheiterten im ersten Jahr, diese Deppen! Womöglich würden sie es nie wieder packen und in den Niederungen des Amateurfußballs versinken und versacken. Und eine Stadt wie Kaiserslautern, beschwerte sich Vater, mit ihren 75000 Einwohnern spiele jahrein, jahraus in der ersten Liga, unfasslich. Auch mit den Münchner Löwen ging es nicht aufwärts. Während die Bayern sich eine Meisterschale nach der anderen abholten, verkümmerten die Löwen in der zweiten Liga – eine Schmach ohnegleichen. Aber dennoch, seinen Klub wechselte man nicht nach Belieben, das wäre charakterlich das Letzte. Ich blieb den Löwen treu, litt mit ihnen, genoss sogar den süßsauren Schmerz der häufigen Niederlagen, der verpassten Aufstiege. Hart wie Krupp-Stahl, so seien die echten Löwen-Anhänger. Aus der Nähe durfte man sich die Hartgesottenen freilich nicht ansehen, die mitreisenden Löwen-Fans, die ich beim VfR Heilbronn oder beim Jahn Regensburg erlebte, als wir Oma besuchten. Abschaum ist das, randalierender, besoffener. Eines Tages würde es mit den Sechz'gern dennoch wieder werden, wir würden aufsteigen und Schritt für Schritt dem reichen FC Bayern zeigen, wer der Münchner Platzhirsch ist. Zobel, Dürnberger, Roth – furchtbare Spieler, denen ich allenfalls etwas abgewann, sofern sie für Deutschland spielten. Aber selbst das wurde trübseliger in letzter Zeit. Bei der Europameisterschaft in Jugoslawien verloren wir tatsächlich das Endspiel gegen die Tschechen, im Elfmeterschießen, und Schuld hatte einer vom FC Bayern, dieser Hoeneß, der als Einziger zu dämlich war, seinen Elfmeter zu verwandeln. Im Gegenzug ließ sich Sepp

Maier vom Tschechen Panenka so verladen, dass man sich schämte. Alles hatten die Bayern vermasselt, so ging es auch mit der Nationalelf abwärts, kein Wunder.

Ballade pour Adeline

Den Führerschein bestanden und sofort eine Probefahrt in Vaters orangebraunem Audi 80. Sein ängstlicher Blick, ob ich von der Pfühlparkrunde je zurückkäme, obwohl es mit ihm an der Seite nicht besser gewesen wäre. Aufs eigene Auto sparen. Das schaffte Unabhängigkeit, mit dem Auto könnte ich mich davonmachen, jederzeit. Wenn ich das Geld beisammen hätte. Wer Auto fahren will, muss sich das verdienen. Ja, ja, schon gut, ich hatte nicht damit gerechnet, nach bestandener Führerscheinprüfung vor der Tür einen neuen Golf vorzufinden. Durch die Ferienjobs kam etwas zusammen, ein gebrauchter Käfer, das wär's. Vater und ich gingen die Samstagsanzeigen durch, zu viele Kilometer sollte er nicht draufhaben, mit neuem TÜV, wenn's geht. In Schwaigern wurde einer angeboten, ein VW 1300, 34 PS, nicht zu alt. Wir fuhren hinaus, besahen uns den Wagen, tipptopp wäre zu viel gesagt, aber ein tadelloses Auto, so weit das Menschen ohne technischen Verstand ermaßen. 1900 Mark sollte er kosten, Vater hielt den Besitzer für seriös, begann zu verhandeln, geschickt, wie im Büro mit seinen Lieferanten, und schließlich war man sich einig: 1750 Mark für den dunkelroten Schwaigerner Käfer – wir legen schon was dazu. Ein Kassettenradio

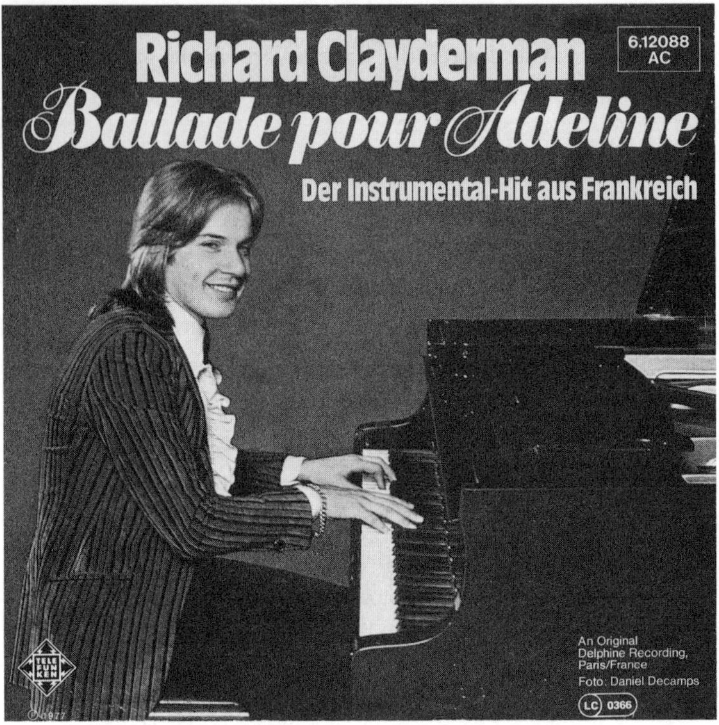

■ *Inniges Verhältnis.*

würde ich mir separat leisten, ohne Musik fuhr man ja nicht Auto, was Mutter und Vater komplett anders sahen. Wenn bei ihnen das Radio lief, dann so leise, dass man nichts verstand, unvorstellbar. Zulassung, Papiere ... nach ein paar Tagen war alles perfekt, behutsam fuhr ich den Wagen zum ersten Mal vors Haus, umkreiste ihn nach dem Aussteigen, stolz. Ja, gewiss, man sollte Benzin sparen, am besten gleichmäßig beschleunigen und früh in den höheren Gang schalten, obwohl das ein

Opagefahre war. Die Rohstoffe, die Energie, die Umweltverschmutzung. Aber aufs Auto verzichten deswegen? Vielleicht wurde es irgendwann verboten, Auto zu fahren. Bis dahin brauchte ich aber zu den Spielen am Wochenende nicht mehr mit dem Mofa anzureisen, im Käfer vorzufahren wirkte eleganter, wenngleich ich den Wagen nie am Sportplatzeingang abstellen würde. Sonst erkennte jeder Dorftrottel, welches Auto zum Schiri, zur schwarzen Sau, gehörte. Einen Namen finden fürs Auto, ohne ging es nicht. Obwohl das albern klang, wie bei Hunden oder Teddybären. Ein weiblicher Name musste es sein, oder sollte ich meinen Käfer Roy oder Terry nennen? Ich entschied mich für Adeline, das klang französisch, war kein Allerweltsname und in der Hitparade in aller Munde, durch das Klavierstück eines Franzosen, Richard Clayderman, der am Flügel saß und das rührende Stück ergriffen spielte, »Ballade pour Adeline«. Genau sah man sich den Virtuosen besser nicht an, denn mit seiner blonden, schmachtenden Frisur wirkte er wie aus einem Historienschinken mit Mantel und Degen, die am Sonntagnachmittag im Fernsehen liefen. Möglicherweise standen Frauen, die Adeline hießen, auf solche Typen, oder die anderen, die nicht Adeline hießen, stellten sich vor, sie würden wie Adeline mit einer herzergreifenden Ballade bedacht. Dennoch kaufte ich mir im Bürohaus Seel einen Bogen Letrasetbuchstaben und platzierte unterhalb des Schriftzugs VW 1300: Adeline. So entwickelte ich ein inniges Verhältnis zu einem Auto, das vor kurzem in Schwaigern nichts von seinem Glück geahnt hatte.

Mit der Revolution kam es in Deutschland nicht voran, in Kuba auch nicht. Es galt nur, das Böse abzuwehren, die Zerstörungen aufzuhalten, den Frieden zu sichern, zwischen den Weltmächten nicht zerrieben zu werden. Alles, sagte Vater, würden diese Demonstranten zerstören, was aufgebaut worden sei, wegen dieser Atomkraft, auf die die Wirtschaft nicht verzichten könne. Es ging nicht mehr darum, für den demokratischen Sozialismus, für mehr Demokratie, für Bildungschancen zu kämpfen, es ging um die Verhinderung des Atomkriegs, der Atombomben, der Atomkraftwerke. Mit aller Gewalt. In Brokdorf, in Norddeutschland, kam es zu Schlachten auf der Straße, zu Blockaden, im Südschwarzwald auch,

Am Bauzaun, ohne mich.

im Rheinland, wo schnelle Brüter standen, was immer das war. Wie gefährlich waren diese Kraftwerke, diese hässlichen Betonbunker, die die Landschaft verschandelten, sogar bei uns nebenan, in Neckarwestheim? Da die Eiferer, die das Buch des österreichischen Physikers Robert Jungk wie eine Bibel hochhielten, den Atomstaat und den Untergang heraufbeschworen, da die Politiker fast aller Parteien, die von der friedlichen Nutzung der Kernenergie faselten und betonten, dass die AKW-Betreiber alles im Griff hätten und keinerlei Sicherheitsprobleme zu erwarten seien. Wer hatte recht? Ich fühlte mich den Skeptikern zugehörig und tat mich zugleich schwer, Rechtsbrüche und Gewalt, auch die gegen Sachen, richtig zu finden. Eine Diskussion wie geschaffen für unsere Philosophie-Arbeitsgruppe. Wer durfte das geltende Recht außer Kraft setzen, ein Recht, das in einem demokratischen Staat festgeschrieben worden war? Wer entschied, wann ziviler Ungehorsam erlaubt, sogar geboten sei, wann nicht? Nur in Diktaturen? Nicht der Einzelne legte fest, was Gesetz war, streng genommen nicht einmal beim Überqueren der Straße, an roten Fußgängerampeln. Das klang kleinkariert und hatte nichts vom freien Rebellengeist derer, die wochenlang vor Atomkraftwerken lagerten und sich mit Polizisten prügelten. Einen Aufkleber »Atomkraft – nein danke!« würde ich trotzdem auf meinem Käfer anbringen, gleich unter dem Adeline-Schriftzug. Das würde zusammenpassen, irgendwie.

Und, war's schön gestern Abend?

Viel wies Heilbronn nicht an Attraktionen auf, zerstört, wie es nach dem Krieg war. Das Käthchen, gewiss, obwohl ein Bildhauer aus der Gegend eine Bronzefigur der Kleist-Gestalt angefertigt hatte, die die Bevölkerung entzweite, was sich in Leserbriefen niederschlug. Kein Wunder, denn sobald es um moderne Kunst ging, erregten sich die Krämerseelen, wie die Heilbronner seit jeher genannt wurden, in null Komma nichts. Nichtgegenständliche Darstellungen – was soll denn das sein? Die Skulptur hatte nichts von den prallen Käthchendarstellungen, die aussahen, als komme das somnambule Mädchen direkt aus dem holländischen Hinterland und helfe regelmäßig bei der Goudaproduktion aus. Kilianskirche, Rathaus, damit waren die Sehenswürdigkeiten fast schon ausgeschöpft. Und der Wein natürlich, die Rebenflächen, die sich in die Hänge des Talkessels schmiegten. Als Kind war ich mit dem Fahrrad Richtung Genossenschaft gefahren, wenn die Wengerter im Herbst die Trauben ablieferten, in den vollgefüllten grünen Wannen ihrer Traktoren. Kann ich einen Trauben haben? Kaum einer der meist griesgrämigen Männer auf den Wägen verweigerte sich dieser Bitte. Wer nicht aus der Gegend kam, begriff nicht, dass man nicht nach mehreren Trauben verlangen durfte. Denn die einzelnen Trauben machten den Trauben aus, und gierig sollte man nicht auftreten. Der Wein gehörte zur Stadt, obwohl Trollinger und Kerner bei Kennern wenig galten. An langweiligen Weinfesten gab es genug. Bis man rund ums Rathaus das Weindorf einrichtete. Einmal im

Jahr, im Herbst, zogen sich die Wein-, Käse- und Wurstbuden von der Kaiserstraße durch den Rathausinnenhof zur Lohtorstraße. Musik an allen Ecken und Enden, und nicht nur Willy Schneiders Aufforderung, die Sorgen in ein Weinglas zu schütten. Auf einer Holzbühne neben der Rathaustreppe trafen sich die Jugendlichen, mit einem Zehntelesglas bewaffnet. Ich zog fast jeden Abend in die Innenstadt. Weindorf, das war der Treffpunkt, nicht nur für Alte. Die Rentner, die ihr Viertele schlotzten, zogen am späten Nachmittag ab. Bis in die Nacht blieben wir auf der Bühne, ein wenig angetrunken, debattierten, über die Schulpolitik, die Umweltschützer, die vom Untergang des Planeten sprachen, von den Terroristen, die kaum noch einer verteidigte. Umgebracht worden seien die in Stammheim. Lächerlich fand ich das, es gab welche, die das glaubten. Wenn man Glück hatte, fand sich spätabends ein Mädchen, das sich neben einen auf die Planken setzte, mit einem Trollinger-Lemberger anstieß, bis sich die Hände ineinander verschränkten, als hätten sie sich abgesprochen. Dieser prickelnde, ungläubig registrierte Augenblick, der sich nur einstellte, wenn man ihn nicht erzwang. Locker bleiben, locker bleiben, wie in der Schule, wie auf dem Sportplatz, so im Leben. Mit Anna, der Pfarrerstochter, ging das so, überraschend und leicht. Vorher war nichts gewesen, danach nicht, nur an diesem herbstwarmen Weindorfabend im Laternenschein, ohne Rücksicht darauf, was die anderen sahen und dachten. Sollten die nur merken, dass ich keiner von den verdruckten Strebern war, die nur auf einen guten Abischnitt lernten. Küsse, immer mehr Küsse, kurz vor Mitternacht auf dem Heilbronner Weindorf – was für ein Gefühl, nach Hause zu radeln danach! Beim Frühstück ein lächelnder Blick zu Mutter, deren Frage »Und, war's schön gestern Abend?« ich nicht detailliert beantwortete.

Ein Vergewaltiger macht sich an Ihre Freundin heran …

Einen Menschen erschießen, das wollte ich nicht, auch wenn er Russe war und Heilbronn überfiel. Mich tornisterbeladen in den Dreck werfen, Schießübungen und Nachtmärsche absolvieren, das wollte ich auch nicht. Was mein Bruder erzählt hatte, genügte, obwohl der während seiner Bundeswehr eine ruhige Kugel geschoben und nicht schlecht verdient hatte, fürs Bauingenieursstudium, wie Vater vermerkte. Ich würde verweigern, Ersatzdienst leisten, klar. Leicht war das nicht, mit schriftlicher Begründung und mündlicher Verhandlung. Du willst wohl alten Leuten den Arsch abwischen, na, wenn dir das gefällt. Vater hatte nichts einzuwenden, überraschenderweise, am Militär fand er auch dreißig Jahre nach Kriegsende nichts zu verherrlichen. Das musst du wissen. Es gab Handreichungen zur Kriegsdienstverweigerung, Hilfestellung für Fangfragen. Was machen Sie, wenn Sie mit Ihrer Freundin abends im Park spazieren und ein Vergewaltiger – sicher einer aus Sibirien – macht sich an Ihre Freundin heran? Würden Sie Gewalt einsetzen, um ihn an seinem Tun zu hindern? Da musste man sich vorsehen, doch ich hatte keine Lust, mich zusammenzuschließen, an Vorbereitungsseminaren teilzunehmen. Das war meine persönliche Sache, das ging nur mein Gewissen etwas an. Wie versteht man sein Gewissen, diese innere Stimme, diese moralische Richtschnur? Warum hatten Menschen unterschiedliche Gewissen mit unterschiedlichen Stimmen? Einerseits glaubte ich dem, was mir das Gewissen sagte, das hatte Beweiskraft. Andererseits: Woher wusste ich, dass es nicht manipuliert, fremdbestimmt war? Vertrackt und verwickelt. Ich würde das allein bewältigen.

Jetzt nach Heilbronn in die Disco!

Apfelkorn ... wer hatte dieses Getränk erfunden? Überall auf Festen wurde das Gesöff plötzlich angeboten. Es schmeckte wie harmloser Apfelsaft, wie ein Produkt schwäbischer Streuobstwiesen. Man trank es, spürte nichts, wie auf der Party in Frankenbach. Ein Schiedsrichter hatte in das Gartenhäuschen seiner Eltern eingeladen. Nudelsalat, Grillwürste und in Massen diese eckigen Berentzen-Flaschen. Ein Schnapsglas, Stamperl, wie Vater sagte, nahm man dafür nicht. Ein Wasserglas, so wie die Russen Wodka trinken. Ich merkte nicht, wie ich betrunken wurde, unmerklich von Glas zu Glas, zum zweiten Mal in meinem Leben, und wieder hatte es mit Fußball zu tun. So wie damals nach dem Freundschaftsspiel in Affaltrach, Affalter, wie die Einheimischen sagten. Eine Jugendmannschaft aus dem Ort spielte gegen ein befreundetes Team aus Holland. Ich amtierte als Linienrichter, an der Seite von Schiri Maltritz, der für Ellhofen pfiff und

■ *Affaltrach, scheinbar friedlich.*

auf dem Karriereweg in die Oberliga war. Ein Spiel ohne Vorkommnisse, abgesehen davon, dass die Hitze, mehr als 35 Grad, über dem engen Affaltracher Platz stand. Ein kaltes Bier nach Spielschluss, noch eines, ich stürzte es hinunter, fühlte mich unwohl. Jetzt nach Heilbronn in die Disco, ins Gloria! Ich quälte mich auf die Rückbank des Wagens, erinnerte mich später an wenig, an die große Treppe vielleicht in der Discothek, an einen Sturz, an die zerbrochene Brille, an die blutende Schramme auf der Nase. Maltritz ängstigte sich, mich in so desolatem Zustand zu Hause abgeben zu müssen. Ich solle etwas essen, dann gehe es mir gleich besser. Seine Mutter, die bei Horten an der Kasse arbeitete, habe Huhn im Kühlschrank. Bei Maltritzens im Wohnzimmer übergab ich mich, spuckte gegen die Blümchentapete, wollte partout keinen Hühnerschlegel haben, auch kein Bier mehr. Meine Mutter nahm es gelassen hin, steckte mich ins Bett, um halb zehn abends. Wie heiß es in Affaltrach gewesen war.

Lehrer freuten sich, sobald einer die Initiative ergriff, womit auch immer. Vor allem in Deutsch und Reli herrschte Begeisterung über frisch entfachte Diskussionen. Das gehört zur Demokratie, der Austausch unterschiedlicher Positionen. Meistens redeten die Immergleichen, ernsthaft wurde es da selten, und in Religion bestand sowieso die Gefahr, dass plötzlich die Bibel aus dem Hut gezogen wurde. Obschon nur die Katholiken in Bayern und die Pietisten noch richtig rigoros waren. Viele Protestanten engagierten sich mittlerweile, wollten eine Kirche von unten. Dagegen hatte ich nichts, zu tun haben wollte ich damit auch nichts. Dann lieber in die Philosophie-AG, freiwillig und ohne Auswirkung auf den Notenschnitt. Eine Deutsch- und Englischlehrerin, Frau Schuller, bot nachmittags Gespräche über Philosophie an. Sie hatte bei dem Mainzer Professor Karl Holzamer studiert, dem Fernsehintendanten, und spielte in den ruhigen Philosophiestunden ihre Stärke aus. Im regulären Unterricht hatte sie zu kämpfen, obwohl sie bei den meisten beliebt war. Sich durchsetzen, auf den Tisch hauen, das lag ihr nicht.

Wir lasen Bertrand Russell, Friedrich Schillers »Über die ästhetische Erziehung des Menschen« ... Spieltrieb, Stofftrieb, Formtrieb. Im Spieltrieb liefen die Eigenschaften des Menschen zusammen, in der Schönheit, die nicht ohne Moral auskomme. Schiller versuchte, diese beiden Bereiche zu vereinen. Frau Schuller ließ Meinungen zu, warf dies und jenes ein, ohne so zu tun, als wisse sie über alles Bescheid. Die Themen wechselten, nichts war in der Philosophie-AG fehl am Platz, auch nicht die Diskussion über Folter, die Ernst Albrecht, ein CDU-Politiker, aufgebracht hatte. Der behauptete, dass es, um großen Schaden von der Gemeinschaft abzuwenden, erlaubt sei, Menschen in Einzelfällen zu foltern. Das sah ich nicht ein. Von einer bindenden Moral durfte es keine Ausnahmen geben. Wie auf dem Sportplatz, wo es keine weichen oder harten Elfmeter gab, sondern berechtigte oder unberechtigte. Aber was, wenn die Terroristen androhten, ein Hochhaus zu sprengen, und allein durch Folter wäre das zu verhindern? Was tun? Und wie sollte es mit Deutschland weitergehen? Warum gab es so große Einkommensunterschiede, warum mussten Zahnärzte und Banker so viel verdienen und ein Bauarbeiter, ich erzählte von meinen Ferienjobs, so wenig? 5000 Mark monatlich als oberste Gehaltsgrenze, das genügte doch, oder? Wie setzte man das durch, politisch? Mit einer neuen linken Partei am besten, denn mit der SPD ließ sich ja nichts anfangen, mit einer Partei, die nichts mit dem Kommunismus in Russland zu tun hatte. Es gab viel zu tun.

Wieso gab es im Westen dieses Überangebot an Gütern? Natürlich wollte ich nicht, dass es wie in der DDR aussah und man stundenlang anstand. Aber ging es nicht auch ohne diesen Schnickschnack in den Supermarktregalen? Wer, rief ich, braucht einen Kaugummi, der spritzt, einen Freshen-up-Gum, aus dessen Innerem ein Fruchtgel herausquoll, wenn man ihn zerkaute? Ein künstliches Wecken von Bedürfnissen sei das, das gehöre verboten. Frau Schuller warf Bedenken ein, ließ uns ausreden, den Eifer zu. Endlich keine von diesen Autoritätspersonen, die das Gegebene sofort akzeptieren, es für gut hielten, weil es da war. Zweimal im Schuljahr lud sie uns ein, zu sich in den Stahlbühl. Wo wir bei Häppchen, die sie zubereitet hatte, und Heilbronner Riesling vom Stiftsberg weiterdebattierten, über die Veränderung der Gesellschaft. Gewaltlos, das war klar.

Der ewige Zweite

In den Sommerferien nach Südfrankreich fahren, ja! Schließlich war ich volljährig, und wenn ich mich mit anderen zusammentat, hatte Mutter nicht viel dagegen. Mit zwei Klassenkameraden wurde die Route abgesteckt. Einer von ihnen, Manfred, besaß ein eigenes Auto, einen roten VW Polo, damit fuhren wir los. Kosten würde es nicht viel, Geld hatte ich mir zusammengespart, durch einen Ferienjob bei Korken Gültig. Ein Zuckerschlecken war das nicht gewesen, vor allem, wenn aus Portugal die Eisenbahnwaggons vorfuhren, die schweren Korksäcke entladen und gestapelt wurden. Zum Glück befand sich das Lager nicht im Hauptbetrieb, zum Glück hatte der Lagerleiter, ein alter Hase, der wusste, wie man sich nicht überarbeitete, keine Lust, die Frühstücks- und Mittagspausen penibel einzuhalten. Bis er die »Bild«-Zeitung ausführlich gewürdigt und mit seinem Kompagnon, der nur für körperliche Arbeiten geeignet war, das Firmenpersonal durchgehechelt hatte, verging mehr Zeit als vorgesehen. Mir war jede Minute recht, die mich von den Korksäcken fernhielt. Immerhin sammelte sich so Feriengeld an, in American-Express-Traveller-Schecks angelegt, die ich in meinem alten Lederbrustbeutel verstaute. Bei aller Liebe zu den Franzosen: Sicher war sicher, und es war ein gutes Gefühl, seine Besitztümer direkt am Körper zu tragen. Je heißer es im Süden wurde, je stärker mir der Schweiß den Oberkörper hinablief, desto dunkler verfärbte sich das helle Braun des Brustbeutelleders. Nach Abenteuern sah das aus. Viel bräuchten wir ohnehin nicht, das Benzingeld, die Übernachtungen auf Campingplätzen oder in Jugendherbergen – und ernährten sich die Franzosen nicht kostengünstig den lieben langen Tag mit Baguettes, Rotwein und Käse? Manfred, Christian und ich bastelten eine Reiseroute, gut 4000 Kilometer wollten wir zurücklegen, bis in den Süden, über die Schweiz ans Mittelmeer – wieder nach Béziers natürlich –, nach Andorra vielleicht, wo einem spottbillig Zigaretten, Alkohol und Schallplatten hinterhergeworfen wurden, und zurück über Orléans, La Pucelle, in Gottes Namen. Unabhängig sein, drei Wochen lang, sich wie ein Erwachsener fühlen, jeden Tag erleben, was man nicht kannte. Der Stopp in Genf, am Lac Léman, wie ich betonte, mit seiner Fontäne, wo ich ein Mädchen aus der Ferne beobachtete. Wie verführerisch sie aussah, nicht wie die Mädchen aus Fürfeld oder Willsbach, wie ihre Blicke in den See einzutauchen schienen, sicher eine Philosophiestudentin. Ein Erlebnis, und ich wusste, dass ich mir gleichzeitig einredete, ein Erlebnis zu haben. Frauen, denen man von Weitem zusah, behielten ein Geheimnis, und wenn alles schiefging, blieb die Verzweiflung darüber, dass unglückliche Leidenschaften oft die schönsten waren. So las man zumindest oft, in Romanen. Darüber würde ich ein Gedicht schreiben. Oder eine Novelle, über diese unerhörte Begebenheit.

Weiter nach Savines-le-Lac, wo die Tour de France gastierte. Mein Favorit Raymond Poulidor, der ewige Zweite und Dritte, fuhr immer noch mit, obwohl er die vierzig erreicht hatte. Dass ich ihn erkennen würde, war unwahrscheinlich, denn das Hauptfeld würde in Savines vermutlich beieinander bleiben. Überhaupt war es rätselhaft, in welchen Erregungszustand die Franzosen durch dieses Radrennen gerieten. Ja, spannend war es schon, diese Klettertouren zu den Gipfeln, diese schweißnassen Gesichter, die sich den kahlen Mont Ventoux hochquälten, und bei den Sprints mitzufiebern. Doch warum standen die Menschen stundenlang Spalier, um für wenige Sekunden einen Tross unidentifizierbarer Radfahrer an sich vorbeirasen zu sehen?

Dann hinunter an die Côte d'Azur, Monaco unbedingt, Nizza, wo es nur auf dem Dach der Jugendherberge Platz gab, auf alten, verdreckten Campingliegen. Vorbei an Plakaten der kommunistischen Partei Frankreichs mit ihrem Anführer Georges Marchais. Das mit dem Kommunismus sah man hier entspannter. Ein Schnappschuss mit geballter Faust vor dem Marchais-Plakat würde wohl nicht dazu führen, Berufsverbot zu bekommen, kein Lehrer mehr werden zu dürfen. Weiter nach Antibes ins Picasso-Museum, das die Arbeiten eines mir unbekannten Künstlers zeigte. Georges Mathieu, ein nicht mehr junger Mann mit auffallendem weißen Backenbart, den wir im Hintergrund, an eine Mauer gelehnt, entdeckten, neben seinen mit kräftigen Pinselstrichen hingeworfenen Bildern. Zusammenführungen von Balken, Linien, schwungvollen Kurven, die in ein Zentrum mündeten. Ich umkreiste seine Gemälde, blieb stehen und wollte sie begreifen. Lyrische Abstraktion sei das. Ich kaufte ein Ausstellungsplakat, irgendwo in Manfreds Polo brachten wir das unter, ein Mitbringsel, das mich an diese Südfrankreichfahrt erinnern würde. Wie es wohl wäre, nach vielen Jahren wieder nach Antibes zu kommen ... enttäuschend vermutlich. Mathieus Plakat würde das überstehen. Wie die Ansichtskarten, die ich täglich nach Hause schickte. Mutter und Vater verfolgten die Route im Weltatlas, Sisteron, Gap, Grasse, Cannes, Aigues-Mortes, Avignon, Arles, Sète, Saint-Tropez (der Honeymoon ...), Carcassonne, Toulouse. Orte, die sie nicht kannten und die sie nie kennenlernen würden.

Sie sind wegen groben Foulspiels des Feldes verwiesen

Fast jeden Samstag und Sonntag unterwegs, auf den entlegensten Dorfplätzen Württembergs, gelegentlich sogar ins Badische. Mal als Linienrichter mit Maltritz, der sich nach oben vorarbeitete, obwohl er mit Gewichts- und Sprintproblemen zu kämpfen hatte. Mal als Schiedsrichter in der Kreis- oder Bezirksliga. So lernt man seine Heimat schätzen. Irgendwann würde ich alle Landgemeinden kennen, zumindest die Sportplätze mit ihren baufälligen Umkleidekabinen. Was für Abstellkabuffs man den Schiedsrichtern zumutete, eingezwängt hockte ich zwischen abgeknickten Korbballständern, Waschbecken, auf die man sich besser nicht stützte, und Sanitätsschränken, deren Inhalt man lieber nicht inspizierte. Wenigstens gab es ab und zu Schirikabinen mit eigener Dusche, das ersparte am Ende den demütigenden Gang in die Spielerdusche, womöglich nach einer hitzigen Auseinandersetzung. Dann lieber ungeduscht nach Hause. Winnenden, Gailenkirchen, Bretzfeld, Markgröningen, Knittlingen, Scheppach, Weikersheim, Bissingen – nichts blieb mir erspart, und wenn ich aufs Feld lief mit den Mannschaften, ließ sich das Raunen der alteingesessenen Zuschauer nicht überhören. Was will der junge Kerl da, mit seinen langen Haaren. Na, das wird wieder was geben. Fast alle Spieler älter als ich, da mussten die Pfiffe kraftvoll kommen – meine spanische Hochtonpfeife zahlte sich aus –, die Gesten sitzen, und die ersten gelben Karten ließen nicht zu lange auf sich warten. Sich Autorität verschaffen. Allerdings, wenn man in der ersten Halbzeit die Karten wie Freibier verteilte, war damit zu rechnen, dass bald Zeitstrafen und Platzverweise folgen würden, eins kam zum anderen. Ein Heimschiedsrichter wollte ich auf keinen Fall sein, keiner von diesen Feiglingen, die sich – aus Angst vor dem Weg in die Kabine – kurz vor Spielschluss entschieden, der Heimmannschaft einen Elfmeter zu schenken. Mit mir nicht. Gerechtigkeit lässt sich nicht beugen. Eine klare Linie beibehalten. Wenn man einen schlechten Tag erwischt hatte, merkte man das sowieso als Erster. So wie in Waiblingen, wo ich einen Treffer gegeben hatte, der wohl mit der Hand erzielt worden war. Was ich nicht sehe, kann ich nicht pfeifen, und ohne neutrale Linienrichter war man manchmal aufgeschmissen.

In Dimbach hatte ich einen guten Tag. Hohenlohe galt als heikles Pflaster, eine urwüchsige, grobschlächtige Bevölkerung, die am Spielfeldrand mit Beleidigungen nicht sparte, mit halb vollen Bierflaschen drohte, und Spieler, die rustikal zur Sache gingen. Wie ein Dimbacher Vorstopper, der fünfzehn Minuten vor Schluss seinem vorbeistürmenden Gegner an der Seitenlinie in die Beine trat, obwohl der Ball sieben, acht Meter entfernt war. Ich zögerte nicht, sprintete – wenn man mein ermattetes Laufen so nennen wollte – hinüber und zog sofort Rot. Das war mutig, die meisten hätten es bei einer Verwarnung belassen. Ich kannte kein Erbarmen, hielt den Arm mit der leuchtenden Karte ausgestreckt in der Luft, drei Sekunden lang, überhörte alle Proteste. Sie sind wegen groben Foulspiels – der Genitiv durfte nicht fehlen – des Feldes verwiesen. Irgendwann ging jeder, auch in Dimbach. Die letzten Minuten zogen sich in die Länge, das würde kein einfaches Nachhausekommen. Wo stand mein Auto? Dann der Abpfiff, eine kleine Meute versammelte sich am Rand, vor dem Kabineneingang, Rentner mit Regenschirmen, schimpfende Ordner, die mich schützen sollten, und plötzlich dieser Dimbacher Spieler, der an mir vorbeiging, mit harmlosem Gesichtsausdruck, und vor mir ausspuckte. Genau hatte ich es gesehen, und er hatte genau gesehen, dass ich es genau gesehen hatte. Ich zückte meine Notizkarte, trug die Rückennummer ein, eine feine Meldung auf dem Spielberichtsbogen würde das geben. Zwei Dimbacher Betreuer schirmten mich ab, verzichteten darauf, mir Zigeuner oder Hornochse zuzurufen. Endlich saß ich auf dem wackligen Kabinenstuhl, endlich. Schweiß perlte mir von der Stirn, ich stütze mich mit den Ellbogen ab, roch den Franzbranntwein, mit dem ich in der Halbzeitpause meine Oberschenkel eingerieben hatte, und atmete stoßweise. Ich war zufrieden, mit mir und dem Spiel, auch wenn der Platzverweis eine – wie es hieß – unpopuläre Entscheidung gewesen war, sicher, aber ohne unpopuläre Entscheidungen ging es nirgendwo.

Am Abend schrieb ich auf der Schreibmaschine meinen Sonderbericht zum Spuckvorfall, der einen Widerspruch des SV Dimbach nach sich zog. Natürlich bestritt der Spieler, vor mir ausgespuckt zu haben, und ich hatte erneut Stellung zu nehmen. Was ich umgehend tat und der Spruchbehörde des Württembergischen Fußballverbands erläuterte, weshalb ich sicher sei, dass der Dimbacher Spieler sich absichtlich so verhalten habe. Gestik und Mimik des Spielers waren mir gegenüber höchst abfällig und unterstrichen die Missachtung des Schiedsrichters, schrieb ich. So leicht würde der Spucker nicht davonkommen. Gerechtigkeit, hatten wir in der Philosophie-AG gelernt, galt bei Aristoteles als höchste Tugend. Weshalb dann nicht auch in Dimbach.

Der Dienst in der Bundeswehr wäre mir unerträglich

Ein Rentner durfte nicht fehlen. Missmutig schaute er zu mir. Schon wieder einer, der nicht zum Kommiss will, ein Drückeberger, der dem Osten Tür und Tor öffnet. Dabei hatte ich einen meiner besten Pullover angezogen, sah nicht wie ein verspäteter Revoluzzer mit zottigem Haar aus. Zwei Stockwerke ging es hoch, in das Verwaltungsgebäude nahe der Wichernkirche. Gewissensprüfung – ein seltsames Wort, ein seltsames Verfahren. Meine Philosophielehrerin hatte ein Gutachten geschrieben, das meine Glaubwürdigkeit stärken sollte. Dass ich mir zu allen Dingen stets eine eigene Meinung bilden würde, hatte sie geschrieben. Ob die Kommission das beeindrucken würde? Immerhin sollten die wissen, das war wichtig, dass ich kein ideologisch gelenkter Verblendeter war, der politische Ziele verfolgte. Die gab man besser nicht an, weil das Gewissen in den Augen der Prüfenden etwas war, das nichts mit Politprogrammen zu tun hatte. Ein Gewissen, das an den Sozialismus – und sei es auch ein demokratischer – glaubte, war kein reines Gewissen, sondern ein getrübtes. Die Bundeswehr als Institution griff man besser nicht an, zitierte nicht Franz Josef Strauß und seinen Satz »Wer noch einmal ein Gewehr in die Hand nehmen will, dem soll die Hand abfallen«.

Neben Frau Schullers Einschätzung hatte ich die »Schriftliche Begründung meines KDV-Antrags«, AZ: PA HN 72/77/58« eingereicht, eine schwierige Textgattung. Sechs handschriftliche Seiten, die zeigten, wie schrecklich ich Gewalt fand, wie wichtig mir Humanität war, welche Bücher und Filme mich beeinflusst hatten. Ein bisschen anbiedernd lasen sich diese Bekenntnisse. Jeder Krieg ist ein Unrecht, schrieb ich, eine Verantwortungslosigkeit, an der ich keine Schuld haben will und kann. Der Dienst in der Bundeswehr wäre mir unerträglich, schrieb ich, weil ich dort lernen müsste zu töten, mir unter den anvisierten Pappkameraden »Feinde«, die ich nicht habe, vorzustellen. Ich kann aber nicht etwas tun, von dem mir mein Gewissen eindeutig sagt, dass es böse und falsch ist, schrieb ich ... Ich wusste nicht, ob sich die drei Männer, mit dem Vorsitzenden in der Mitte, davon beeindruckt zeigten. Ob der Rentner gelesen hatte, was Frau Schuller und ich zu Papier gebracht hatten. Ich zitterte ein wenig, war froh, auf dem braunen Holzstuhl Platz zu nehmen, konzentrierte mich auf die misstrauischen Gesichter vor mir. Frage auf Frage, sich nicht in die Falle locken, sich nicht reizen lassen, freundlich bleiben, nicht ausweichen, sich klar äußern. Ernst der Gesichtsausdruck, auch bei dem Szenario, das kommen musste, die Freundin, die überfallen wird. Was man antwortete, war falsch, so oder so. Zu sagen, man würde hilflos zusehen, wie der Russe sich über die Freundin hermachte, machte einen unglaubwürdig. Die Frage als solche ablehnen, das ging vielleicht.

Das Warten vor der Tür, das Warten darauf, hineingerufen zu werden. Der Zweifel, ob man sich treu geblieben war, ob man geschauspielert hatte, natürlich hatte ich geschauspielert, ein Bühnenstück von großer Wichtigkeit, ein absurdes Stück, das hier gespielt wurde. Ich nahm eine

Zigarette aus meiner Tasche, Gitane mit Filter, rauchen, damit die Hände Ruhe gaben. Sie können hereinkommen. Eine Schweigepause, das machen die absichtlich. Sie sind als Kriegsdienstverweigerer anerkannt. Ich nickte, lächelte kurz, sich nicht bedanken, das wäre noch schöner, ich verabschiedete mich höflich. Erst unten auf der Straße stieß ich einen Schrei aus. Ja, ja, geschafft, ich war froh.

Mit manchen Texten musste man kämpfen

Ein Leitartikel, in der Schülerzeitung oder in der »Zeit«, war dazu da, eindeutig verstanden zu werden. Wenngleich es nicht allen Schreibern gelang, das hinzubekommen. Eine Erzählung ließ sich darauf nicht festnageln. Wer Fiktionales, wie unser Deutschlehrer nüchtern sagte, auf eine Botschaft reduziere, habe die Eigenheit des Literarischen nicht verstanden. Mit manchen Texten musste man kämpfen, vor allem mit modernen Gedichten, kämpfen, bis sich ein Sinn herausfilterte, der merkwürdig unbestimmt blieb. Hätte man die Aussage klar benennen können, warum wäre es nötig gewesen, ein Gedicht oder ein Prosastück zu schreiben? Manchmal verzweifelte ich, wollte nicht einsehen, warum sich die Literatur entzog. Doch das machte ihren Reiz aus, dieses Abtasten der Wörter, dieses Zwischen-den-Zeilen-Suchen, dieses Bestimmen-Wollen. Hans Erich Nossacks »Das Federmesser« hatten wir gelesen, eine unscheinbare Erzählung, die realistisch begann und plötzlich kippte, als sich vor einem

Fenster, das auf blühende Apfelbäume hinausging, eine Kunststoffplane spannte, so als sei die Wirklichkeit durch ein unsichtbares Tuch getrennt von ihrem Betrachter. Die Geschichte verschob sich ins Magische, in einen Nebel, der nicht restlos durchdrungen sein wollte. Ich hörte nicht auf, diesen Text zu lesen, von einem Federmesser, das die Wirklichkeit durchschnitt, durchschneiden könnte. Immer wieder. Stellte mir einen Zusammenhang vor, diesem Geheimnis musste ich auf die Spur kommen, und sei es nur, um mein Unverständnis in Worte zu fassen. Ob sich das dieser Nossack, ein Autor, der erst vor Kurzem gestorben war, so ausgemalt hatte am Schreibtisch? Ob er selber ahnte, was es mit diesen Bäumen, diesem Wind, dieser Plane auf sich hatte?

Aber ich glaube, du hast immer mehr gewollt

Es war so weit, lange genug hatte es gedauert. Das Schriftliche und dann ein paar Wochen später das Mündliche. Nie mehr Klassenarbeiten schreiben, nie mehr den Stundentrott absolvieren, nie mehr katzbuckeln. Ihr werdet euch umsehen, so schön wie in der Schule werdet ihr's nie wieder haben. Solche Sätze wollte ich nicht hören. Die Matheklausur galt es zu überstehen. Kalb hatte mich mit einer Zwei angemeldet, obwohl ich auf 2,6 gestanden hatte. Enttäuschen Sie mich nicht! Mathe war ein vermintes Gelände, aber selbst wenn die Abiarbeit danebenging, gab es unter dem Strich nichts Schlechteres als eine Drei.

Gebüffelt hatte ich genug, da war es am besten, am Tag davor den Kopf freizuhalten, und so pfiff ich ein Jugendhallenturnier in der Mönchseehalle. Das lenkte ab, Konflikte würden sich bei den D-Jugendlichen kaum ergeben.

Das Warten aufs Mündliche, Mathe und Bio, nicht meine Wunschfächer. Und dann die Erleichterung, vorbei, vorbei, vorbei. Die große Feier im Stadtwald. Reichlich Bier, alle Abiklassen beisammen, mit Regina, die nach Norwegen, nach Borkenes, gehen würde, für Aktion Sühnezeichen Friedensdienst. Das passte zu ihr. Wir saßen neben dem Lagerfeuer, mit uns würde das nie etwas werden. Langsam gewöhnte ich mich daran. Wie erbärmlich war es gewesen, als ich Regina zwei Jahre zuvor vom Weindorf nach Hause gefahren hatte, mit meinem Mofa. Sie klemmte sich auf den Gepäckträger, hielt sich an meinen Hüften fest, ein schönes Gefühl, wir bogen in die Schlizstraße ein, als sie plötzlich sagte: Weißt du, ich finde dich nett. Aber ich glaube, du hast immer mehr gewollt. Gut, dass ich vorne saß, sie meinen Blick nicht sah. Mein Magen rumorte. Sie hatte recht, natürlich hatte ich mehr gewollt, wollte ich mehr. Ich antwortete nichts, konzentrierte mich darauf, es mit dem Mofa hoch zu ihr ins Rampachertal zu schaffen. Jetzt am Lagerfeuer war dieses Magengefühl verschwunden, unbefangen war ich nicht, vielleicht einsichtig, mit dem Abitur in der Tasche brach Neues an, vielleicht. Ich werde Zivildienst machen, ab Oktober. Das war nicht vergleichbar mit dem Entschluss, sich gleich nach Norwegen aufzumachen, aber immerhin. Ich schreib dir mal. Nachts gegen drei ging ich zu Fuß nach Hause, durch den Heilbronner Stadtwald, nicht zum letzten Mal sicher, kaum ein Licht drang durch die Baumkronen, die Stimmen verebbten allmählich. Eine schöne Einsamkeit. Wie würde es weitergehen?

Ohne ehemalige Nationalsozialisten wäre es unmöglich gewesen, das Wirtschaftswunder zu schaffen

Wie wehrte sich eine Gesellschaft, ein Land, gegen die, die es zerstören wollten? Mit diesen Terroristen wurden die in Bonn nicht fertig, eine neue Generation der Terroristen, sagten sie, sei am Werk, radikaler als ihre Vorgänger. Um die Zerstörung der Bundesrepublik gehe es denen, nicht um eine Reform des Staates. Hanns-Martin Schleyer wurde von ihnen entführt, der Präsident der Arbeitgeber. Bei den Nazis hatte der von Anfang an mitgemacht, als Mitläufer wurde er nach dem Krieg eingestuft. Offenbar hatte es nur Mitläufer gegeben. Sympathisch war mir Schleyer nicht; wer sich im Leben politisch so verrannt hatte, dem hätte es besser zu Gesicht gestanden, zurückhaltender aufzutreten. Doch unter den Ex-Nazis, die in der Bundesrepublik Karriere gemacht hatten, war er kein Einzelfall. Es wäre ohne die ehemaligen Nationalsozialisten, ohne die Mitläufer, sagte Hamberger, unmöglich gewesen, Deutschland nach dem Krieg wiederaufzubauen und das Wirtschaftswunder zu schaffen, völlig unmöglich. Auf dem Papier und in der Moraltheorie war leicht reden. Dennoch hatte der Schleyer nicht verdient, was ihm jetzt angetan wurde, mit seinem Schild vor der

Brust, das ihn als RAF-Gefangenen auswies. Freipressen wollten die Terroristen ihre Kumpanen, die im Knast saßen. Die Regierung hatte keine Wahl, musste hart bleiben, ein Fall, über den alle diskutierten. Abknallen sollte man diese Entführer, diese Mörder. Dann kannst du Schleyer auch gleich erschießen. Helmut Schmidt gab sich unbeirrt, wusste, dass es keine Lösung gab, die keine Niederlage war. Ein glückliches Händchen hatten sie keines, bei dieser Flugzeugentführung. Klar, dass Schleyer sterben würde, dass sie ihn hinrichteten. Wann wäre der Nächste dran? Mit der Sorglosigkeit war es vorbei.

Nichts war aufregender als die Fjorde

Jetzt war Regina fort, ziemlich im Norden Norwegens, in diesem Borkenes, einem Ort mit gut 1000 Einwohnern. Ich schrieb ihr einen Brief, dessen Sätze sich wanden, weil sie das, was ich sagen wollte, nicht sagen konnten, dessen Sätze Girlanden zogen, einen scheinbar gleichgültig-interessierten Ton anschlugen, der dazu diente, den Kontakt am Leben zu erhalten. Einen Briefwechsel mit Regina anzetteln, ja nicht so tun, als ob man andere Ziele verfolgte. Welche auch? Bald würde ich beim Paritätischen Wohlfahrtsverband in Sontheim meinen Zivildienst antreten, bei psychisch Kranken, die aus dem Landeskrankenhaus in Weinsberg entlassen worden waren. Regina blieb da in Norwegen, bei ihrem Friedensdienst. Wie ich ihren Mut bewunderte, schrieb ich, diesen Entschluss, sich zu lösen vom Vertrauten, woanders nach Erfahrungen zu suchen. Borkenes, das schmeckte aufregender als Sontheim. Wie es in Norwegen zugehe, wie die Menschen seien, skandinavisch locker vermutlich. Harmlose Fragen, die den Brief länger machten, denn solange ich schrieb, sprach ich mit ihr, solange man schrieb, blieb alles am Leben. Sie antwortete wenige Wochen später, ausführlich, freundlich, distanziert, meine Bewunderung für ihren Mut abwehrend. Ich solle ihr genauer schreiben, was mich an Norwegen und den Norwegern interessiere. Ja, sicher, sicher ... nichts war aufregender als die Fjorde, als der skandinavische Wohlfahrtsstaat, als die Heimat von Björn Wirkola und Wencke Myhre ...

Früher hätte ein Maler sie in einem Genrebild verewigt

Das Kino halb gefüllt, an einem der freien Tage zwischen dem alten, dem schullosen, und dem neuen Leben. »Die Spitzenklöpplerin«, was für ein merkwürdiger Filmtitel, »la dentellière« ... französisch, obwohl der Regisseur Schweizer war, ein Film, der ins Abgedunkelte des Kinoraums passte, den ich alleine ansehen wollte, unbedingt. Eine 18-jährige Friseuse, Béatrice, von einer Schauspielerin dargestellt, die jede Geste dem scheuen Wesen dieser jungen Frau anpasste. Gemeinsam mit einer Kollegin, die sich, verlassen von ihrem Freund, gleich in die nächste Affäre stürzen will, fährt sie in die Normandie, in den Badeort Cabourg. Ich sah das Meer mit den Augen dieser Frau, die sich noch nie mit Männern eingelassen hatte und

FILMVERLAG DER AUTOREN
ISABELLE HUPPERT
Die Spitzenklöpplerin
ein Film von
CLAUDE GORETTA
mit
Yves Beneyton · Florence Giorgetti · Annemarie Düringer
Drehbuch Claude Goretta und Pascal Lainé
nach dem Roman von Pascal Lainé (Prix Goncourt 1974)
Kamera Jean Boffety · Musik Pierre Jansen
Eine Produktion der Filmproduktion Janus, Frankfurt — Citel Films S.A., Genf — Action Films S.A., Paris

dann einen Philosophiestudenten, François, kennenlernt. Sie sitzen an der Strandpromenade, gehen spazieren und lassen sich zögernd, aber bestimmt aufeinander ein. Béatrice gewinnt Zutrauen, sie lacht, strahlt mit einem Mal, als verwandele die Liebe ein Leben. Zurück in Paris, ziehen sie zusammen, das zurückhaltende Mädchen und der angehende Philosoph, der mit seinen Freunden diskutierend die Welt auf den Kopf stellt. Béatrice hört zu, strahlt unbeirrt, selbstbewusster, als es am Anfang möglich zu sein schien. Es geht nicht gut zu Ende, wie zu erwarten. François will sie zu Hegel, zu den Büchern bekehren, will ihr sein Denken einflößen, will ihr neue Berufs- und Lebensziele einreden, will sie ändern. Béatrice ist ratlos, bleibt bei sich ... bis sich François von ihr trennt, wir passen nicht zusammen, wir sind zu unterschiedlich. Béatrice hört zu, schweigt, ohne Widerrede blickt sie ihn an, ein Moment, der sie zerstört. Sie bricht zusammen, kommt in eine psychiatrische Klinik, wo sie stumm den Tag verbringt, von allen guten Geistern verlassen, den Blick gerichtet auf ein Plakat, das die Sonne Griechenlands verspricht. Ich bleibe im Kinosessel sitzen, lasse den Abspann an mir vorüberlaufen ... »Denn sie war eine von denen, die sich nicht bemerkbar machen, die erforscht werden wollen, bei denen man genau hinschauen muss. Früher hätte ein Maler sie in einem Genrebild verewigt, als Wäscherin, Wasserträgerin oder Spitzenklöpplerin«, steht da. Ich bin der Letzte im Saal, der dunkelgrüne Vorhang schließt sich, jemand beginnt die Getränkeflaschen zwischen den Sitzreihen einzusammeln. Eine zerbricht. Morgen sehe ich mir diesen Film noch einmal an.

Abbildungsnachweis

Seite 8, 11, 13, 20, 35, 43, 52, 85, 113, 140, 164, 197, 202, 207, 260, 278: Mit freundlicher Überlassung des Autors • Seite 16: ullstein bild – Schirner X • Seite 33: ullstein bild – Imagno • Seite 56: ullstein bild – KPA – 90061 • Seite 96: ullstein bild – dpa • Seite 110: ullstein bild – AP • Seite 128: ullstein bild – Kindermann • Seite 133: ullstein bild – Sven Simon • Seite 147: ullstein bild – Röhnert • Seite 272: ullstein bild – dpa • Seite 41: in: Eduard Zimmermann, Das unsichtbare Netz, München 1969 • Seite 173: Mercury, 1974 • Seite 270: Delphine Recording, Paris 1977 • Seite 296: Filmproduktion Janus, Frankfurt – Citel Films S.A., Genf – Action Films S.A., Paris, 1977